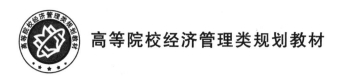

高等院校经济管理类规划教材

数据、模型与决策

王　宁　单晓红　杨学成　编著

北京邮电大学出版社
www.buptpress.com

内 容 简 介

本书从数据分析、模型建立和决策分析的角度,结合软件实现,深入分析了运筹学中的经典内容、统计学中的相关与回归分析及相应的预测技术,给出了决策分析的基本内容和博弈分析简介,结合人工智能的发展,增加了模糊集理论和灰色系统理论。本书所涉及的理论内容丰富,在介绍概念的同时,引进了大量的案例。考虑计算机和相关软件的普及,本书在内容上尽量减少运算过程的数学推导,注重培养学生的实际应用能力。同时,为了方便学生处理实际问题,本书给出了 WinQSB、SPSS 以及灰色系统应用软件的简单操作例题。本书更加侧重于培养学生解决实际问题的能力,对本科高年级学生的毕业论文写作以及工商管理、工程管理、项目管理、公共管理类研究生的论文写作,具有极大的参考价值。

本书既可作为高等院校经济管理类和公共管理类专业及相关专业本科高年级学生、研究生的教材,也可供从事经济管理相关工作的人员参考。

图书在版编目(CIP)数据

数据、模型与决策 / 王宁,单晓红,杨学成编著. -- 北京:北京邮电大学出版社,2020.4
ISBN 978-7-5635-6013-4

Ⅰ. ①数… Ⅱ. ①王… ②单… ③杨… Ⅲ. ①决策模型 Ⅳ. ①C934

中国版本图书馆 CIP 数据核字(2020)第 045825 号

策划编辑:马晓仟　　责任编辑:徐振华　米文秋　　封面设计:七星博纳

出版发行:北京邮电大学出版社
社　　　址:北京市海淀区西土城路 10 号
邮政编码:100876
发 行 部:电话:010-62282185　传真:010-62283578
E-mail:publish@bupt.edu.cn
经　　　销:各地新华书店
印　　　刷:保定市中画美凯印刷有限公司
开　　　本:787 mm×1 092 mm　1/16
印　　　张:15.75
字　　　数:410 千字
版　　　次:2020 年 4 月第 1 版
印　　　次:2020 年 4 月第 1 次印刷

ISBN 978-7-5635-6013-4　　　　　　　　　　　　　　定价:40.00 元

・如有印装质量问题,请与北京邮电大学出版社发行部联系・

前　言

　　管理的核心是决策,而科学和理性的决策是以数据为基础,以相关的模型为逻辑思维过程的。目前,国内外的许多相关书籍主要以介绍运筹学为主,兼顾数值分析和软件实现,有些还对数学方法的推导过程和理论基础知识给予了详细的介绍,形成了各自的特色。

　　进入21世纪以来,无论是计算机技术还是决策理论与方法,都有了巨大的进步。随着统计分析软件和运筹分析软件的普及与使用,进行数据分析和建模较之以前轻松和方便了许多。本书在介绍数据与建模经典内容的基础上,又对大数据的分析、模糊系统决策和灰色系统决策进行了简单的介绍,并给出了案例分析,从而形成了自己的特色。

　　本书包含4篇19章。第1篇的5章内容以介绍基础的数据分析为主,包含统计与数据的分类,数据的整理与展示,数据的描述分析,调查问卷的设计,企业大数据分析框架;第2篇的5章内容则是以运筹学和统计学的基本模型为主,分别介绍线性规划与对偶理论,整数规划、运输及指派问题,相关与回归,多元线性回归,预测分析;第3篇的5章内容主要介绍决策与对策,包括确定型与不确定型决策,风险型决策及效用理论,博弈论初步,动态博弈分析,委托-代理理论;第4篇的4章内容则是以系统分析为主题,分别介绍模糊系统分析,灰色系统理论,随机服务系统分析,图与网络系统分析。

　　本书整体的思路是:使书中包含数据分析的基本知识和初步的软件实践操作,通过案例分析来构建运筹学的简单模型,并通过教学软件加以解决。此外,本书以示例的形式给出决策和博弈的思想方法,以常见的系统感知给出模糊系统和灰色系统的处理思路,从而达到既可以使知识点丰富,又能开阔学生思路的目的。

　　本书的许多示例都来自其他学者的研究成果,作者在参考文献中尽可能全面地列出,但难免有遗漏,还请多多谅解。

　　感谢作者的学生:孙飞、胡小阳、杨旻珺、梁柳云、王宁(女)、叶忠楷、于伟静、曹政、刘海伦、宋嘉莹、胡雪原、张品宁等,对本书的编写和出版做出的贡献。

作　者

目　　录

第 1 篇　数据篇

第 1 章　统计与数据的分类 …………………………………………………………… 3

1.1　应用统计学概述 …………………………………………………………………… 3
　1.1.1　统计的含义 ……………………………………………………………… 4
　1.1.2　统计是科学与艺术的统一 ……………………………………………… 4
　1.1.3　统计的重要性 …………………………………………………………… 4
1.2　数据的定义、计量与分类 ………………………………………………………… 5
　1.2.1　数据的定义 ……………………………………………………………… 6
　1.2.2　数据的计量 ……………………………………………………………… 7
　1.2.3　数据的分类 ……………………………………………………………… 8

第 2 章　数据的整理与展示 ……………………………………………………………… 10

2.1　品质型数据的整理与展示 ………………………………………………………… 11
　2.1.1　分类数据的整理 ………………………………………………………… 11
　2.1.2　分类数据的展示 ………………………………………………………… 17
2.2　数值型数据的整理与展示 ………………………………………………………… 24
　2.2.1　数值型数据的分组 ……………………………………………………… 24
　2.2.2　数值型数据的图示 ……………………………………………………… 25
2.3　小结 ………………………………………………………………………………… 33

第 3 章　数据的描述分析 ……………………………………………………………… 35

3.1　集中趋势的描述 …………………………………………………………………… 35
　3.1.1　众数 ……………………………………………………………………… 36
　3.1.2　中位数 …………………………………………………………………… 37
　3.1.3　四分位数 ………………………………………………………………… 37
　3.1.4　算术平均数 ……………………………………………………………… 37
　3.1.5　几何平均数 ……………………………………………………………… 38
　3.1.6　案例:含含糊糊的平均数 ……………………………………………… 39
　3.1.7　SPSS 操作案例 ………………………………………………………… 39

  3.2 离散趋势的描述 ……………………………………………………… 41
    3.2.1 极差 …………………………………………………………… 41
    3.2.2 内距（四分位差） …………………………………………… 42
    3.2.3 方差和标准差 ………………………………………………… 42
    3.2.4 离散系数 ……………………………………………………… 43
    3.2.5 SPSS 操作 …………………………………………………… 43

第 4 章 调查问卷的设计 ………………………………………………………… 46
  4.1 问卷设计的特征 ……………………………………………………… 46
  4.2 问卷设计的程序 ……………………………………………………… 46
  4.3 问题的形式 …………………………………………………………… 47
  4.4 问题的类型 …………………………………………………………… 48
  4.5 调查问卷的结构 ……………………………………………………… 49

第 5 章 企业大数据分析框架 …………………………………………………… 52
  5.1 数据量迅猛增长是不争的事实 ……………………………………… 52
  5.2 企业对大数据进行分析所面临的问题 ……………………………… 53
  5.3 大数据和小数据——不同类型的智能 ……………………………… 54
    5.3.1 大数据 ………………………………………………………… 54
    5.3.2 小数据 ………………………………………………………… 55
  5.4 企业应用大数据的七大注意事项 …………………………………… 56
    5.4.1 数据质量 ……………………………………………………… 56
    5.4.2 数据源和所处位置 …………………………………………… 57
    5.4.3 数据定义和管控 ……………………………………………… 57
    5.4.4 数据字典和数据关键用户 …………………………………… 57
    5.4.5 数据核查和数据可视化 ……………………………………… 58
    5.4.6 客户数据整合和数据管理 …………………………………… 58
    5.4.7 数据保密 ……………………………………………………… 58
  5.5 大数据时代企业决策分析所面临的挑战 …………………………… 59
    5.5.1 大数据应用过程中，组织的障碍和壁垒是最大挑战 ……… 59
    5.5.2 企业决策分析的外部挑战 …………………………………… 60
    5.5.3 企业决策分析的内部挑战 …………………………………… 60
  5.6 大数据时代商业分析的七大基石 …………………………………… 61
    5.6.1 商业挑战基石 ………………………………………………… 61
    5.6.2 数据基础基石 ………………………………………………… 62
    5.6.3 分析实施基石 ………………………………………………… 62
    5.6.4 洞察发现基石 ………………………………………………… 62
    5.6.5 执行测算基石 ………………………………………………… 63
    5.6.6 知识共享基石 ………………………………………………… 63
    5.6.7 发展创新基石 ………………………………………………… 63

第 2 篇 模型篇

第 6 章 线性规划与对偶理论 ……………………………………………………………… 67
6.1 线性规划理论介绍 ……………………………………………………………… 67
6.1.1 线性规划问题的提出 …………………………………………………… 68
6.1.2 线性规划问题的一般模型及求解思路 ………………………………… 69
6.2 基于 WinQSB 软件的线性规划求解 ………………………………………… 70
6.2.1 WinQSB 软件的简单介绍 ……………………………………………… 71
6.2.2 应用 WinQSB 软件求解案例导引 ……………………………………… 73
6.3 线性规划的对偶问题及其数学模型 …………………………………………… 76
6.3.1 线性规划对偶问题的概念 ……………………………………………… 76
6.3.2 对偶规划问题的基本性质 ……………………………………………… 78
6.3.3 对偶问题的经济解释——影子价格 …………………………………… 79
6.4 案例应用——基于线性规划的饭店管理优化分析 ………………………… 80

第 7 章 整数规划、运输及指派问题 …………………………………………………… 82
7.1 整数规划 ………………………………………………………………………… 82
7.2 整数规划问题的软件求解 ……………………………………………………… 83
7.3 运输问题 ………………………………………………………………………… 86
7.3.1 运输问题的数学模型 …………………………………………………… 87
7.3.2 表上作业法——最小元素法 …………………………………………… 88
7.3.3 产销不平衡的运输问题 ………………………………………………… 92
7.3.4 应用 WinQSB 软件求解运输问题 ……………………………………… 93
7.4 指派问题 ………………………………………………………………………… 94
7.4.1 指派问题的数学模型 …………………………………………………… 94
7.4.2 指派问题的匈牙利解法 ………………………………………………… 95
7.4.3 指派问题的扩展 ………………………………………………………… 98
7.4.4 应用 WinQSB 软件求解指派问题 ……………………………………… 99

第 8 章 相关与回归 ……………………………………………………………………… 101
8.1 相关分析概述 …………………………………………………………………… 103
8.1.1 相关关系的内涵 ………………………………………………………… 103
8.1.2 相关关系的描述和测度 ………………………………………………… 105
8.1.3 用 SPSS 描绘散点图 …………………………………………………… 107
8.2 一元线性回归分析 ……………………………………………………………… 108
8.2.1 回归分析的内涵 ………………………………………………………… 108
8.2.2 一元回归直线的基本理论 ……………………………………………… 109
8.2.3 一元回归直线的 SPSS 操作与解读 …………………………………… 110

8.3 一元回归方程分析的进一步讨论 ············ 112
8.3.1 一元回归方程判定系数 ············ 112
8.3.2 回归方程的显著性检验 ············ 114

第9章 多元线性回归 ············ 116
9.1 多元线性回归模型 ············ 116
9.2 多元回归模型的软件实现与输出结果解读 ············ 116

第10章 预测分析 ············ 121
10.1 预测理论概述 ············ 121
10.1.1 预测的概念和种类 ············ 122
10.1.2 预测的程序 ············ 122
10.2 定性预测法 ············ 123
10.2.1 头脑风暴法 ············ 123
10.2.2 德尔菲法 ············ 125
10.2.3 主观概率法 ············ 127
10.3 定量预测法 ············ 127
10.3.1 算术平均法 ············ 127
10.3.2 加权平均法 ············ 128
10.3.3 移动平均法 ············ 128
10.3.4 指数平滑法及其 SPSS 实现 ············ 129
10.3.5 线性模型外推预测及其 SPSS 实现 ············ 131

第3篇　决策与对策篇

第11章 确定型决策与不确定型决策 ············ 137
11.1 决策的基本问题 ············ 137
11.1.1 决策的基本概念及构成要素 ············ 137
11.1.2 决策的基本分类 ············ 137
11.1.3 决策的过程 ············ 138
11.2 确定型决策 ············ 139
11.2.1 基本概念 ············ 139
11.2.2 求解方法 ············ 139
11.3 不确定型决策 ············ 141
11.3.1 乐观主义准则 ············ 141
11.3.2 悲观主义准则 ············ 142
11.3.3 折中主义准则 ············ 142
11.3.4 等可能准则 ············ 143
11.3.5 后悔值准则 ············ 144

11.4 案例 ··· 145

第12章 风险型决策及效用理论 ·· 148
12.1 风险型决策 ·· 148
12.1.1 最大可能准则 ··· 148
12.1.2 最大期望值准则 ··· 149
12.1.3 决策树法 ··· 149
12.1.4 多级决策 ··· 151
12.2 效用与决策 ·· 152
12.2.1 效用的概念 ·· 152
12.2.2 效用曲线的绘制 ··· 153
12.2.3 效用曲线的类型 ··· 153
12.2.4 效用决策的应用 ··· 154

第13章 博弈论初步 ·· 155
13.1 博弈论概述 ·· 155
13.1.1 两个示例 ··· 155
13.1.2 博弈论的分类 ·· 157
13.2 完全信息静态博弈的几个经典案例及其应用 ·································· 158
13.2.1 囚徒困境 ··· 158
13.2.2 囚徒困境应用案例 ··· 160
13.2.3 破解囚徒困境的对策分析 ·· 161
13.2.4 智猪博弈 ··· 161
13.2.5 智猪博弈的应用 ··· 162
13.2.6 智猪博弈带给企业的启示 ·· 163
13.3 纳什均衡 ·· 164
13.3.1 纳什均衡的定义 ··· 164
13.3.2 纳什均衡里的哲学思想分析 ·· 164
13.3.3 求纳什均衡解的划线法 ·· 165
13.4 无限策略博弈分析和反应函数 ·· 165
13.4.1 古诺模型 ··· 165
13.4.2 纳什均衡不是整体效率最高 ·· 166
13.4.3 反应函数 ··· 168

第14章 动态博弈分析 ·· 170
14.1 动态博弈的基本特点 ·· 170
14.1.1 动态博弈的策略与结果 ·· 170
14.1.2 动态博弈的非对称性 ··· 171
14.2 动态博弈的可信性 ·· 171
14.2.1 相机选择和策略中的可信性问题 ··· 171

14.2.2 开金矿问题	172
14.2.3 开金矿的法律保障问题	172
14.2.4 开金矿的法律保障不足时的问题	173
14.3 动态博弈的纳什均衡	174
14.4 动态博弈求纳什均衡的逆推归纳法	175

第15章 委托-代理理论 177

15.1 委托人-代理人关系概述	177
15.2 无不确定性的委托-代理模型	177
15.3 有不确定性但可监督的委托-代理模型	180

第4篇 系统篇

第16章 模糊系统分析 185

16.1 基本概念	185
16.2 模糊集的运算	186
16.3 模糊综合评价模型	187
16.3.1 模糊变换	188
16.3.2 模糊综合评价的步骤	189
16.4 多级模糊综合评价模型	191
16.5 案例应用	193

第17章 灰色系统理论 196

17.1 灰色系统的概念	196
17.1.1 基本原理	197
17.1.2 基本方法	197
17.2 灰色关联分析	198
17.2.1 灰色关联分析的基本思想	199
17.2.2 灰色关联分析的主要内容	199
17.2.3 案例分析	202
17.3 灰色系统预测建模	203
17.3.1 灰色系统预测建模的基本思想	203
17.3.2 灰色系统预测模型的主要内容	204
17.4 GM(1,1)预测模型	207
17.4.1 GM(1,1)模型的建立过程	207
17.4.2 GM(1,1)模型的适用性判断	208
17.5 案例分析:股指预测	211

第18章 随机服务系统分析 …… 214

18.1 基本概念 …… 215
18.1.1 输入过程 …… 215
18.1.2 服务规则 …… 215
18.1.3 服务台情况 …… 216
18.1.4 排队系统常用的术语和记号 …… 217
18.1.5 排队系统相关指标 …… 218
18.1.6 一些常用记号 …… 219

18.2 排队系统常用分布 …… 220
18.2.1 负指数分布 …… 220
18.2.2 泊松分布 …… 220
18.2.3 k 阶爱尔朗分布 …… 221

18.3 排队模型 …… 221
18.3.1 单服务台模型 …… 221
18.3.2 多服务台模型 …… 222

第19章 图与网络系统分析 …… 224

19.1 基本概念 …… 224
19.2 最小生成树问题 …… 226
19.2.1 问题的提出 …… 226
19.2.2 问题的求解 …… 227

19.3 最短路径问题 …… 229
19.3.1 求任意两点间最短距离的 Dijkstra 标号法 …… 229
19.3.2 求任意两点间最短距离的矩阵幂乘法 …… 230

19.4 最大流问题 …… 232
19.4.1 相关概念 …… 232
19.4.2 问题求解 …… 232

19.5 关键路径问题 …… 234
19.5.1 相关概念 …… 235
19.5.2 问题求解 …… 235

参考文献 …… 239

第1篇 数据篇

数据是建模和决策的基础。本篇共包括5章内容,系统地介绍了统计与数据的分类,数据的整理与展示,数据的描述分析以及调查问卷的设计的基本内容,并通过案例分析的方式,给出了统计软件SPSS的使用步骤和操作指令,结合当前企业在大数据应用中遇到的问题,给出了企业大数据分析框架的描述。

第1章 统计与数据的分类

【案例导引】

根据尼尔森媒体调查,在2000年4月6日20:00,收视率最高的4个电视节目是 *Millionaire*, *Frasier*, *Chicago Hope* 和 *Charmed* (USA Today, 2000-04-13)。一个包含50名电视观众的样本数据如表1.1所示,这些数据是典型的品质型数据,通过这些数据的频数分布和百分数频数分布以及这些数据的条形图和饼形图,就能够进行统计分析,并且以这个样本为基础可以了解各个节目拥有的市场份额。

表1.1 尼尔森媒体调查表

编号	电视节目	编号	电视节目	编号	电视节目	编号	电视节目	编号	电视节目
1	*TV Show*	11	*Millionaire*	21	*Millionaire*	31	*Chicago Hope*	41	*Millionaire*
2	*Millionaire*	12	*Millionaire*	22	*Millionaire*	32	*Frasier*	42	*Charmed*
3	*Frasier*	13	*Frasier*	23	*Millionaire*	33	*Millionaire*	43	*Frasier*
4	*Frasier*	14	*Millionaire*	24	*Millionaire*	34	*Chicago Hope*	44	*Millionaire*
5	*Charmed*	15	*Millionaire*	25	*Frasier*	35	*Chicago Hope*	45	*Millionaire*
6	*Chicago Hope*	16	*Charmed*	26	*Frasier*	36	*Frasier*	46	*Millionaire*
7	*Millionaire*	17	*Frasier*	27	*Millionaire*	37	*Millionaire*	47	*Chicago Hope*
8	*Frasier*	18	*Millionaire*	28	*Millionaire*	38	*Charmed*	48	*Chicago Hope*
9	*Chicago Hope*	19	*Millionaire*	29	*Millionaire*	39	*Millionaire*	49	*Millionaire*
10	*Frasier*	20	*Frasier*	30	*Millionaire*	40	*Frasier*	50	*Frasier*

资料来源:《商务与经济统计(原书第10版)》。

统计学是一门收集、分析、表述和解释数据的科学与艺术。特别是在商务和经济生活中,收集、分析、表述、解释数据旨在帮助管理者和决策制定者更好地理解商务和经济环境的变化,从而使其能科学、正确地做出决策。同时,了解统计的原理、数据的构成及其不同的展现形式,可以使我们更深入地分析经济统计数据的真实性,从而保证决策的有效性。本章将初步接触统计学,了解其基本概念、研究内容与作用,并介绍数据的定义与类型。

1.1 应用统计学概述

在如今贸易和经济全球化的背景下,企业需要应用大量的信息进行数据挖掘,应用统计学成为经济管理者必须掌握的重要能力,而最成功的管理者和决策制定者将是那些能够理解信息并有效利用信息的人。

1.1.1 统计的含义

统计是指人们为了说明所研究现象的某种数量特征和规律性而对有关数据进行收集、整理和分析研究,是大数据分析的基础。对统计的研究包括:统计数据的来源、计算方法及有效使用方法、得出结论。统计的3种含义如下所述。

统计工作——统计实践活动,是指人们运用科学方法对调查研究的对象进行数据收集、整理和分析的全部工作,其结果是形成一系列统计数据资料。统计工作一般包括统计设计、统计资料的收集、统计整理和统计分析4个环节。

统计资料——统计数据,是指通过统计工作取得的各种数据,是统计工作的结果。统计数据必须具有客观性、准确性、及时性、系统性和连续性等特点,它是进行科学管理和决策的基本依据。

统计学——方法论科学,是一门收集、分析、表现和解释数据的学科($EncycloPaedia\ Britannica$, 2009)。统计学是对统计实践加以总结升华而产生的理论,是关于统计方法的建立及其正确性和有效性的方法论科学。

1.1.2 统计是科学与艺术的统一

《不列颠百科全书》对统计学的定义是:"关于收集和分析数据的**科学与艺术**。"统计学的艺术性体现在:

① 数据有随机性(带偶然误差);
② 应用时有人的判断和主动性("艺术"),不是套公式。

统计可以成为提炼数据本质的一件法宝,然而也有需小心提防之处。人们可以借助统计说明世界有多么奇妙,也可以借助统计说出想要的结果,甚至撒下谎言。

1.1.3 统计的重要性

只要得到可靠的统计量,就能做出客观的决策,如有神助地进行精确的预测,以及以最有效的方式传达自己想传达的信息。统计以事实为基础,尽管如此,有时却具有误导性。利用统计,既可以昭告事实,也可以瞒天过海。

掌握统计学将使人们处于有利地位,人们将拥有更好的手段去判断统计量是否出错或产生了误导。换句话说,学习统计学是避免遭人愚弄的良策。

例 1.1 沪深 300 指数是由中证指数有限公司负责编制和维护的成分股票指数,该指数从沪深两市中选取 300 只股票作为其成分股,其样本市值约占整个股票市场的六成,具有良好的代表性。沪深 300 指数也是我国第一只用以反映 A 股整体市场表现的股票指数,有利于投资者观察和把握国内股票市场的整体变化,具有很好的投资价值。沪深 300 指数某年上半年均值如表 1.2 所示。

表 1.2 沪深 300 指数某年上半年均值

月份	1月	2月	3月	4月	5月	6月
指数均值	3 604	3 699	3 723	3 778	3 834	3 889

以下是两位股民的对话。

A：近半年股市蒸蒸日上，我要增加对股市的投资。

B：我觉得股市一般啊，我还是玩期货去。

对同一批数据为何会有两种说法？请仔细观察图1.1和图1.2。图1.1和图1.2都表现了沪深300指数6个月的情况，二者以相同的信息为基础，为什么外观差别如此之大呢？注意观察纵坐标的刻度，这就是关键所在。

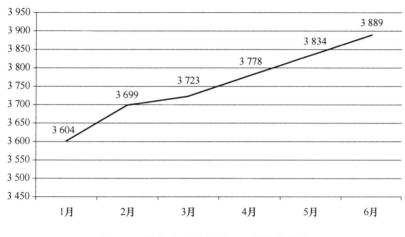

图1.1　股民A对于沪深300指数的观点

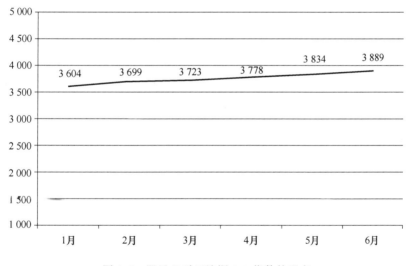

图1.2　股民B对于沪深300指数的观点

如何探讨针对同一批数据的两种不同解释呢？我们需要用某种方式直观地表现这些数据。说到信息的直观表现形式，最好的方法莫过于图形。图表是概括原始信息的便捷方式，能帮助人们一眼得出初步结论。不过要小心，即使是最简单的图表也能神不知鬼不觉地迷惑你、误导你。

1.2　数据的定义、计量与分类

数据是统计分析的基础，不同类型的数据有着不同的计量方式，学习本节将有助于读者对数据的理解,从而为今后统计分析的学习做铺垫。

1.2.1 数据的定义

数据(data)是所收集、分析、汇总的,用以描述和解释的事实和数字。将用于特定研究而收集的数据集合在一起即为研究的**数据集**(data set)。表 1.3 所示为 25 家标准普尔 500 公司的数据集。

表 1.3 25 家标准普尔 500 公司的数据集

公司	交易所	股票代码	商业周刊排名	市场价值/$	每股收益/$
bbott Laboratories	N	ABT	90	46	2.02
Altria Group	N	MO	148	66	4.57
Apollo Group	NQ	APOL	174	74	0.90
Bank of New York	N	BK	305	30	1.85
Bristol-Myers Squibb	N	BMY	346	26	1.21
Cincinnati Financial	NQ	CINF	161	45	2.73
Comcast	NQ	CMCSA	296	32	0.43
Deere	N	DE	36	71	5.77
eBay	NQ	EBAY	19	43	0.57
Federated Dept. Stores	N	FD	353	56	3.86
Hasbro	N	HAS	373	21	0.96
IBM	N	IBM	216	93	4.94
International Paper	N	IP	370	37	0.98
Knight-Ridder	N	KRI	397	66	4.13
Manor Care	N	HCR	285	34	1.90
Medtronic	N	MDT	53	52	1.79
National Semiconductor	N	NSM	155	20	1.03
Novellus Systems	NQ	NVLS	386	30	1.06
Pitney Bowes	N	PBI	339	46	2.05
Pulte Homes	N	PHM	12	78	7.67
SBC Communications	N	SBC	371	24	1.52
St. Paul Travelers	N	STA	264	38	1.53
Teradyne	N	TER	412	15	0.84
UnitedHealth Group	N	UNH	5	91	3.94
Wells Fargo	N	WFC	159	59	4.09

资料来源:*BusinessWeek*(2005-04-04)。

个体是指作为数据来源的实体。在表 1.3 中,每一个公司的股票是一个个体,个体的名称列在表中的第 1 列。表 1.3 中有 25 只股票,数据集中就有 25 个个体。

变量是个体中人们所感兴趣的特征。表 1.3 中包含 5 个变量:交易所、股票代码、商业周刊排名、市场价值、每股收益。

数据是通过收集研究与每个个体相应的任一变量的度量值而获得的。对某一个特定个体收集的度量值的集合称为一组**观测值**。表 1.3 中,第 1 组观测值(bbott Laboratories)的度量值集合是 N,ABT,90,46,2.02,第 2 组观测值(Altria Group)的度量值集合是 N,MO,148,66,4.57。25 个个体的数据集包含 25 组观测值。

1.2.2 数据的计量

统计数据是对客观现象进行计量的结果。在收集数据之前,总是要对现象进行计量或测度。但不同事物的特性决定了其可计量或测度的程度是不同的,例如,有些事物只能对它的属性进行分类,有些则可以用比较精确的数据加以计量。按照对客观事物测度的程度或精确水准,可将所采用的计量尺度由低级到高级、由粗略到精确分为 4 个层次,即定类尺度、定序尺度、定距尺度和定比尺度,采用不同的计量尺度可以得到不同类型的统计数据。表 1.4 为某社区 5 位居民的基本情况的统计数据。

表 1.4 某社区 5 位居民的基本情况的统计数据

样本号	身高/cm	体重/kg	年龄/岁	性别	工作性质	颜色喜好	体质
1	166	56	31	女	工人	红	好
2	168	60	45	女	干部	蓝	中
3	173	67	38	男	教师	黄	差
4	175	62	42	男	军人	绿	好
5	169	59	50	男	技术人员	蓝	中

1. 定类尺度

定类尺度(nominal scale)也称列名尺度,是最粗略、计量层次最低的计量尺度。定类尺度是指对客观事物依据某种属性进行平行的分类或分组,使用该尺度对事物所进行的分类之间既没有数量关系,也没有等级关系,即该计量尺度的不同表现之间没有高低、大小和优劣之分。表 1.4 中性别、工作性质、颜色喜好的分类就是定类尺度。一般来说,各类之间是互相排斥的,即客观事物只能属于其中的一类。

2. 定序尺度

定序尺度(ordinal scale)也称顺序尺度,它是对客观现象类别之间的等级差或顺序差的一种测度。定序尺度不仅可以将研究对象分成不同的类别,还可以反映各类的优劣、量的大小或顺序。例如,表 1.4 中统计体质状态时可以分为好、中、差三个等级。又如,将学生考试的成绩划分为优、良、中、及格、不及格就是一种顺序的计量,即优比良高一级,良比中高一级,以此类推。再如,产品等级就是对产品质量的一种顺序测度,它可以把产品分为一等品、二等品、三等品、次品等。很显然,定序尺度较定类尺度要精细一些,但是它只能测度类别之间的顺序,不能测度类别之间的准确差异的大小,因此不能进行代数运算和其他数学运算,只可以比较大小,即各类之间只有"大于"或"优于"的概念。

3. 定距尺度

定距尺度(interval scale)也称间隔尺度,它不仅可以将事物区分为不同的类型并确定顺序,还可以准确地计量各类之间的差距,定距尺度数据值进行加、减运算是有意义的。例如,

"智商"是定距尺度,假设甲的智商为110,乙的智商为90,从这两个智商值可知:
① 甲乙两人智商不同(定类尺度的性质);
② 甲比乙智商高(定序尺度的性质);
③ 甲的智商比乙的智商高20(定距尺度的性质)。

但定距尺度的数据值不能进行乘、除运算,因为定距尺度的数据值表现为"0"时,"0"并不是"无"的含义,智商为"0"的人并不是没有智力。当然,也不能说智商为120的人的智力比智商为80的人的智力高0.5倍。

4. 定比尺度

定比尺度(rational scale)也称比率尺度,它的数学性质比定距尺度高一层次,它不仅可以区分类别,确定顺序,进行加、减运算,还可以进行乘、除运算。定比尺度的数据值为"0"是"无"的含义。表1.4中的身高、体重就是定比尺度。例如,老张的工龄是20年,大李的工龄是10年,小王的工龄是5年,可以计算老张的工龄比大李的长10年,而大李的工龄比小王的长5年,还可以说,老张的工龄是大李的工龄的2倍,是小王的工龄的4倍。

形象地说,定距尺度类似于从桌面开始测量高度,定比尺度类似于从地面开始测量高度,因此,只有当数据为定比尺度时,两个变量的比值才是有意义的。

1.2.3 数据的分类

数据从不同的角度有不同的分类方式,下面介绍按照计量尺度、数据的收集方法和数据在时间上的表现来划分的不同类型。

1. 按照计量尺度分类

① **品质型数据**(qualitative data)也称**定性数据**,是用以说明事物的品质特征的数据,一般为非数值型数据,只能用文字表述。这类数据是由定类尺度和定序尺度计量形成的,又可细分为分类数据和顺序数据。

a. **分类数据**(categorical data)是只能归于某一类别的非数值型数据,为定类尺度计量数据,它是对对象进行分类的结果,数据表现为类别。例如,人口可按照性别分为男、女两类。

b. **顺序数据**(rank data)是只能归于某一有序类别的非数值型数据,为定序尺度计量数据。顺序数据既可以划分为类别,也可以进行排序。例如,考试成绩可以分为优、良、中、及格和不及格等。

② **数值型数据**(quantitative data)也称**定量数据**,是用以说明现象的数量特征的数据,具体表现为数值。这类数据是由定距尺度和定比尺度计量形成的。例如,人的身高、体重、年龄等均为数值型数据。

2. 按照统计数据的收集方法分类

① **观测数据**(observational data)是指通过调查或观测而收集到的数据。这类数据是在没有对对象实施人为控制的条件下得到的,有关社会经济现象的统计数据几乎都是观测数据,如消费者对产品偏好研究的调查数据、居民人均收入数据等。

② **实验数据**(experimental data)是指在实验中控制实验对象而收集到的数据。自然科学和工程领域的多数数据都是实验数据,如关于一种新药疗效的实验数据、关于一种新的农作物品种的实验数据。

3. 按照被描述的现象与时间的关系分类

① **截面数据**(cross-sectional data)是在相同或相近的时间点上收集到的数据,这类数据通常是在不同空间上获得的,用于描述现象在某一时间的变化情况。例如,2015年我国各省份的GDP数据就是截面数据。

② **时间序列数据**(time series data)是在不同的时间点上收集到的数据,这类数据是按时间顺序收集的,用于描述现象随时间变化的情况。例如,2000—2015年北京市GDP数据就是时间序列数据。

区分数据的类型是非常重要的,因为对于不同类型的数据,需要采用不同的统计方法来进行处理和分析。例如,对于分类数据,通常计算各类的频数或频率、计算其众数、进行列联分析和拟合优度检验等;对于顺序数据,除了可以采用以上分类数据的统计分析方法外,还可以计算其中位数、计算等级相关系数等;对于数值型数据,可以运用更多的统计方法进行分析,如计算各种统计量,进行参数估计、假设检验和方差分析等。图1.3所示为统计数据的分类图,可方便读者直观地理解统计数据的分类。

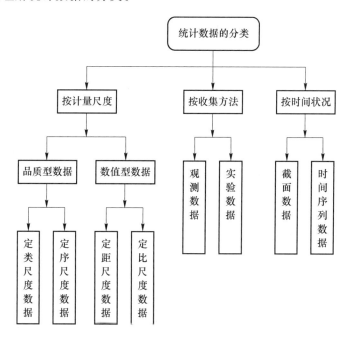

图1.3 统计数据的分类图

第 2 章 数据的整理与展示

【案例导引】

高露洁-棕榄(Colgate-Palmolive)公司于1806年在纽约创建时,还只是一家经营香皂和蜡烛的小商店。但今天,高露洁-棕榄公司已是一家产品遍布世界二百多个国家和地区,拥有超过40 000名员工的大公司。除了最著名的商标高露洁、棕榄、Ajax和Fab外,高露洁-棕榄公司还经营Mennen、希尔斯科学食品(Hill's Science Diet)和希尔斯传统食品(Hill's Prescription Diet)等产品。

高露洁-棕榄公司在其家用洗衣粉产品的生产过程质量保证程序中使用统计学方法。一个关键问题是顾客对盒装洗衣粉数量的满意度。相同尺寸的每一个盒子里都装入相同重量的洗衣粉,但是洗衣粉所占的体积受洗衣粉密度的影响,例如,如果洗衣粉的密度较大,要达到所规定的包装重量,就只需要较小体积的洗衣粉,这样,当顾客打开包装盒时,盒子看上去显然未满。

为了控制洗衣粉密度过大这一问题,需要对洗衣粉密度的可接受范围加以限制。定期抽取统计样本,并测量各洗衣粉样本的密度,然后将汇总数据提供给操作人员,以便在需要将密度保持在规定的质量规格内时,操作人员可以采取正确的措施。

根据一个在一周内采取的容量为150的样本,得到密度的频数分布和直方图如图2.1所示。密度水平为0.40是不可以接受的上限。由频数分布和直方图,当所有产品的密度小于或等于0.40时,符合质量标准,检查这些统计汇总结果的管理人员将对洗衣粉产品的生产质量感到满意。

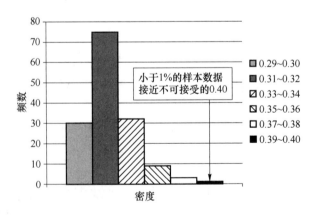

图2.1 密度数据的频数分布图

资料来源:《商务与经济统计(原书第10版)》。

在对数据进行整理时,首先要明确数据的类型,因为不同类型的数据所采取的处理方式和所适用的处理方法是不同的。数据经过预处理后,可根据需要进一步进行分类或分组。对品质型数据主要是进行分类整理,对数值型数据则主要是进行分组整理。本章将为读者介绍不同类型的数据应该如何进行整理和展示,并通过SPSS软件实现。

SPSS(Statistical Product and Service Solutions),即"统计产品与服务解决方案"软件。最初软件全称为"社会科学统计软件包"(Solutions Statistical Package for the Social Sciences),但是随着SPSS产品服务领域的扩大和服务深度的增加,SPSS所属公司已于2000年正式将其全称更改为"统计产品与服务解决方案",这标志着SPSS的战略方向做出了重大调整。SPSS为IBM公司推出的一系列用于统计学分析运算、数据挖掘、预测分析和决策支持任务的软件产品及相关服务的总称,有Windows和MacOSX等版本。

2.1 品质型数据的整理与展示

品质型数据包括分类数据和顺序数据,它们在整理和图形展示的方法上大多是相同的,但也有些微小差异。本节将介绍如何对分类数据进行整理、汇总,并通过SPSS软件实现用统计图和统计表的形式展示出来。

2.1.1 分类数据的整理

分类数据本身就是对事物的一种分类,因此,在整理时首先列出所分的类别,然后计算每一类别的频数、频率或比例、比率等,即可形成一张频数分布表,最后根据需要选择适当的图形进行展示,以便对数据及其特征有一个初步的了解。

① **频数**(frequency):是落在某一特定类别或组中的数据个数。

② **频数分布**:把各个类别及其相应的频数全部列出,并用表格形式表现出来,称为频数分布。

③ **频率**:各组频数与总频数之比。

④ **分布数列**:将各组组别与频数依次编排而成的数列称为频数分布数列,简称分布数列。分布数列可分为**属性分布数列**与**变量分布数列**两种。

例 2.1 为研究不同类型软饮料的市场销售情况,一家市场调查公司对随机抽取的一家超市进行调查。图 2.2 所示为 50 名顾客购买的饮料类型及购买者性别的原始数据录入 SPSS 软件中的截图。下面用 SPSS 软件生成频数分布表,观察饮料类型和顾客性别的分布状况,并进行描述性分析。

1. 用 SPSS 生成频数分布表

这一步可以用于从不同角度描述数据的频数分布,具体操作如下所述。

① 选择"分析→描述统计→频率",进入主对话框,如图 2.3 所示;

② 将"饮料类型"或"顾客性别"选入"变量"(也可以将二者同时选入),选中"显示频率表格",如图 2.4 所示;

③ 若需要描述统计量或图形,则单击"统计量"或"图表",并选择相应的选项,如图 2.5 或图 2.6 所示;

④ 单击"确定"。

	顾客性别	饮料类型		顾客性别	饮料类型
1	女	碳酸饮料	26	女	绿茶
2	男	绿茶	27	男	矿泉水
3	男	矿泉水	28	女	绿茶
4	女	矿泉水	29	女	碳酸饮料
5	男	碳酸饮料	30	女	矿泉水
6	男	矿泉水	31	男	其他
7	女	碳酸饮料	32	男	碳酸饮料
8	女	绿茶	33	女	果汁
9	男	果汁	34	女	矿泉水
10	男	碳酸饮料	35	女	其他
11	女	矿泉水	36	女	碳酸饮料
12	女	其他	37	女	其他
13	男	碳酸饮料	38	女	果汁
14	男	绿茶	39	男	绿茶
15	男	碳酸饮料	40	女	果汁
16	女	其他	41	女	碳酸饮料
17	男	矿泉水	42	女	果汁
18	女	碳酸饮料	43	男	矿泉水
19	男	绿茶	44	女	碳酸饮料
20	男	其他	45	女	绿茶
21	女	碳酸饮料	46	女	其他
22	男	绿茶	47	女	果汁
23	男	绿茶	48	男	绿茶
24	女	碳酸饮料	49	女	其他
25	男	碳酸饮料	50	女	矿泉水

图 2.2 50 名顾客购买的饮料类型及购买者性别的数据截图

注意:图 2.5 和图 2.6 的差异在于频数分析时行列的不同。图 2.5 的输出是表 2.1,为不同饮料类型的频数分布表;而图 2.6 的输出是表 2.2,为不同顾客性别的频数分布表。

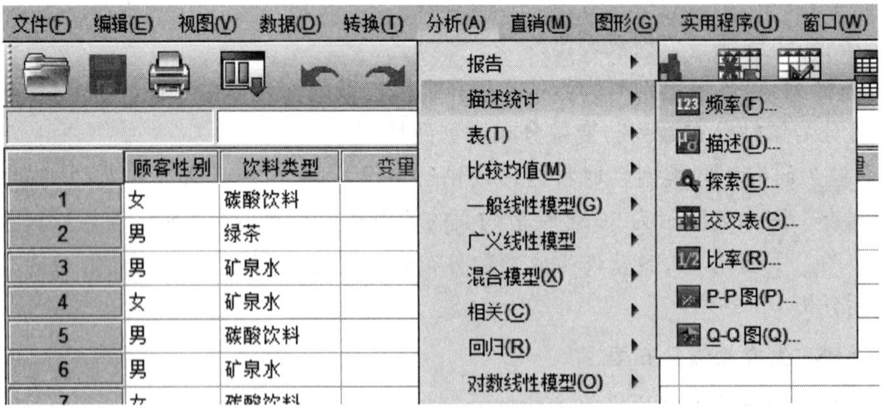

图 2.3 进入主对话框

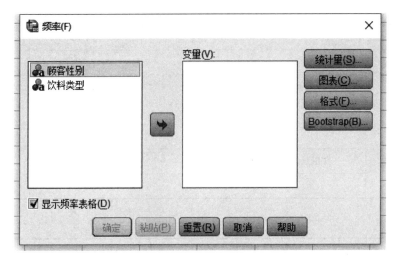

图 2.4 进入主对话框后的窗口

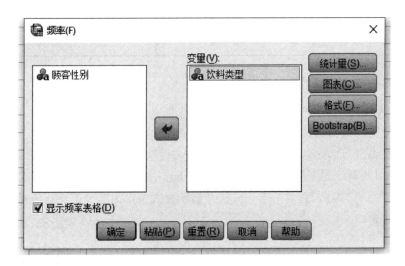

图 2.5 选择要描述统计的变量(一)

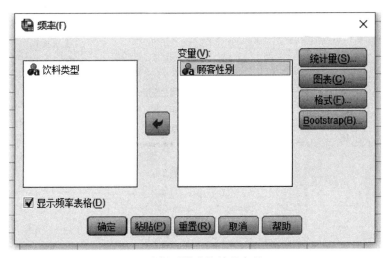

图 2.6 选择要描述统计的变量(二)

表 2.1　不同饮料类型的频数分布表

饮料类型		频数	百分比	累积频数
有效值	果汁	6	12.0%	12.0
	矿泉水	10	20.0%	32.0
	绿茶	11	22.0%	54.0
	其他	8	16.0%	70.0
	碳酸饮料	15	30.0%	100.0
	总计	50	100.0%	

表 2.2　不同顾客性别的频数分布表

顾客性别		频数	百分比	累积频数
有效值	男	22	44.0%	44.0
	女	28	56.0%	100.0
	总计	50	100.0%	

2. 用 SPSS 生成交叉频数分布表

这一步可以用于显示不同性别的顾客的频数分布表,具体操作如下所述。

① 选择"分析→描述统计→交叉表",进入主对话框,如图 2.7 所示;

② 将"饮料类型"选入"列",将"顾客性别"选入"行"(行列可以互换),如图 2.8 所示;

③ 若需要对列联表进行描述性统计分析,则单击"单元格",在百分比下选中需要的统计量,如"行""列""总计"等;若需要图形,则选中"显示复式条形图",如图 2.9 所示;

④ 单击"确定"。

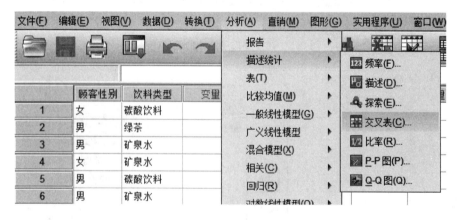

图 2.7　主对话框

第 2 章 数据的整理与展示

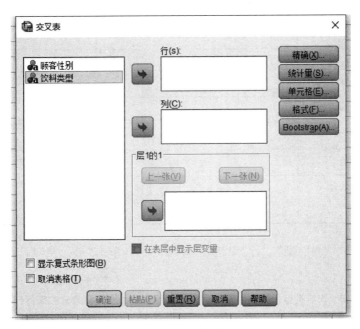

图 2.8 主对话框界面

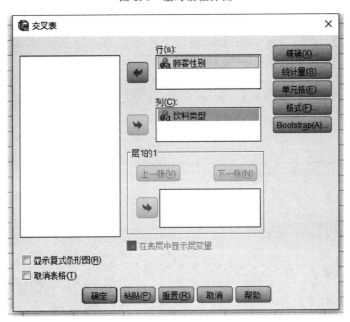

图 2.9 选择列和行的统计变量

输出结果如表 2.3 或表 2.4 所示。

表 2.3 顾客性别(列)和饮料类型(行)的交叉频数分布表(列联表)

顾客性别 * 饮料类型		饮料类型					总计
		果汁	矿泉水	绿茶	其他	碳酸饮料	
顾客性别	男	1	6	7	2	6	22
	女	5	4	4	6	9	28
总计		6	10	11	8	15	50

表 2.4 饮料类型(列)和顾客性别(行)的交叉频数分布表(列联表)

饮料类型 * 顾客性别		顾客性别		总计
		男	女	
饮料类型	果汁	1	5	6
	矿泉水	6	4	10
	绿茶	7	4	11
	其他	2	6	8
	碳酸饮料	6	9	15
总计		22	28	50

在"列"中选择"饮料类型","行"中选择"顾客性别",单击"单元格"后,输出结果如表 2.5 和图 2.10 所示。

表 2.5 饮料类型(列)和顾客性别(行)的所有分析交叉频数分布表(列联表)

			顾客性别		Total
			男	女	
饮料类型	果汁	Count	1	5	6
		% within 饮料类型	16.7%	83.3%	100.0%
		% within 顾客性别	4.5%	17.9%	12.0%
		% of Total	2.0%	10.0%	12.0%
	矿泉水	Count	6	4	10
		% within 饮料类型	60.0%	40.0%	100.0%
		% within 顾客性别	27.3%	14.3%	20.0%
		% of Total	12.0%	8.0%	20.0%
	绿茶	Count	7	4	11
		% within 饮料类型	63.6%	36.4%	100.0%
		% within 顾客性别	31.8%	14.3%	22.0%
		% of Total	14.0%	8.0%	22.0%
	其他	Count	2	6	8
		% within 饮料类型	25.0%	75.0%	100.0%
		% within 顾客性别	9.1%	21.4%	16.0%
		% of Total	4.0%	12.0%	16.0%
	碳酸饮料	Count	6	9	15
		% within 饮料类型	40.0%	60.0%	100.0%
		% within 顾客性别	27.3%	32.1%	30.0%
		% of Total	12.0%	18.0%	30.0%
Total		Count	22	28	50
		% within 饮料类型	44.0%	56.0%	100.0%
		% within 顾客性别	100.0%	100.0%	100.0%
		% of Total	44.0%	56.0%	100.0%

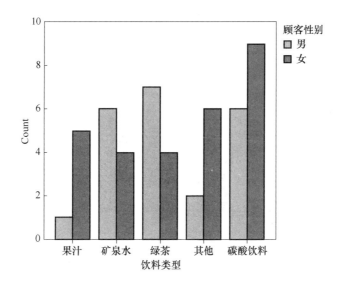

图 2.10 饮料类型（列）和顾客性别（行）的条形统计图

当在"列"中选"顾客性别"，"行"中选"饮料类型"，单击"单元格"后，输出结果如表 2.6 和图 2.11 所示。关于条形图的定义将在 2.1.2 节详细给出。

表 2.6 顾客性别（列）和饮料类型（行）的所有分析交叉频数分布表（列联表）

			饮料类型					Total
			果汁	矿泉水	绿茶	其他	碳酸饮料	
顾客性别	男	Count	1	6	7	2	6	22
		% within 顾客性别	4.5%	27.3%	31.8%	9.1%	27.3%	100.0%
		% within 饮料类型	16.7%	60.0%	63.6%	25.0%	40.0%	44.0%
		% of Total	2.0%	12.0%	14.0%	4.0%	12.0%	44.0%
	女	Count	5	4	4	6	9	28
		% within 顾客性别	17.9%	14.3%	14.3%	21.4%	32.1%	100.0%
		% within 饮料类型	83.3%	40.0%	36.4%	75.0%	60.0%	56.0%
		% of Total	10.0%	8.0%	8.0%	12.0%	18.0%	56.0%
Total		Count	6	10	11	8	15	50
		% within 顾客性别	12.0%	20.0%	22.0%	16.0%	30.0%	100.0%
		% within 饮料类型	100.0%	100.0%	100.0%	100.0%	100.0%	100.0%
		% of Total	12.0%	20.0%	22.0%	16.0%	30.0%	100.0%

2.1.2 分类数据的展示

数据的展示主要是通过图形实现的。分类数据的展示涉及的有条形图、帕累托图和饼图，本节将分别介绍这三种图的概念和 SPSS 软件实现。

1. 条形图及其 SPSS 软件应用

条形图（bar chart）是用宽度相同的条形的高度或长短来表示数据多少的图形。条形图可以横置或纵置，纵置时也称为柱形图（column chart）。对于品质型数据，应该将这些条形分隔开，以强调每一组是相互独立的。下面给出用 SPSS 生成条形图的示例。

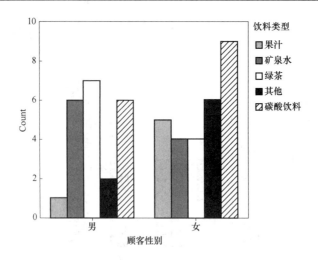

图 2.11 顾客性别(列)和饮料类型(行)的条形统计图

例 2.2 设 2012 年我国东部、中部、西部和东北地区电信业务收入同比增长的数据分别为 11.0%、14.5%、12.3% 和 11.0%,试画出条形图。

(1)操作步骤

① 在图 2.12 所示的界面中,单击"图形",并选择"条形图",如图 2.13 所示;

② 在图 2.14 所示的界面中,单击"简单箱图"(不同汉化版本可能会有不同名称),并选中"各个变量的摘要",则会弹出图 2.15 所示的界面;

③ 在图 2.15 所示的界面中,选择相关变量并单击"确定",则会输出结果。

图 2.12 SPSS 界面中输入的数据

图 2.13 进入条形图界面

图 2.14 条形图对话框

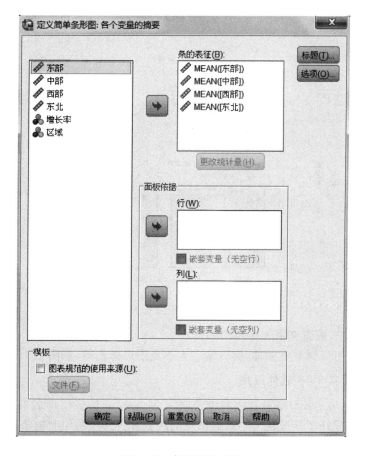

图 2.15 条形图的设置

（2）输出结果显示

在完成上述操作后,输出的结果如图 2.16 所示。

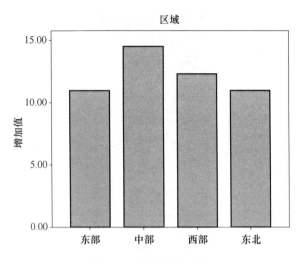

图 2.16 输出的条形图

(3) 图形美化

如果需要美化图形,可以双击输出的图形,或右击图形,选择"编辑内容",然后选择"在单独窗口中",如图 2.17 所示。

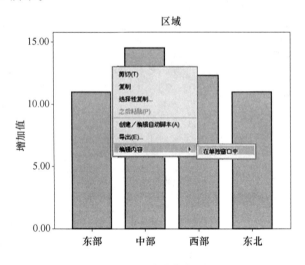

图 2.17 美化条形图

(4) 调整坐标轴,编辑文字大小及图形样式

在上述窗口中可以调整坐标轴,编辑文字大小及图形样式等,如图 2.18 所示。

2. 帕累托图及其 SPSS 软件应用

帕累托图(Pareto chart)是以意大利经济学家 V. Pareto 的名字命名的,又可称为排列图或主次因素图。帕累托图是按各类别数据出现的频数多少排序后绘制的条形图。通过对条形的排序,容易看出哪类数据出现得多,哪类数据出现得少。下面给出用 SPSS 生成帕累托图的操作。

(1) 操作步骤

① 在图 2.19 所示的界面中,单击"分析→质量控制",并选择"排列图",将弹出图 2.20 所示的对话框;

第 2 章 数据的整理与展示

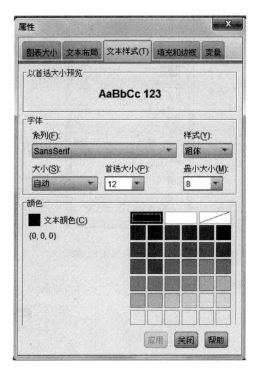

图 2.18 美化条形图窗口

② 在图 2.20 所示的界面中,单击"堆积面积图",并选中"个案组的计数或和",则会弹出图 2.21 所示的界面;

③ 在图 2.21 所示的界面中,条的表征选择"计数",类别轴选择"顾客性别",定义堆栈选择"饮料类型",单击"确定",则会输出结果。

图 2.19 进入生成帕累托图的对话框

图 2.20 帕累托图对话框

图 2.21 帕累托图的设置

(2) 输出结果显示

根据饮料类型绘制的帕累托图如图 2.22 所示。此外,也可将饮料类型和顾客性别对换,得到图 2.23 所示的结果。

3. 饼图及其 SPSS 软件应用

饼图(pie chart)是用圆形及圆内扇形的角度来表示数值大小的图形,它主要用于表示一个样本(或总体)中各组成部分的数据占全部数据的比例,对于研究结构性问题十分有用。下面给出用 SPSS 生成饼图的操作。

(1) 操作步骤

① 在图 2.24 所示的界面中,单击"图形",选择"饼图",会弹出图 2.25 所示的对话框;

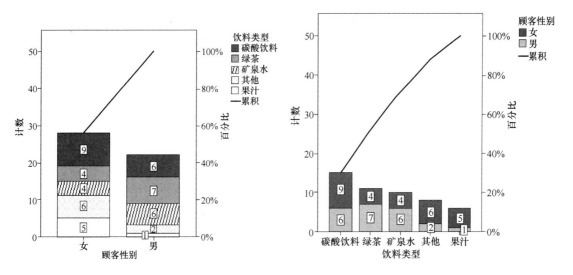

图 2.22　类别轴为顾客性别的帕累托图　　　图 2.23　类别轴为饮料类型的帕累托图

② 在图 2.25 所示的界面中,选中"个案组摘要"(不同汉化版本可能会有不同名称),并单击"定义",则会弹出图 2.26 所示的界面;

③ 在图 2.26 所示的界面中,选择相关变量并单击"确定",则会输出结果。

图 2.24　进入生成饼图的对话框

图 2.25　饼图对话框

图 2.26 饼图的设置

(2) 输出结果显示

根据饮料类型的频数分布数据绘制的饼图如图 2.27 所示。

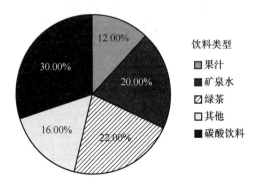

图 2.27 饮料类型分布的饼图

2.2 数值型数据的整理与展示

本节将介绍如何整理、汇总数值型数据并进行展示。数值型数据由于具有连续性,且较方便使用数据工具进行计算与描述,因此在整理时比品质型数据要复杂,在数据展现时也有更多的形式,而数值型数据在统计学方面也有更多的研究意义。

2.2.1 数值型数据的分组

数值型数据汇总相对于品质型数据汇总来说要复杂,因为需要考虑如何分组、组数、组距等问题。

① **组距**。连续式分组的组距计算公式:组距＝本组上限－本组下限。间断式分组的组距计算公式:组距＝本组上限－本组下限＋1。开口组的组距:以相邻组的组距为本组的组距。

② **组中值**。上、下限之间的中点数值称为组中值。组中值的计算公式:组中值＝(上限＋下限)/2。

③ **组数**。组数的计算公式:组数＝全距/组距。

例 2.3 某公司啤酒销售量的分组统计数据如表 2.7 所示。销售量分组采用间断式分组方式,因此组距是 10,即 19－10＋1＝10;第一组的组中值为 14.5,即(10＋19)/2＝14.5;组数为 8。

表 2.7 销售量的频数分布

销售量/桶	销售点数量(频数)	相对频数(%)
10～19	1	1.7
20～29	3	5.0
30～39	5	8.3
40～49	16	26.7
50～59	20	33.3
60～69	9	15.0
70～79	4	6.7
80～89	2	3.3
合计	60	100

2.2.2 数值型数据的图示

数值型数据进行图形展示的方法较多,根据数据类型有不同的展示形式。例如,分组数据可以用直方图、折线图和曲线图来展示,未分组数据可以用茎叶图和箱线图来展示,时间序列数据可以用线图展示,多元数据则可以用雷达图展示。下面将介绍典型的图形绘制方法及 SPSS 应用案例。

1. 分组数据——直方图及其 SPSS 软件应用

直方图(histogram)是一种常用的数值型数据的图形描述方式。由汇总得到的频数分布、相对频数分布或频率等资料可构建直方图。将所关注的变量放置在横轴上,将频数、频率放置在纵轴上,就可以构建一个直方图。每组的频数或频率用一个矩形绘制,矩形的底放置在横轴上,以组距为底,以每组相应的频数或频率为高。

用矩形的宽度和高度来表示频数分布的图形,实际上是用矩形的**面积**来表示各组的频数分布。直方图下的总面积等于 1。直方图与条形图外观相似,但有两个重大区别:第一,直方图中每个矩形的面积与频数成正比;第二,直方图上的矩形之间没有间隔。

下面以一个学校对学生的身高统计数据为例,展示如何用 SPSS 生成直方图。

(1) 操作步骤

打开 SPSS,在图 2.28 所示的界面中,选择"图形→旧对话框→直方图",在弹出的图 2.29 所示的对话框中,变量选择"身高",单击"确定"。

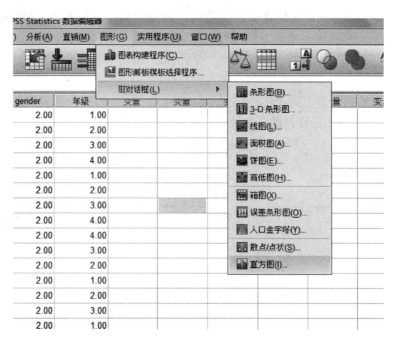

图 2.28 进入生成直方图的对话框

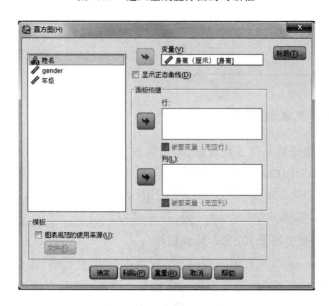

图 2.29 直方图对话框

(2) 输出结果显示

输出结果如图 2.30 所示。

如果选择"显示正态曲线",如图 2.31 中虚线圈住的部分所示,则可以得到图 2.32 所示的直方图。

2. 未分组数据——茎叶图及其 SPSS 软件应用

茎叶图(stem-and-leaf display)用于显示未分组的原始数据的分布,既能给出数据的分布规律,也能给出原始数据,其特点包括:

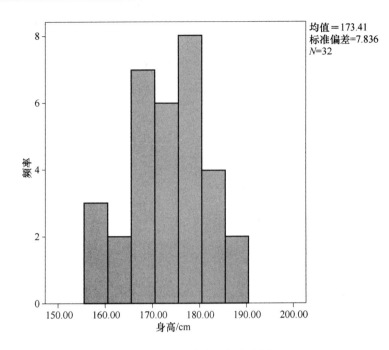

图 2.30 身高分布的直方图

图 2.31 选择显示正态曲线

① 由"茎"和"叶"两部分构成,其图形是由数字组成的;
② 以该组数据的高位数字作为树茎,低位数字作为树叶;
③ 树叶上只保留一位数字。

仍以一个学校对学生的身高统计数据为例,展示用 SPSS 生成茎叶图的操作。

(1) 操作步骤

打开 SPSS,在图 2.33 所示的界面中,选择"分析→描述统计→探索",在弹出的图 2.34 所示的对话框中,因变量列表选择"身高",然后单击"选项",在弹出的图 2.35 所示的界面中,选中"茎叶图",最后单击"继续"。

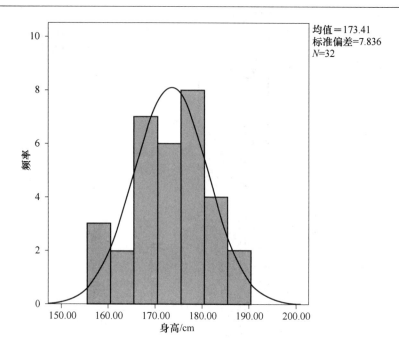

图 2.32 带有正态分布曲线的直方图

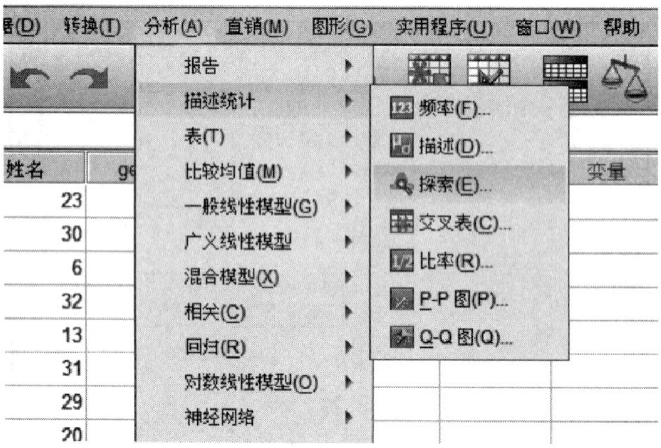

图 2.33 进入生成茎叶图的对话框

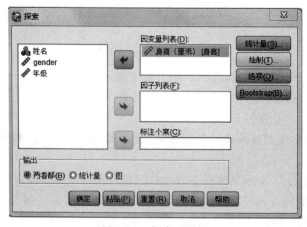

图 2.34 探索对话框

图 2.35 选择茎叶图

(2) 输出结果显示

图 2.36 所示为身高的茎叶图。

```
身高(厘米) Stem-and-Leaf Plot
Frequency        Stem  &  Leaf
2.00             15    .  88
1.00             16    .  0
7.00             16    .  5568999
6.00             17    .  001123
9.00             17    .  556667788
4.00             18    .  0123
2.00             18    .  56
1.00             19    .  0
Stem width:            10.00
Each leaf:             1 case(s)
```

图 2.36 身高的茎叶图

(3) 说明

茎叶图对于数据有一定的限制,一般数据个数应小于 100。

3. 未分组数据——箱线图及其 SPSS 软件应用

箱线图(box plot)是由一组数据的 5 个特征值绘制而成的,它由一个箱子和两条线段组成,如图 2.37 所示。

图 2.37 箱线图的结构

下面以一个学校对学生的身高统计数据为例,用 SPSS 生成箱线图。

(1) 操作步骤

打开 SPSS,在图 2.38 所示的界面中,选择"图形→旧对话框→箱图",在弹出的图 2.39 所示的对话框中,单击"简单",选中"个案组摘要",再单击"定义",在弹出的界面中,变量选择"身高",类别轴选择"gender"(性别),如图 2.40 和图 2.41 所示,最后单击"确定"。

图 2.38 进入生成箱线图的对话框

图 2.39 箱线图的类型设置

图 2.40 箱线图的变量设置

图 2.41 箱线图的类别轴设置

(2) 输出结果显示

图 2.42 所示为输出的箱线图。

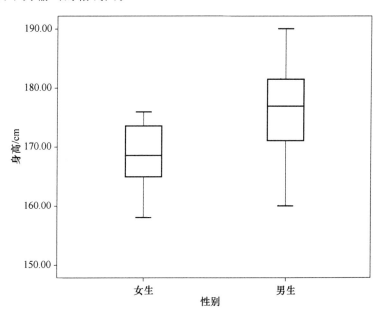

图 2.42 输出的箱线图

4. 时间序列数据——线图及其 SPSS 软件应用

线图(line plot)是用线条的上下波动形式反映连续性的相对数资料的变化趋势。绘制线图时应注意以下几点。

① 时间一般绘在横轴,指标数据绘在纵轴。

② 图形的长宽比例要适当,其长宽比例大致为 10∶7。

③ 一般情况下,纵轴数据下端应从"0"开始,以便于比较。数据与"0"之间的间距过大时,

可以采取折断的符号将纵轴折断。

仍以一个学校对学生的身高统计数据为例,展示用 SPSS 生成线图的操作。

(1) 操作步骤

打开 SPSS,在图 2.43 所示的界面中,选择"图形→旧对话框→线图",在弹出的图 2.44 所示的对话框中,选择"简单",再选中"个案组摘要",单击"定义",在弹出的图 2.45 所示的界面中,类别轴选择"身高",最后单击"确定"。

图 2.43 进入生成线图的对话框

图 2.44 线图类型设置

(2) 输出结果显示

图 2.46 所示为输出的线图。

图 2.45 线图的设置

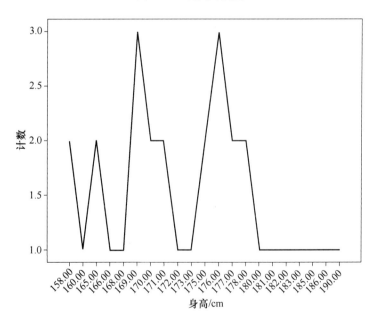

图 2.46 输出的线图

2.3 小　　结

统计图与数据类型的匹配是很重要的,读者不仅要认知图形,还要了解在各种情况下用什么图像来展示数据,使之更具有说服力,这也是统计学定义中所说的"艺术"性所在。统计图与数据类型之间简单的基本规律总结如图 2.47 所示,仅供参考。

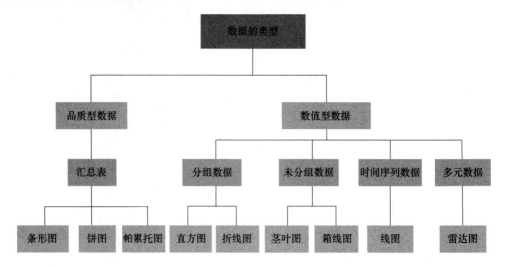

图 2.47 统计图与数据类型

第3章 数据的描述分析

【案例导引】

Small Fry Design 公司成立于1997年,是一家设计和进口婴儿产品的公司,主要经营玩具和附属用品。该公司的产品包括泰迪熊、玩具汽车、音乐玩具、拨浪鼓和安全毯等,而其特长是设计注重颜色、材质和声音的高品质的柔软玩具。该公司的产品在美国设计,而在中国生产。

Small Fry Design 公司使用独立的销售代理,把产品分销给婴儿用品零售商、儿童用品及服饰商店、礼品店、大规模百货商店和主要的邮购公司。目前,Small Fry Design 公司的产品遍布美国的一千多个零售批发商店。

在 Small Fry Design 公司的日常运营中,现金流量管理是最重要的经营活动之一。是否能够保证公司拥有足够的现金收入,以满足目前和未来的偿债义务,决定着公司业务的成败,现金流量管理的一个关键因素是对应收账款的分析和控制。通过度量未付款发票的平均期限和资金数额,管理人员能够预测可用现金并监控应收账款状态的变化。该公司设置了如下目标:未付款发票的平均期限不应超过45天;超过60天的未付款发票的资金数额不应超过所有应收账款总额的5%。

在某次对应收账款的总结中,该公司使用了以下描述统计量来衡量未付款发票的期限:

平均数——40天;

中位数——35天;

众数——31天。

上述统计量说明:发票的平均数或平均期限是40天;而中位数表明有一半的发票已经超过35天没有付款;发票期限的最高的频数(众数)为31天,表明一张未付款发票的普通时间长度是31天。统计汇总还显示出应收账款总额中只有3%超过60天。基于这些统计信息,管理人员可以感到满意,因为应收账款和收入现金流都处于控制之中。

资料来源:《商务与经济统计(原书第10版)》。

本章将介绍如何计算和理解 Small Fry Design 公司所使用的一些描述统计量。除了平均数、中位数和众数等描述数据集中趋势的度量值外,还有描述数据离散趋势的变量,如极差、四分位差、方差、离散系数等,这些变量将有助于对数据的理解和解释。

3.1 集中趋势的描述

集中趋势(central tendency)是指变量数列中数据分布的中心值。对绝大多数的统计变量来说,总是接近中心值的变量值居多,远离中心值的变量值较少,使变量值分布呈现出向中心值靠拢或聚集的态势。对集中趋势的描述,就是寻找变量分布的中心值或代表值,以反映变量取值的一般水平。变量数列一般以平均数为中心上下波动,因此平均数反映了变量分布的集中趋势,是变量分布的重要特征之一。

变量数列分布的集中趋势通常用平均指标来描述。平均指标的具体表现称为平均数,根据计算方法的不同,平均数可以分为数值平均数和位置平均数两类。数值平均数是根据变量的所有数据计算得到的平均数,主要包括算术平均数、调和平均数和几何平均数,位置平均数是根据变量分布特征直接观察或根据变量数列部分处于特殊位置的变量值来确定的平均数,主要包括众数、中位数和四分位数,如图 3.1 所示。

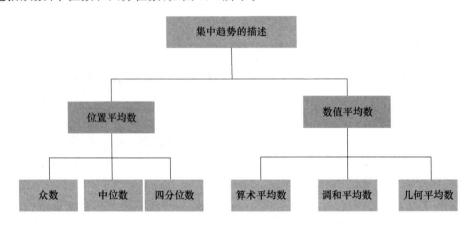

图 3.1 平均数的分类

平均指标经常被作为评价事物和决策的数量标准或参考,在统计研究中的应用很广,其作用主要表现为以下几个方面。

① 可以反映总体各单位某一标志变量分布的集中趋势和一般水平。大多数社会现象的数量特征,其变量值较多地聚集在平均数的周围,即围绕在平均数周围的单位数在总体单位数中占有最大的比重,呈现钟形分布,显示了总体各单位向平均数集中的趋势,也表明了总体的一般水平。因此,平均指标可以帮助人们对研究现象的一般数量特征有一个客观的认识。例如,只要计算居民收入的平均值就可以了解该城市居民收入的一般水平。

② 可以比较同类现象在不同空间的发展水平的差距。利用平均指标可以对某一现象总体在不同空间的发展水平进行比较,消除因总体规模不同而不能直接比较的因素,以反映不同总体水平存在的差距,进而分析差距产生的原因。

③ 可以比较同类现象在不同时期的发展变化趋势或规律。社会经济现象的变化受偶然因素和现象规模的影响,用平均指标来分析,既可以消除偶然因素的作用,又可以避免受现象规模的影响,能比较确切地反映总体现象变化的基本趋势。

④ 可以分析现象之间的依存关系。分析现象之间的依存关系常借助于平均指标。例如,将某城市样本居民按收入分组,计算出各组居民的平均收入和平均消费支出,就可以观察该城市居民消费支出与收入之间的依存关系并建立它们之间的回归模型。

3.1.1 众数

定义:一组数据中出现次数最多的变量值。

应用条件:适合在数据量较多时使用。

特征:第一,不受极端值的影响;第二,一组数据可能没有众数或者有几个众数。

例 3.1 求原始数据(未分组的数据)的众数。

10,9,8,7,4,3:无众数;数量为 0。

5,5,5,6,8,9:众数为 5;数量为 1。

28,25,28,42,36,42:众数为 28 和 42;数量为 2。

3.1.2 中位数

定义:数据排序后,位于中间位置的数值。

特点:中位数将全部数据分为两部分,一部分数据比中位数大,另一部分数据比中位数小。

特征:第一,不受极端值的影响;第二,各变量值与中位数的离差的绝对值之和最小,即 $\sum\limits_{i=1}^{n}|x_i - m_e| = \min$。

计算方法:将数据按升序(从小到大的顺序)排列,中位数的位置是 $n_e = \dfrac{n+1}{2}$。

① 当观察值 $\sum f$ 为奇数时,中位数就是位于中间的那个数值,即 $m_e = x_{\frac{\sum f+1}{2}}$。

② 当观察值 $\sum f$ 为偶数时,中位数就是中间两个数值的平均值,即 $m_e = \dfrac{1}{2}(x_{\frac{\sum f}{2}} + x_{\frac{\sum f}{2}+1})$。

例 3.2 10 个家庭的人均月收入数据为 2 000,1 250,1 500,1 630,500,750,780,660,1 080,960,求中位数的位置和数值。

解 排序后得:500,660,750,780,**960,1 080**,1 250,1 500,1 630,2 000。

中位数的位置为 $\dfrac{n+1}{2} = \dfrac{10+1}{2} = 5.5$。

中位数的值为 $\dfrac{960+1\,080}{2} = 1\,020$。

3.1.3 四分位数

定义:排序后处于 25% 和 75% 位置上的值。

应用条件:主要用于顺序数据,也用于数值型数据,但不能用于分类数据。

特点:不受极端值的影响。

3.1.4 算术平均数

定义:一组数据的均衡点所在,易受极端值的影响。

计算平均数的要求:总体标志总量必须是总体各单位标志值的总和,标志值和单位之间一一对应。

计算公式:$\bar{x} = \dfrac{x_1 + x_2 + \cdots + x_n}{n} = \dfrac{\sum\limits_{i=1}^{n} x_i}{n}$。

(1) 未分组数据、未加权的平均值

例 3.3 小组员工的工龄(单位:年)分别是 10、5、9、13、6、8,求这组员工的平均工龄。

解

$$\bar{x} = \frac{\sum_{i=1}^{n} x_i}{n} = \frac{x_1 + x_2 + x_3 + x_4 + x_5 + x_6}{6}$$

$$= \frac{10 + 5 + 9 + 13 + 6 + 8}{6}$$

$$= 8.5。$$

（2）分组数据的平均值计算（或加权算术平均值计算）

加权算术平均数：主要用于原始资料已经分组，并得出次数分布的条件。

计算公式：$\bar{x} = \frac{x_1 f_1 + x_2 f_2 + \cdots + x_n f_n}{f_1 + f_2 + \cdots + f_n} = \frac{\sum_{i=1}^{n} x_i \cdot f_i}{\sum_{i=1}^{n} f_i}$。

其中，f_i 为各组标志值出现的次数。

例 3.4 某车间工人日加工零件数如表 3.1 所示，求工人日加工零件数的均值。

表 3.1 某车间工人日加工零件数统计

按零件数分组	组中值(x_i)	频数(f_i)	$x_i f_i$
105～110	107.5	3	322.5
110～115	112.5	5	562.5
115～120	117.5	8	940.0
120～125	122.5	14	1 715.0
125～130	127.5	10	1 275.0
130～135	132.5	6	795.0
135～140	137.5	4	550.0
合计	—	50	6 160.0

解 计算得：

$$\bar{x} = \frac{\sum_{i=1}^{n} x_i f_i}{\sum_{i=1}^{n} f_i} = \frac{6\ 160}{50} = 123.2 \text{ 个}。$$

3.1.5 几何平均数

定义：n 个变量值乘积的 n 次方根。

应用条件：适用于对比率数据的平均，主要用于计算平均增长率。

计算公式：$G = \sqrt[n]{x_1 \cdot x_2 \cdots x_n} = \left(\prod_{i=1}^{n} x_i\right)^{\frac{1}{n}}$

例 3.5 一位投资者持有一种股票，2006 年、2007 年、2008 年、2009 年收益率分别为 4.5%、2.0%、3.5%、5.4%，计算该投资者在这四年内的平均收益率。

解 $x_1 = 1 + 0.045; x_2 = 1 + 0.020; x_3 = 1 + 0.035; x_4 = 1 + 0.054$。

$$G_M = \sqrt[n]{x_1 \cdot x_2 \cdots x_n}$$

$$= \sqrt[4]{104.5\% \times 102.0\% \times 103.5\% \times 105.4\%}$$

$$= 103.84\%。$$

平均收益率＝103.84％－1＝3.84％。

3.1.6 案例：含含糊糊的平均数

某家公司的员工由于感觉自己拿到的薪水不公正，出现了不满情绪。大部分员工周薪为500美元，少数经理高一些，而首席执行官每周薪水为49 000美元。"这家公司的平均薪水是每周2 500美元，而我们只有500美元。"工人们说，"这不公平，我们要加薪。"

一位经理耳闻了这个情况，也和他们一起要求加薪。"这家公司的平均薪水是每周10 000美元，而我只有4 000美元。我要加薪。"

首席执行官看着他们，说道："你们都错了，平均薪水就是一周500美元，我没亏待谁，快回去干活吧。"

平均薪水是怎么回事？你认为谁是对的？

工人、经理和首席执行官各自使用了不同的平均数。工人们使用了中位数，这使得首席执行官的薪水造成的影响达到最低程度。经理使用了均值，首席执行官的高薪令数据向右偏斜，均值因此显得虚高。首席执行官使用了众数，大部分工人的薪水为每周500美元，所以500美元就是薪水的众数。

那么，谁对谁错？从某种意义上说，他们都是对的，但不得不说，每一个人群都在使用最有利于自己意愿的平均数。统计量能够提供信息，但也能造成误导。权衡再三，我们认为最适合用于本案例的平均数是中位数，因为数据中存在异常值。

3.1.7 SPSS操作案例

某商品各地区价格数据的部分截图如图3.2所示，求该商品价格的平均数、中位数、众数及总和。

id	price
1	9.98
2	10.02
3	10.00
4	10.04
5	10.01
6	9.99
7	10.05
8	10.04
9	10.06
10	10.01
11	10.03
12	9.99
13	9.97
14	9.93
15	10.01
16	10.03
17	10.03
18	10.02
19	10.05
20	9.99
21	9.95
22	9.96
23	9.98

图3.2 某商品各地区价格数据部分截图

实现步骤：选择"分析→描述统计→频率"，如图3.3所示，在弹出的图3.4所示的界面中，将价格选入"变量"，单击"统计量"。选中"集中趋势"下的"均值""中位数""众数""合计"，单击"继续"，如图3.5所示。

图3.3 生成频率统计对话框

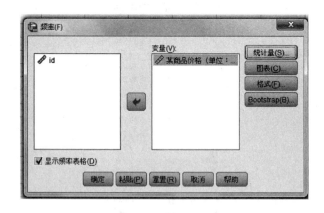

图3.4 设置频率统计量

图 3.5　生成需要描述的统计量

输出结果如表 3.2 所示。

表 3.2　某商品价格统计量描述结果

N	有效	30
	缺失	0
均值		10.003 0
中位数		10.000 0
众数		9.99①
总和		300.09

注:①存在多个众数,显示最小值。

3.2　离散趋势的描述

数据变异性(data variation)是数据分布的另一个特征,它所反映的是一组数据远离其中心值的程度,反映了数据的差异程度和离散程度。集中趋势特征量对于一组数据的代表性,取决于这组数据的离散程度,数据的离散程度越大,集中趋势特征量的代表性越差,反之,离散程度越小,其代表性越好。

描述数据离散程度的特征量,依据数据类型的不同有异众比率、极差、四分位差、方差、标准差、变异系数等。

3.2.1　极差

定义:一组数据最大值与最小值之差称为极差,也称全距,是离散程度的最简单的测度值,易受极端值影响。

计算公式如下所示。

① 未分组数据(原始数据)的极差:$R = x_{max} - x_{min}$。

② 已分组数据的极差:$R = U_{max} - L_{min}$,其中,U_{max}代表最高组的上限,L_{min}代表最低组的下限。

例3.6 在例3.2中,10个家庭人均月收入中 $x_{\max}=2\,000, x_{\min}=500$,因此 $R=2\,000-500=1\,500$。

3.2.2 内距(四分位差)

定义:内距又称四分位差,是上四分位数 Q_1 与下四分位数 Q_3 之差,内距反映了中间50%的数据的离散程度,不受极端值的影响,可用于衡量中位数的代表性。内距数值越小,说明中间的数据越集中;反之,说明中间的数据越分散。

计算公式: $Q_d = Q_3 - Q_1$。

例3.7 在某城市中随机抽取9个家庭,调查得到每个家庭的人均月收入数据为 1 500,750,789,1 080,850,960,2 000,1 250,1 630(单位:元),求人均月收入的四分位差。

解 $Q_1 = 850, Q_3 = 1\,500, Q_2 = m_e = 1\,080$,得

$$Q_d = Q_3 - Q_1 = 1\,500 - 850 = 650 \text{ 元}。$$

这说明9个家庭的人均月收入水平处于中间50%的差异程度为650元,差异较小,说明用中位数1 080元反映平均收入水平具有一定的代表性。四分位差比极差 $R=2\,000-750=1\,250$ 更为客观地反映了收入的差异性。

3.2.3 方差和标准差

定义:方差和标准差是离散程度最常用的测度值,反映了数据的分布和各变量值与均值的平均差异。根据总体数据计算的称为总体方差或总体标准差;根据样本数据计算的称为样本方差或样本标准差。标准差是方差的算术平方根。

计算公式如下所示。

① 对于未分组数据,方差: $\sigma^2 = \dfrac{\sum\limits_{i=1}^{n}(x_i-\overline{x})^2}{n}$;标准差: $\sigma = \sqrt{\dfrac{\sum\limits_{i=1}^{n}(x_i-\overline{x})^2}{n}}$。

② 对于分组数据,方差: $\sigma^2 = \dfrac{\sum\limits_{i=1}^{n}(x_i-\overline{x})^2 f_i}{\sum\limits_{i=1}^{n} f_i}$;标准差: $\sigma = \sqrt{\dfrac{\sum\limits_{i=1}^{n}(x_i-\overline{x})^2 f_i}{\sum\limits_{i=1}^{n} f_i}}$。

例3.8 根据表3.3计算工人日加工零件数的标准差。

表3.3 某车间50名工人日加工零件基本情况统计

按零件数分组	组中值(x_i)	频数(f_i)	$(x_i-\overline{x})^2$	$(x_i-\overline{x})^2 f_i$
105~110	107.5	3	246.49	739.47
110~115	112.5	5	114.49	572.45
115~120	117.5	8	32.49	259.92
120~125	122.5	14	0.49	6.86
125~130	127.5	10	18.49	184.90
130~135	132.5	6	86.49	518.94
135~140	137.5	4	204.49	817.96
合计	—	50	—	3 100.5

解 计算得:$\sigma = \sqrt{\dfrac{\sum\limits_{i=1}^{n}(x_i - \bar{x})^2 f_i}{\sum\limits_{i=1}^{n} f_i}} = \sqrt{\dfrac{3\,100.5}{50}} \doteq 7.87$ 个。

3.2.4 离散系数

定义:标准差与其对应的均值之比。
作用:对数据相对离散程度的测度。
特点:消除了数据水平高低和计量单位的影响。
适用范围:用于均值不等的不同组别数据离散程度的比较。
计算公式:$V = \dfrac{\sigma}{\bar{x}} \times 100\%$。

例 3.9 某管理局抽查了 8 家企业,其产品销售数据如表 3.4 所示。试分析下述数据,说明产品销售额与销售利润的离散程度。

表 3.4 某管理局抽查的 8 家企业的产品销售数据

企业编号	产品销售额 x_1/万元	销售利润 x_2/万元
1	170	8.1
2	220	12.5
3	390	18.0
4	430	22.0
5	480	26.5
6	650	40.0
7	950	64.0
8	1 000	69.0

解 计算得:

$\bar{x_1} = 536.25, \quad \bar{x_2} = 32.521\,5;$

$S_1 = 309.19, \quad S_2 = 23.09;$

$V_1 = \dfrac{309.19}{536.25} = 0.577, \quad V_2 = \dfrac{23.09}{32.521\,5} = 0.710$。

由于 $V_1 < V_2$,说明产品销售额的离散程度小于销售利润的离散程度,从而表明不同企业产品销售额的差距较小,但是销售利润差距较大。

3.2.5 SPSS 操作

某商品各地区价格的数据集合的部分截图如图 3.2 所示,求该商品价格的极差、四分位数、方差及标准差。

实现步骤如下所述。

① 选择"分析→描述统计→频率",如图 3.6 所示。

图 3.6 生成需要描述的统计量

② 将商品的价格选入"变量",如图 3.7 所示,单击"统计量"。选择离散趋势中需要描述的统计量,如图 3.8 所示,得到的结果如表 3.5 所示。

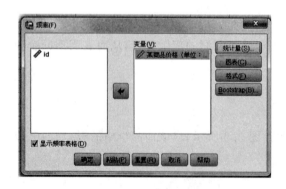

图 3.7 设置需要描述的统计量

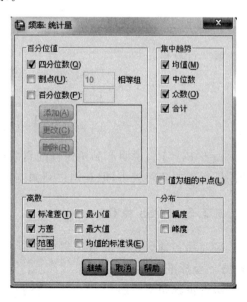

图 3.8 生成离散趋势中需要描述的统计量

表 3.5 统计量描述结果

统计量		描述结果
N	有效	30
	缺失	0
均值		10.003
中位数		10.00
众数		9.99①
标准差		0.030 98
方差		0.001
全距		0.13
总和		300.09
四分位数	25%	9.98
	50%	10.00
	75%	10.03

注：①存在多个众数，显示最小值。

由表 3.5 可以看出，某商品价格的均值是 10.003，中位数是 10.00，众数是 9.99，标准差是 0.030 98，方差是 0.001，全距是 0.13，总和是 300.09，上分位数是 9.98，下分位数是 10.03。

第4章 调查问卷的设计

通过调查问卷收集统计数据是一种常见的形式,本章将介绍问卷设计的整个过程,帮助读者设计出能有效获取所需统计数据的问卷。

4.1 问卷设计的特征

调查问卷是收集资料的工具,是一份精心设计的调查提纲,是一套目标明确的问答题目。调查问卷的基本特征可以概括为"四易",即易回答、易记录、易整理和易辨别真假。调查问卷的具体特征包括以下几点。

1. 主题突出,问题关联紧凑

根据调查主题,从实际出发拟题,问题目的明确、重点突出。一份好的调查问卷就是一个完整的理论体系。

2. 结构合理,通俗易懂

问题的排列应有一定的逻辑顺序,符合应答者的思维程序,一般是先易后难、先简后繁、先具体后抽象;应使应答者一目了然,并愿意如实回答;语气要亲切,符合应答者的理解能力和认识能力,避免使用专业术语;对敏感性问题应采取一定的技巧调查,使问卷具有合理性和可答性,避免主观性和暗示性,以免答案失真。

3. 用语准确规范,注意被调查者的身份和思维习惯

调查问卷要充分尊重被调查对象,问题提法要有礼貌、有助于问答,不能唐突;问题的提法、问题多少和排列顺序要符合应答者的思维习惯。

4. 格式整齐,编码规范

问卷格式对调查结果有直接影响,问卷问题的格式应整齐。调查问卷多采用事前编码技术,编码应规范,便于资料的整理加工。

4.2 问卷设计的程序

1. 确定主题和资料范围

根据调查目的的要求,研究调查内容、所需搜集的资料及资料来源、调查范围等,酝酿问卷的整体构思,将所需要的资料一一列出,分析哪些是主要资料,哪些是次要资料,哪些是可要可不要的资料,淘汰那些不需要的资料,再分析哪些资料需要通过问卷取得、需要向谁调查等,并确定调查地点、时间及对象。

2. 分析样本特征

分析了解各类调查对象的社会阶层、社会环境、行为规范、观念习俗等社会特征,需求动机、潜在欲望等心理特征,理解能力、文化程度、知识水平等学识特征,以便针对其特征来拟题。

3. 拟定并编排问题

首先,构想每项资料需要用什么样的句型来提问,尽量详尽地列出问题;然后,对问题进行检查、筛选,观察有无多余的、遗漏的或不适当的问题,以便进行删、补、换。

4. 进行试问答

站在调查的立场试行提问,观察问题是否清楚明白,是否便于资料的记录、整理;站在应答者的立场试行回答,观察是否能答和愿答所有的问题,问题的顺序是否符合思维逻辑,估计回答时间是否合乎要求。有必要的可小范围进行实地试答,以检查问卷的质量。

5. 修改、付印

根据试答情况进行修改,再试答,再修改,直到完全合格后再定稿付印问卷。问卷设计的程序如图4.1所示。

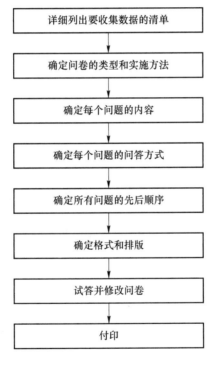

图 4.1　问卷设计的程序

4.3　问题的形式

1. 开放式问题

开放式问题又称无结构的问题。在回答开放式问题时,应答者可以用自己的语言自由地发表意见,在问卷上没有已拟定的答案。例如,您抽香烟多久了？您喜欢看哪一类的电视节目？您认为加入 WTO 对我国政府管理体制有何影响？

应答者可以自由地回答问题,并不需要根据问卷上已拟定的答案加以选择。因此,应答者可以充分地表达自己的看法和理由,并且比较深入,有时还可以获得研究者始料未及的答案。

开放式问题亦有缺点:一是回答有难度;二是资料整理与分析困难。

2. 封闭式问题

封闭式问题又称有结构的问题。封闭式问题与开放式问题相反,它规定了一组可供选择的答案和固定的回答格式。答案选择分为限选和非限选两种。

例如,你购买某品牌洗衣粉的主要原因是_____（选择最主要的两种）。
① 洗衣较洁白;
② 售价较低廉;
③ 任何商店都有出售;
④ 不伤手;
⑤ 价格与已有的牌子相同,但分量较多;
⑥ 朋友介绍。

封闭式问题的优点包括以下几个方面:
① 答案是标准化的,对答案进行编码和分析都比较容易;
② 回答者易于作答,有利于提高问卷的回收率;
③ 问题的含义比较清楚,由于所提供的答案有助于理解题意,因此可以避免回答者因不理解题意而拒绝回答。

封闭式问题也存在一些缺点:
① 回答者不能自由发表意见或看法;
② 回答者对题目不正确的理解难以被觉察;
③ 可能产生"顺序偏差"或"位置偏差",即被调查者选择答案可能与该答案的排列位置有关,为了减少顺序偏差,可以准备几种形式的问卷,每种形式的问卷答案排列的顺序都不同。

4.4 问题的类型

1. 事实性问题

事实性问题是指要求应答者回答一些有关事实的问题。例如,你通常什么时候看电视？

事实性问题的主要目的在于求取事实资料,因此问题中的字眼定义必须清楚,让应答者了解后能正确回答。

在市场调查中,许多问题均属于"事实性问题",如应答者的个人资料,包括职业、收入、家庭状况、居住环境、教育程度等。这些问题又称为"分类性问题",因为可根据所获得的资料对应答者进行分类。在问卷中,通常将事实性问题放在后面,以免应答者在回答有关个人的问题时有所顾忌,而影响以后的答案。

2. 意见性问题

在问卷中,往往会要求应答者回答一些有关意见或态度的问题。例如,你是否喜欢××电视节目？

意见性问题实际上是态度调查问题。应答者是否愿意表达他真正的态度固然要考虑,而态度强度亦有不同,如何从答案中衡量其强弱,显然也是一个需要解决的问题。通常而言,应答者会受到问题所用字眼和问题排列顺序的影响,而做出不同的回答。

3. 困窘性问题

困窘性问题是指应答者不愿在调查员面前作答的某些问题,如关于个人隐私的问题,或不为一般社会道德所接纳的行为、态度、或属有碍声誉的问题。例如,平均来说,每个月你打几次麻将？你除了工资收入外,尚有其他收入吗？

如果一定要获得困窘性问题的答案,又想避免应答者做出不真实回答,可采用以下方法。

① 间接问题法。采用该方法时,不是直接询问,而是通过间接询问了解应答者对某事的观点。用间接问题旨在套取应答者回答有关旁人的观点,而实际上是想知道应答者的观点,所以在应答者回答后,应立即加上问题:"您同他们的看法是否一样？"

例如,提问者想知道应答者的收入水平,但又无法直接询问,或问了却得不到答案时,可提出如下问题:"您的同事或朋友是否认为每月6 000元的收入太低？"这样的问题应答者一般不会拒绝回答,且回答得很自然、轻松。在应答者回答之后,可以追问一句:"您同意他们的观点吗？"

② 卡片整理法。采用该方法时,将困窘性问题的答案分为"是"与"否"两类,调查员可暂时走开,让应答者自己取卡片投入箱中,以缓和困窘气氛。应答者在无调查员的情况下,选取正确答案的可能性会提高不少。

4. 断定性问题

断定性问题是指先假定应答者已有该种态度或行为。例如,你每天抽多少支香烟？事实上,该应答者极有可能根本不抽烟,这种问题则为断定性问题。正确处理这种问题的方法是在断定性问题之前加一道"过滤"问题,例如,你抽烟吗？若应答者回答"是",可继续问下去,否则应停止。

5. 假设性问题

假设性问题是指先假定一种情况,然后询问应答者在该种情况下会采取什么行动的问题。例如,如果××晚报涨价至2元,你是否将改看另一种未涨价的晚报？如果××牌洗衣粉跌价1元,你是否愿意购买它？你是否愿意加薪？你是否赞成公共汽车公司改善服务？

以上皆属于假设性问题,应答者对这种问题多数会回答"是"。这种探测应答者未来行为的问题,应答者的答案实际上没有多大意义,因为多数人都愿意尝试一种新东西,或获得一些新经验。

4.5 调查问卷的结构

1. 调查问卷的组成

调查问卷一般可以看作由三大部分组成:说明信、正文和结尾。

（1）说明信

问卷的说明信一般包括以下几个方面内容。

① 称呼、问候,如"××先生、女士:您好"。

② 调查人员说明调查的主办单位和个人的身份。

③ 简要地说明调查的内容、目的、填写方法。
④ 说明作答的意义或重要性。
⑤ 说明作答所需时间。
⑥ 保证作答对被调查者无负面作用,并保证为调查者保守秘密。
⑦ 表示真诚的感谢,或说明将赠送小礼品。

说明信的语气应该是亲切、诚恳而礼貌的,内容应简明扼要,切忌啰唆,问卷的开头是十分重要的。问卷说明信可以达到两个基本目的:一是说明调查内容与重要性;二是争取被调查者的参与。

(2) 正文

问卷的正文实际上也包含三大部分。

第一部分包括向被调查者了解最一般的问题。这些问题应该是适用于所有的被调查者,并能很快、很容易地回答的问题。在这一部分不应有任何难答的或敏感的问题,以免吓坏被调查者。

第二部分是主要的内容,包括涉及调查的主题的实质和细节的大量问题。这一部分的结构组织安排要符合逻辑,并且对被调查者来说应是有意义的。

第三部分一般包括两部分内容:一是敏感的或复杂的问题,以及测量被调查者的态度或特性的问题;二是人口基本状况、经济状况等。

(3) 结尾

问卷的结尾一般可以有 1~2 道开放式题目,为被调查者提供自由发表意见的机会。然后,对被调查者的合作表示感谢。

2. 问卷设计应注意的问题

(1) 措辞的选择

① 用词要确切。问卷中的用词一定要保证所提问题清楚明了。例如,你是否经常上网?其中"经常"是指 1 周、1 个月还是 1 年?回答者可能产生不一致的理解。

② 用语要通俗。问卷中问题的提法应力求通俗易懂,避免专业或技术用语,保证被调查者能够统一理解所提问题。例如,你对哪个 ISP 的服务比较满意?显然许多人对 ISP(Internet Service Provider,互联网接入服务供应商)这个缩写不了解,从而无法回答问题。

(2) 问题的选择及顺序

问卷中的问题一般按下列规则排列。

① 容易回答的问题放前面,较难回答的问题放后面,事实性问题放卷尾。

② 封闭式问题放前面,自由式问题放后面。自由式问题往往需要时间来考虑答案和组织语言,放在前面会引起应答者的厌烦情绪。

③ 要注意问题的逻辑顺序,按时间顺序、类别顺序等合理排列。

(3) 一项提问只问一个要点

要注意一项提问只问一个要点,否则被调查者可能难以回答。例如,你喜欢看电影和电视吗?显然,若回答者仅喜欢看电影或电视就难以回答问题。

问卷中的问题应简短,如果问题过长,不仅会给被调查者理解问题带来困难,也会使被调查者产生厌烦感。

(4) 问题应避免诱导性、断定性

问卷中的问题不应带有倾向性,应该保持中立。引导性问题容易使被调查者在心理上产生顺从或逆反效应,以致不假思索地回答问题,使调查无法收集真实资料。

断定性问题容易使被调查者难以回答问题。例如,你一天抽几支烟?不抽烟者无法回答这个问题。一般的处理方法是在这类问题前面加一道"过滤"性问题,即"你抽烟吗",若回答"是",则该问题调查继续,否则终止。

(5)问题界限明确,避免估算或推算

问卷中所提问题的界限要明确,如收入水平的内容应该具体明确,否则被调查者的理解不一致会导致调查结果不可靠。问卷中的问题应尽可能避免被调查者通过估算或推算来作答,否则偏差会较大。

第 5 章　企业大数据分析框架

前面 4 章对数据进行了分析和描述,在如今的大数据时代,数据分析有着新的模式和描述方式。本章将对大数据进行简要的介绍。

5.1　数据量迅猛增长是不争的事实

如今的问题不再是数据缺乏,而是如何优化、获取和实时利用海量数据为企业创造最大价值。因此,人们都看到了挑战,并努力使数据获取能更深入,速度更快。例如,硅谷一家企业及数据库提供商 Mark Logic 公司的首席营销官(CMO) Joe Dalton 说:"如果你对 30 年前处理的信息和今天需要处理的信息抓拍快照,你会发现,今天的信息格式多样、更复杂,并且来源多,包括企业内外信息。"

有分析表明,近年来,数据增长速度为 800%,这些数据中非结构化数据占 80%(这是一个更难处理的问题)。仅仅在 2009 年产生的数据量已经超过之前 5 000 年的数据量之和。另外,一份来自互联网数据中心(IDC)的预测表明,数据量每年增长 50%,每两年就翻倍。数字内容的量在 2012 年暴增到 2.7 ZB(1 ZB 相当于 1 万亿吉字节),较 2011 年增长 48%,这相当于世界上每个人每天接受 2.15 亿次高分辨率核磁共振成像所产生的数据,或者装满 575 亿个 32 GB 苹果 iPad 的数据量,这么多的 iPad 可以建造一个 4 005 英里(1 英里=1.61 km)长,61 英尺(1 英尺=0.304 8 m)高的 iPad 墙,从阿拉斯加的安克雷奇一直延伸到佛罗里达的迈阿密。同样以某省份电信公司 2008 年的客户记录为例,该省份电信公司的总客户数为 800 万~850 万(在我国一个不大的省份)。一年内客户数的上下浮动幅度不大,因此,估算每月客户的记录数为 800 万~850 万条,则一年内客户的记录数为 9 600 万~1 亿条。1 页 A4 纸用五号字体,每行 8 组数据,每页 59 行(为了计算方便按 60 行算),可记录 8×60=480 组数据。客户表每条记录的长度为 200~300 字节,即每条记录约为 200~300 字,所以每页 A4 纸记录 2~3 条,即 1 亿条记录约需要 5 000 万页纸,1 页 A4 纸的尺寸是 21 cm×30 cm,50 000 000×30 cm=1 500 000 000 cm=15 000 000 m=15 000 km,5 年内的客户记录数对应的 A4 纸的总长应为 15 000 km×5=75 000 km,而地球的赤道周长为 40 075.02 km。在过去的几十年里,可供分析的数据量增长迅猛,简直到惊人的地步。

在此之前,直觉或者本能曾被视为经营管理最有价值的特质,驱动着很多企业领导的决策。而现在生活的各个方面几乎都能以不同方式进行跟踪,如网络行为数据、移动电话使用模式、实物店购物行为、公共监测视频、GPS 跟踪数据、汽车驾驶模式、身体健康数据、社交媒体数据、卫星图像、视频流数据、汽车远程信息数据等。作为结果,数据成为企业的当前"时尚"。现在的企业都乐于说自己是"数据驱动"的,只依靠定量方式进行业务决策,同时企业被其面前的数据淹没。但是我们应该清楚:数据原本是要解决商业挑战问题的,不是供企业"赶时髦"的。

5.2 企业对大数据进行分析所面临的问题

随着数据的暴增,企业已经具备可用于分析的、大量的、各种来源的、各种类型的数据,于是出现了以下三个方面的主要问题。

1. 数据边界越来越模糊的问题

信息管理的趋势之一就是具体数据所属和不同数据类型所属业务的传统边界越来越模糊。传统来说,不同数据分散在企业各处甚至各个角落,无人想得起来,这仍然是很多企业的现状。例如,营销活动数据可能只存在于营销部门,客户服务指标和反馈数据只在服务部门管理和保存,客户历史消费数据在财务部门保存,诸如此类。因此,跨部门和跨数据源获取数据支撑的战略决策制定、执行起来,过程艰难而漫长。

2. 基层员工眼光有限的问题

在部门分割的管理形式下,数据资产通常由基层的员工领导进行管理,这些人通常立足于本部门目标,着眼于自身的具体数据资产。例如,关于销售人员生产力、通话时长及其他指标的销售运营数据,可能由具备5～10年销售运营或指标制定等方面工作经验的指标专业人员或销售部门内一个小团队进行管理,这些人很显然会将重点放在销售团队如何运作、作用和发展等方面,这对一些问题来说是成功之道。然而,销售运营数据通常用于经理人员层面的销售战术决策支撑,而不是常规和普遍地利用这些数据帮助主管领导,处理销售能力优化、对比行业标准销售成本降低、员工生产力和职业道德以及市场优化等方面的企业战略问题。

3. 企业内外部数据标准和质量的差别问题

作为数据分割模式的结果,可能存在一种数据管理很好,另一种数据管理很差的情况,整个企业层面数据整合、数据标准和质量等问题通常差别特别大。例如,客户反馈数据可能因数据质量高标准要求,被很好地管理和获取,而网站分析数据的管理却很差。因此,当涉及将不同数据源进行合并或整合在一起的商业问题时,企业可能因拖延和无法回答这类问题而不堪其苦,造成企业成本浪费,甚至丧失商机。

如何有效地解决这些问题,依然是一个新课题,下面通过一个案例,阐述解决问题的思路。

【案例分析5.1】

先进企业在重新思考他们的数据和信息战略

1. 意识到大数据的存在

Jesse Harriott 2002年刚加入Monster Worldwide公司时,立刻意识到Monster公司拥有大量颇具价值的大数据,从公司抓取的月均百万用户访问的高参与度的网站行为数据,到月均上亿次职位搜索中的劳动市场供求数据以及其中包含的上百万应聘客户记录数据,再到最后跟踪的非结构化客户反馈信息,这些信息均存在其他数据中。

2. 发现应用这些数据存在的问题

然而在Monster公司,那时候信息散落在企业各处,由不同的系统、不同的人员进行管理,甚至具有不同的质量标准,要得到一个商业问题的答案所花费的时间远超所想。

3. 构建精干的分析团队

Jesse建议公司建立一个集中的研究和数据中心,将Monster公司全球的分部紧密连接。

这些花费了 Monster 公司很多人的很多时间和努力,最终 Monster 公司全球洞察团队终于在 Monster 公司内成为一个受尊重的关键团队,在很多年里,促进了大数据在全球销售、营销、产品、客户服务、财务、投资人关系、业务发展和 Monster 客户等方面的成功。它使企业层面能更快速决策,并使其客户将 Monster 的大数据资产作为首要资产。

4. 打造自身的数据资产价值

当 Jesse 组建全球洞察团队时,他特别强调数据质量,包括可靠性和有效性两方面。Jesse 创建了一个正式的数据管控小组作为洞察团队的组成部分,因此对于业务和技术的数据定义标准一致,且得以落实到位,常规的数据审查和安全问题也由其解决,在帮助企业发展和有效利用数据资产进行实时决策方面,起着至关重要的作用。

5.3 大数据和小数据——不同类型的智能

"数据是天赐礼物,但数据对我们生活的影响却远不及希望的那么大。问题并不在礼物本身,问题在于我们把控数据的能力。所以,理解、学习、消化并采取行动!赶快行动!"

——Google 数字营销传道士 Avinash Kaushik

5.3.1 大数据

维基百科中大数据的定义是:大数据,或称巨型数据、海量数据、大资料,指的是所涉及的数据量规模巨大到无法通过人工,在合理时间内实现截取、管理、处理,并整理成为人类所能解读的信息。

"大数据"是自"社交"以来冲击技术和互联网世界最多的流行语。大数据的定义不清且变化多样,听起来更像是一个被过度使用的含义宽泛的术语。一些人将大数据定义为网络数据;一些人将其定义为传统数据库软件不能处理的大数据集;一些人将其定义为实时流动的数据;IBM 将其定义为具备容量大、实时性强且形式多样的数据。

在大数据意义明确之前,人们用多种特征来描述,目前,较为普遍的是 3V 和 4V 的说法。大数据的 3V 特点通常指的是:Volume(大量)、Velocity(高速)、Variety(多样)。而大数据的 4V 特点通常指的是:Volume(大量)、Velocity(高速)、Variety(多样)、Value(价值)。为了叙述简便,本节仅讨论 3V 特点。

大容量是人们想到大数据时最通常提及的特征。大容量的确切标准是不断变化的,因为技术发展迅猛,曾经的大容量数据集在今天已经是标准规模的数据集。例如,每个月网络有上千万用户参与职业发展和寻找工作的行动,每天有超过 500 万次工作搜索被提交,这类行动产生了大到不可想象的数据流容量。使用大数据量的主要吸引力在于,让用户通过比小数据量能够提供的模型更精确的统计模型对行为进行预测。

大数据的第二个特征是时效性。时效性可简单理解为,数据是不断流动且快速进入企业的,有时这也被称为"流"。当企业数据量增长迅猛时,时效性同样在增长,这主要依赖于互联网和移动手机使用量的增长,这类数据以每年每天 24/7 的方式流动着。例如,一家互联网公司的数据架构和工具必须提供高时效和大容量的数据处理能力,全天候不间断。因此,网上零售商等企业能够对客户每一次点击和交互的所有历史数据进行汇总,而非仅仅汇总最后的成交结果。成功企业能够利用这些信息实时进行其他产品和服务的推荐。

大数据的第三个重要特征是数据多样性。在如今这个客户交互点和数据流不同的复杂世界中，数据以标准化形式进来并等待处理。鉴于此，大数据系统的主题通常是，数据源和格式大相径庭并且不能归入企业易于用来进行处理或分析的统一数据结构中。

有着上述3个特征的大数据流的例子比比皆是：社交媒体网站上的客户评论、网站的搜索主题、来自网上购物体验的点击流数据、GPS或WiFi跟踪的位置数据以及上传的图片和视频等。

将大容量、时效性和多样性这3个特征合在一起，大数据充满了挑战和机会。

【案例分析5.2】

电信行业客户数据

以电信行业为例，传统来说，电信行业在进行客户细分和预测建模时，主要通过客户数据的3个维度来进行。然而，正如表5.1所示，当行为环境和可获取工具发生变化和演进，电信行业已经转而使用超过8个维度的数据。随着电信客户发展市场的变化，企业意识到如果想要保持、保护和获取新客户，就需要进行再调整。市场环境从客户产品方案的使用数据转向网站交互、偏好、反馈、社交媒体和购买行为等数据。电信企业迅速意识到，对于它们的品牌、产品和服务，即使客户并没有直接与企业进行沟通，企业也需要倾听客户正在说什么。企业还认识到需要获取、采集和保存关于客户反馈和情感等方面的历史数据，更重要的是，依据这些数据尽快采取积极行动。

表5.1 电信行业客户数据源

目前客户数据	以往客户数据
交互：面对面(销售点)，声音(通过电话)，E-mail，互联网，社交媒体，智能电话(短信，微信)	交互：面对面(销售点)，声音(通过电话)
偏好：建立登录页面，实时通信，选择	偏好
反馈：面对面，客户服务代表，E-mail，社交媒体	反馈：面对面，客户服务代表
网站行为：网页浏览，登录页面，访问时长，退出页面，商业订购，访问次数	网站行为
社交媒体	社交媒体
服务	服务
使用：话音，数据，视频/图片，文本，互联网	使用

5.3.2 小数据

小数据是指所有非大数据的数据，小数据源对商业分析成功和回答关键商业问题来说，同样至关重要。观察图5.1所示的客户知识模型可以立刻发现，一个企业若要围绕客户进行商业分析，很多"小数据"源和类型是必需的。例如，客户反馈是理解客户态度的必需内容，而监测行业和市场发展动态对于理解客户作购买决策的来龙去脉极为必要，分析客户的人口统计信息和购买模式则是进行客户细分和预测建模的关键所在。对很多公司来说，成功实现商业分析的关键在于整合散落的不同类型数据，而要想引领商业分析大获成功，需要理解和整合不熟悉的数据源和数据类型，这才是给企业带来最大成效的关键。当着手企业数据清点工作时，勾画出实现企业重要目标所需的不同数据类型（"大"或小）非常重要。

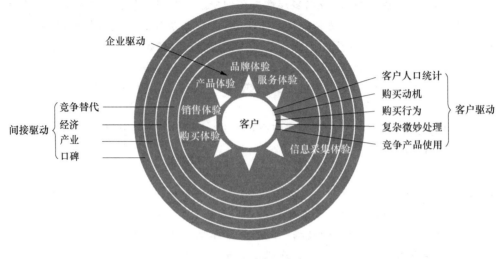

图 5.1 客户知识框架

5.4 企业应用大数据的七大注意事项

很多企业在为大数据分析及其支撑能够全面了解每一个客户的巨大潜力而兴奋时,却又总是沮丧地感觉不是那么顺利。实际上企业在大数据应用中仍须面对很多挑战,主要归结为以下七大方面:数据质量、数据源和所处位置、数据定义和管控、数据字典和数据关键用户、数据核查和数据可视化、客户数据整合和数据管理、数据保密。

5.4.1 数据质量

数据是构建和成功实现商业分析方案的最重要的原始材料。由于数据是任何商业分析方案的起点,其质量和数量最终都反映为商业分析有效性和洞察力的质量和数量,因此,商业分析的成功很大程度上依赖于可获得并供使用的数据的质量和数量,正如一则古老谚语所云:"垃圾进,垃圾出。"数据准确性或有效性的缺乏将导致错误的商业决策,并将对商业分析能力造成破坏。

【案例分析 5.3】

一个关于 E-mail 营销活动执行的例子

此案例发生在 20 世纪末,我们都知道激进的销售保持策略通常只针对那些被认为会离开的客户,通常给这些客户的价格折扣可能在短期内要以企业的资金作为代价,并因此指望在客户决定留下来所延长的生命周期中能够弥补这些花费。不幸的是,一位客户管理经理怀着良好愿望却错发了一个有着非常激进的价格折扣的主动挽留营销活动 E-mail 给现有的全部客户,其中包括那些看起来根本不可能流失的客户。事发原因是客户管理经理用了错误的字段选择其客户列表,因为这位客户管理经理不了解数据,导致该事件对公司利润造成严重损失。依据不同类别客户进行差别定价,使得很多人感受到他们在过去并没有得到一个公平的价格,这个营销活动导致大量客户反映并使得很多客户转往竞争对手,破坏性极其巨大。

5.4.2 数据源和所处位置

判断是否将数据用于商业分析的最简单方法是,确认数据来源于内部还是外部。观察表 5.2 所示的可能会用到的数据样本,就会更清楚哪些被认为来自内部(在企业内部收集),哪些被认为来自外部(从企业外部收集)。很多内部数据是内生于企业的或从其基础平台(如企业数据仓库、CRM 历史数据、订购管理和计费系统等)获取的,包括网站数据或交易数据。外部数据则相反,是从外面购入的。

表 5.2 商业分析数据价值表

数据类型	数据类型	数据类型
网络流量	移动流量	销售运营数据(通话时长、次数、员工绩效等)
客户忠诚度	市场份额和钱包份额	网络搜索关键词
网站满意度	竞争情报	E-mail 打开和转换率
产品性能	新进入和重进入客户	产品满意度
销售	经济趋势	市场规模/机会
渠道得失	客户聚焦小组分析结果	媒体曝光/情感
品牌知名度和权益	客户生命周期价值	收入
网站和产品指标	广告文案测试	概念测试结果
客户人口统计指标	对服务的满意度	员工满意度
媒体综合绩效数据	客户调查数据	购物行为数据
HR 指标(周转、离职访谈等)	客户 E-mail 和电话文字转录	客户对对手产品的满意度

5.4.3 数据定义和管控

对于用作商业分析的数据,给出技术上和业务上的标准化定义非常重要。商业分析工作结果应用于整个企业,如果缺乏通用的、一致的数据定义,团队的工作成果的可信度将有所破坏。举例来说,经过深思熟虑,某团队完成按行业细分的客户保持总体分析,希望通过分析判断出哪些行业需引起特别注意,而作为分析的一部分,该团队还计算出了平均客户保持率。该团队将分析提交给主管领导后,领导大加赞叹,分析给出的洞察结果令他们印象深刻。然而两天后,与销售运行部门的初级分析人员对分析结果进行讨论时,初级分析人员指出,与过去几年每个月所报告的数据相比,该团队提供的客户保持率数据是错误的。这个错误只是因为该团队用了一个与销售部门稍微不同的定义,然而,结果却是执行团队以怀疑的态度对待全部的分析成果。如果技术和业务的定义都能事先统一标准的话,如同"将孩子连洗澡水一起泼出去"的事情也就可以避免了。

5.4.4 数据字典和数据关键用户

创建一个包含所有关键数据元素的数据字典是非常重要的。文本文件、关系数据库、CD、Excel 或其他文档,都能够帮助用户理解数据结构和数据含义。比较幸运的情况下,这些都以标准格式存在;但更多的情况是,用户需要重新创建或修订这些文档,以符合自己的需求。对现有文档熟悉之后,向正在使用数据的人了解目前的使用情况非常重要。通常来说,不是所有内容都会被记录进文档,而正在使用这些数据的人会让用户对"什么有用"和"什么没用"更有感觉。很多情况下,某些数据在企业可获得,但是因为"知道内情"的人也知道数据质量不佳,所以导致不用。听信企业内部的数据专家是个好主意,因为相对于普通用户来说,他们更易于发现和了解数据的问题。

5.4.5 数据核查和数据可视化

数据质量是一个可测量的持续性努力过程。在为商业分析创建任何数据表之前,所应采取的一些数据核查标准建议如下所述。

① **缺失值比例**:杜绝保存缺失值超过50%的任何变量。
② **异常值**:当看到年龄为140时,毫无疑问数据是不可信的,即为异常值;建议剔除异常值或者对异常值进行简单修正。
③ 不确定的定义和未知值编码。
④ 无效的或错误的数据。
⑤ **数据分布**:理解数据如何分布以及它们对业务的影响。例如,客户的年龄更偏向年轻而非年老吗?客户的平均消费是更高还是更低?
⑥ **数值不一致**:一个字段既包括字符也包括整值型的数据类型界定。

除数据核查清单外,更重要的是数据可视化。很多商业分析公司提供了多种多样的可视化工具,可视化帮助用户迅速定位数据的不一致性(这需要一些更专业的知识,此处省略)。理解在特定系统中通过什么程序创建数据也很重要。最后,熟悉数据抽取和转换程序,以及其他数据清洗的步骤,对于用户建立对所使用数据的信心尤为重要。当实施数据核查时,为避免中途不知所措,"婴儿学步"仍是必要的行事方式。成功的关键在于从细节开始,多测试、多学习,当方法可行时再扩大范围。

5.4.6 客户数据整合和数据管理

客户数据应被整合以确保"客户的唯一视图"。如果数据不做整合,就必然存在很多相互冲突的客户视图,而且很有可能会导致说服力不够的分析以及相互冲突的预测和建议。企业应该将不同来源的数据整合在一起以完善客户洞察和市场知识,最终实现在合适的市场通过合适的渠道提供合适的产品给合适的客户。就像 Jill Dyche 在《客户数据整合》一书中所言:"对运营管理者来说,不能有任何盲目的借口,客户数据整合是必须的,而非可选的。"要注意的是,客户数据整合是个持续的过程,永远没有终止的时候。数据质量是整合的必要组成部分,数据质量的好坏至关重要。而作为最终结果,数据需要通过正式流程和综合技能的方式被理解、定义和管理。

5.4.7 数据保密

在当今客户和消费者均已全球连接的时代,任何商业优势都建立在客户基数规模和客户忠诚度的条件之上,同时通过销售、客户服务、营销和产品团队将其价值主张带到市场。然而,客户之间相互连接并在极为开放的互联网和社交媒体环境中分享各自的想法,对于这些心知肚明,企业将不惜一切代价保护其客户数据。企业必须大力捍卫他们的客户信息,如果企业有

所过失导致一些数据泄露,所造成的反响和破坏必将导致更严重的后果,例如:
① 客户可能因被冒犯而转向对手;
② 对手可能从泄露数据中窃取客户;
③ 企业的品牌和形象将受损;
④ 有意者可能借企业的名义蓄意对客户进行欺诈;
⑤ 数据泄露的受害者可能控告企业;
⑥ 企业将失去客户的信心和信任。

由于数据来源于不同数据源以及容量扩张,数据保密和数据风险管理变得越发复杂,因此,应该将其作为企业数据管理规范的、持续的能力的一个构成部分,这样才能保证企业符合最新法规并保证数据保密工具永不过时。对于保密和风险,最积极的实践应该着眼于防范违反数据保密法规,以及防范活动方案和运营规划违法。虽然对企业来说,数据保密看起来不属于商业分析职能的授权范围,但企业应该鼓励和确保团队遵守由企业提出的数据保密政策。

5.5 大数据时代企业决策分析所面临的挑战

企业决策分析本身发展迅速,对不同的人来说可能代表不同的含义,本节给出的企业决策分析的定义是:紧密围绕关键商业目标,整合企业内外部分散的所需数据源,预见性回答商业问题并指导相关行动。上述定义可能太宽泛,进一步说明如下:企业决策分析已经从分散的报表和仪表盘理念转移,转向整合遍布企业的不同类型的信息,以紧密配合企业C级执行官(以C为首字母的企业高管)的行动为宗旨。企业决策分析是一个相当新的领域,但它对企业产生巨大的和重要的影响的潜力,将大大超过传统分散的报表功能、研究部门或"商业智能(BI)"等相关事物,事实上,企业决策分析实践正在对很多公司产生意义深远的影响。企业决策分析有别于商业智能、研究、网页分析、信息检索、数据挖掘或其他有关规则。首先,有效的商业分析必须着眼于关键商业问题,随着可获得的数据数量势不可当地以指数级速度增长,很容易导致分析崩溃,或使分析者陷入求知欲中不能自拔。因此,企业必须明确并且不断完善它们需企业决策分析回答的关键问题。

5.5.1 大数据应用过程中,组织的障碍和壁垒是最大挑战

哥伦比亚商学院的全球品牌领导中心与纽约美国营销协会的一个联合研究发现,数据实现中组织的障碍和壁垒是大数据要解决的最大挑战。首先,超过一半(51%)的企业研究后发现,其最大的大数据挑战在于企业缺乏内部部门间的数据分享;42%的企业发现,要将数据与单个客户关联仍然存在困难;39%的企业报告了在及时收集客户数据的速度上存在困难。所以,如果不具备通过企业决策分析以整体及有效的方式全面解决不同类型的数据的能力,一些企业将继续徘徊不前,最终以不良的客户体验和失去客户作为结果,并因此成为先进企业在高级企业决策分析方面大获成功的代价。而那些在使用高级分析方面首战告捷的企业,与那些不能将信息落实到行动中的企业相比,将最终展现其明显优势。其次,当企业朝前看,而非朝后看时,企业决策分析将对企业造成重大影响。换句话说,如果企业决策分析具有预见性且能洞察有关商业结果可能的未来,那么企业决策分析确实作用巨大。再次,为使企业决策分析更有效,企业决策分析的新时代需要对贯穿企业的不同信息,如营销研究、网站分析、业务报表、

竞争情报、客户数据以及外部数据源等，进行整合和合成。所有有效的企业决策分析，均须着眼于商业问题和目标，这些商业问题和目标才不管组织架构如何——虽然一些数据在财务、一些在营销、一些在产品，这些商业问题仅仅需要一个答案，而只有那些能够持续、快速并准确回答问题的企业，才可获胜。

5.5.2 企业决策分析的外部挑战

1. 经济环境的挑战

经济环境已经变得前所未有的紧张并颇具挑战性。

2. 商业竞争日益加剧的挑战

在一定条件下，利用不多的资产创建一个企业，逐渐破坏整个行业甚至创造一个新的行业越来越容易。

3. 客户变得越来越善变的挑战

与以往相比，客户对产品和服务的忠诚度越来越低。

4. 销售和营销信息数量的不断增长的挑战

客户每天所见销售和营销信息的数量在不断增长。

5. 新媒体的使用日益增长的挑战

新媒体能够帮助企业发展并确保成功的承诺在某种程度上已带歇斯底里的成分。新媒体利用大量碎片信息帮助客户了解某个产品或选择某家公司的品牌，随着新媒体和在线互动方式的增加，也为企业带来新的数据潮。

5.5.3 企业决策分析的内部挑战

1. 商业分析必须克服分管负责的不力的挑战

如果企业内部没有一个高层领导直接主导商业分析，对商业分析的长期理念和任务有足够的认知和信心并强力支持，由于企业重点的转移、企业政治和企业责任的缺失，企业将可能面对重重困难，最终难免失败。

2. 分析团队与企业目标保持一致的挑战

商业分析功能必须克服：有关商业分析重点的沟通和资源配备与企业工作重点不一致的问题。

3. 企业相关技术系统和资源密切配合的挑战

企业相关技术系统和资源必须密切配合分析团队，以应对完成分析工作的挑战。依靠新的分析经理在工作中建立跨部门的桥梁，必须克服：技术支持职能缺乏相关责任规定，对其配合不力。

4. 数据定义标准性和数据准确性的挑战

公司内部一定要有数据质量或数据管控职能，以应对数据定义标准性和数据准确性的挑战。要确保不同系统发布的数据准确且可信，需要企业和技术共同付出细致和不懈的努力，不能仅由一些分析人员进行事后承担，因为分析人员恰好是数据发布链条的最末一环。

5. 与企业内部现有的分析资源对接的挑战

新的分析团队的行动要配合其他分析部门的行动,如产品、服务、财务或战略团队的行动。为了减少重复劳动和数据冲突,也为了确保企业更有效地利用分析资源的集体智慧,分析团队之间必须有正式的对接。

很多内部挑战还将在过程中不断出现。为了与业务更好地结合、更快速、更具洞察力和预见性,这些都是商业分析职能必然会遇上的内部挑战,只有有效地应对这些挑战,企业决策分析才能为企业行动提供更有力的支撑,并最终构成企业文化的重要部分。

5.6 大数据时代商业分析的七大基石

商业分析成功基石(BASP,Basic Analysis Success Process)框架是由Jean Paul Isson在《大数据分析:用互联网思维创造惊人价值》中提出的。BASP框架包括对于商业分析实施成功非常关键的七大基石,如图5.2所示,基石之间并没有一个特定的顺序,因为有些企业可能在某方面强,在其他方面却弱。BASP抓住了发展良好且最终成功的商业分析职能所共有的关键行动和相似之处,分析领导可将其用于自查,而高管可将其用以评估需要借助分析功能做到的事情。

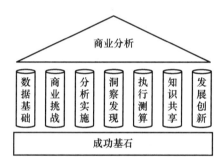

图 5.2 BASP 框架

举例来说,某企业在内部沟通方面具备很强的文化,当面对跨单元或跨地域的信息沟通时不存在什么障碍,因此关于沟通的基石不需要太多的增强;相反地,在数据基础方面该企业可能较弱,全企业各数据源层面几乎没有什么整合或规范标准,那么该企业需要在这方面多做些努力。基本框架没有考虑企业的特殊情况,而是从一座房屋的基础是相似的这个角度进行考虑的,为了使这座房屋能够矗立且坚固,不至于倒塌,企业需要所有领域的支持。所以,BASP框架的目标是将企业的关注聚焦于那些对于商业分析成功至为关键并且将引领投资带来最大收益的领域。

5.6.1 商业挑战基石

商业挑战基石概念对于一些企业可能看似显而易见,但是这个看似简单的概念其实很迷惑人,因为它通常很难持续做到。任何商业分析措施都需围绕引导企业增加其收入或减低其成本,然而许多企业内部的分析极易出现舍本逐末的状况,而变成纯粹满足求知欲的问题,或者仅作为支撑回答高管们奇思异想的一项职能。这就是分析职能逐渐变成企业成本中心,而不为企业增加经济价值的原因。在当前颇具挑战的企业环境中,各行各业的专业人员都面临着"花费更少完成更多"的任务,即利用所分配的有限的时间和资源完成每个人的商业分析任务,这就使得每个人需要对商业目标或"商业挑战"有清晰的理解,确保任何解决方案都与企业最重要或最迫切的需求相一致,或为解决此需求。

5.6.2 数据基础基石

一个数据趋势是:以往提交给企业内部各单独部门或独立单位的分散数据源,在很多先进企业中,目前正被整合成一个统一的数据视图。大多数的成功企业高管指出,传统的数据和情报界限正在模糊,更为特别的是,为了解决企业层面的商业挑战,企业跨部门使用数据的方式正在打破传统的数据界限。这是向数据导向型企业演进的一个必经过程。通常来说,基本的商业挑战是跨部门的并且不管数据放在哪里——它们只是要求答案。真正先进的商业分析领导者对此应有所认识,并且制定商业分析战略时也将此考虑在内。

5.6.3 分析实施基石

BASP 框架的第三块基石是分析执行的落实。通过落实,可以看到基于信息的商业分析解决方案如何生成并向企业提供。这块基石显然是宽泛且复杂的,然而,这块基石成功的最关键点还是在于以终为始。方案将如何被客户使用,企业希望客户采取什么行动?这需要企业坚持不懈地聚焦客户需求,并将最终的用户体验牢记心中。想象一下企业的内部客户,可能利用企业所提供的用以解决业务问题的商业分析信息或工具的都会是谁(如营销领导、销售人员、服务代表等)。了解企业及商业分析团队的资源能力,理解最终客户需求,这必然成为企业成功道路上的挑战。

5.6.4 洞察发现基石

洞察发现基石是商业影响的关键所在,通常也是困难所在,取决于商业分析团队将原始数据转化为对具体商业挑战定位,以及对商业行动结果预见的阐释能力。与任何建筑师一样,在开始架构之前,要清楚是在为谁做架构。对商业分析来说,任何任务的完成始于统计故事的讲述,确定发生了什么,为什么会发生,以及最重要的——什么将发生。很多企业内部的团队最初存在对分析的抗拒,只有将分析与强有力的工具绑定,方能克服恐惧。

分析人员如何从数据中获取洞察力,这是一个复杂的问题,可参考进一步的文献。有一个可用于培训分析人员如何获取洞察的框架,缩写为 IMPACT,它是由代表高效分析的几个步骤组成的闭环,如图 5.3 所示。

图 5.3 IMPACT 闭环

IMPACT 框架的核心前提很简单:如果分析结果或工具基于一定的商业分析职能产生,就可以通过一些步骤的固定来影响并保证最终结果。

5.6.5 执行测算基石

在执行这个步骤中,通过创建解决现实商业难题和需求并带来真正商业效果的有力工具,商业分析的愿望也就将变成现实。创建一个整合的解决方案,引导商业行动并支持一切使企业取得正面效应且驱使其向前的必要成果。另一个是测算,著名的管理咨询师 Peter Drucker 有句经典名言:"如果你不能测算,你也就不能管理。"这句话用在商业分析中再合适不过了。测算可能是个让人害怕的词,但是在这种情况下,它只是简单地表示跟踪商业分析所期望的结果和相关措施的执行结果。测算对预期背后的行动结果提供了衡量和展示,是好是坏,反映最终用户的接受和收益结果。测算为今后的资源和预算配置提供了具有说服力的依据,并能依此明确配置间的界限。

如果商业分析成功克服了商业挑战,整个公司都将从中受益,并且通过与一个简单标准相对比可测算:根据企业现在之所处,企业离目标还有多远。着眼于执行和测算,不仅可以展示企业的工作,还可以确认任务是否真正完成,从而发现什么任务可分别以不同的方式来进行,并确保商业分析不断体现其积极的商业效果。

5.6.6 知识共享基石

企业必须集中能力尽可能将更多的商业分析洞察和商业价值在全企业层面主动进行传播和发布。知识共享基石强调商业分析的一个新方向,意在利用企业的智慧从数据中创造更多的商业价值,同时推进企业迅速向真理前行,远离传奇和虚幻。例如,企业的销售人员可能较战略和开发人员知道更多关于竞争对手对企业的威胁,产品部门的专业人员可能可以迅速理解网站分析数据,而对一个纯粹的分析人员来说,要理解可能要花长得多的时间。对习惯于命令与控制管理模式的企业来说,这可能是个挑战,但是以更理性的方式使知识和数据在全企业层面共享,才能确保商业分析给企业带来更积极正面的影响,才能在企业内发挥集思广益的作用。

5.6.7 发展创新基石

创新听起来可能有些俗套,对商业分析职能来说,正是因为创新看起来太简单,才更易在此跌倒:分析人员向内部客户提供相同的信息,只是因为历来如此,或因为有人在 8 个月前要求每个月提供一次,然而,分析人员并不能具体解释,这些信息今天是否还有人在用或者如何用的问题。有一点需强调,在针对商业分析问题访谈一百多家公司时,85%的用户认为他们的分析技术具有创新性,只有 15%的用户认为他们的分析技术就满足商业需求而言"不够创新"。所以看起来,在分析技术的创新性方面,有些过于强调,然而在分析如何帮助企业方面,创新性和创造性均不够。这是个容易被错失的机会,需要通过商业分析沟通采取相关行动措施,特别是在与业务伙伴协同工作的创新性方面,应将其作为一项持续行动。创新的方式多样,企业需要不断进步。

第 2 篇　模型篇

在数据篇中,本书对数据进行了初步处理和描述,但仅有这些是不够的。此外,数据能告诉我们的也不仅仅是这些,要想更有效地利用这些数据,就需要更多的知识和方法。本篇主要介绍利用已知数据构建优化模型、相关关系及回归(因果)模型等,并通过有关软件(如 WinQSB 和 SPSS)进行问题求解,从而解决现实中的决策问题。

优化模型是利用已经获取的生产实践数据构建符合一定目标要求的优化问题或最大值、最小值问题,这就构成了最优化问题,而求解最优化问题的数学方法称为优化方法。这个完整的过程就是优化模型的求解。

相关关系及回归模型不同于优化模型,主要用于解决两组及两组以上数据之间的关系的问题,即进一步了解不同组数据之间可能存在的关系,以及相关关系的程度,甚至因果关系。

第6章 线性规划与对偶理论

【案例导引6.1：目标最大问题】

广告媒体选择决策

设某工厂生产一类工业产品。工厂在广告费用方面的预算一般根据一定的利润比提取，并由主观判断安排广告宣传，而如何优化分配，用好这笔资金一直未被认真地考虑。

工厂主要使用的广告媒体为户外广告、专业杂志和其他形式。根据工厂的经验，各种媒体的加权展露系数为户外广告192、专业杂志36、其他形式12。

现在企业要求在预算已定的情况下，通过模型做广告费优化分配方案，以得到最大的展露效果。约束条件包括：总经费100万元，户外广告每次的设置费用为150 000元/年，专业杂志上刊登广告的费用为24 000元/年，其他广告形式平均为120 000元/年。此外，根据以往的经验得知，户外广告的投入不少于650 000元，次数不少于2次，专业杂志的刊登不少于3次，其他广告形式尽可能少于2次。

【案例导引6.2：目标最小问题】

雇佣和培训新员工决策

某制革厂要做决定，从7月开始，在接下来的6个月内应该雇佣和培训多少新员工。各月需要的工作时间分别是：7月1 500小时，8月1 800小时，9月1 600小时，10月2 000小时，11月1 800小时，12月2 200小时。员工上岗之前要经过一个月的培训，所以要在一个月以前雇佣新员工。在一个月的培训期中，受训者需要有80小时的模拟工作经历，这个过程是在正式员工的指导下进行的，因此每有一个受训者就要使一个正式员工的实际工作时间减少80小时。不管是否有需要，每个熟练员工每月工作160小时，7月该企业有12个熟练的员工可供使用。若按照每个月月底都会有约10%的熟练员工离职，正式员工每月的薪水是600元，而受训者在一个月的受训期间可以得到300元的薪水，在以后的6个月中，如何招聘员工可使总费用最少？

以上两个问题通常都可以通过本章介绍的线性规划模型解决。

6.1 线性规划理论介绍

人们在生产实践中，常常会遇到以下两类问题：一类是如何运用现有资源组织生产，使得产值最大或者利润最高；一类是对给定的任务，如何统筹安排，尽量使用最少的资源消耗来完成任务。实际上，这种以达到最大收益或者最小支付为目标的问题是一个问题的两个方面，都是寻求整个事件的所谓最优指标，用以指导生产。对这类问题的研究构成了运筹学的一个重要分析——数学规划论，其中线性规划（Linear Programming）是发展最早、理论比较成熟、应用最为广泛的一个分支。

1947年，丹捷格（G. B. Dantzig）提出了求解一般线性规划问题的方法——单纯形法

(Simple Method),自此,线性规划在理论上趋于成熟,应用日益广泛和深入。近年来,特别是在计算机能够处理具有成百上千个约束条件和决策变量的大规模线性规划问题之后,线性规划的应用领域变得更加广泛。目前,线性规划已成为解决现代科学管理的重要手段之一,并在商业、交通运输、计划经济、国防、管理决策等领域得到广泛应用。

6.1.1 线性规划问题的提出

1. 案例导引 6.1 的模型构建

(1) 建立决策变量

x_1——分配给户外广告的设置次数。

x_2——分配给专业杂志的刊登次数。

x_3——分配给其他广告形式的次数。

(2) 建立目标函数

$$\max E(x) = 192x_1 + 36x_2 + 12x_3。$$

(3) 确定约束条件

确定模型的约束条件如下:

$$\begin{cases} 150\,000x_1 + 24\,000x_2 + 120\,000x_3 \leqslant 1\,000\,000, \\ 150\,000x_1 \geqslant 650\,000, \\ x_1 \geqslant 2, \\ x_2 \geqslant 3, \\ x_3 \leqslant 2。 \end{cases}$$

2. 案例导引 6.2 的模型构建

该问题是 6 个月内每个月的人员需求量不同,每个月的人员存在离职现象,在下个月开始的前一个月就要对离职人员进行补充,人员存在流动性,正式员工的工作效率无差别。追求的目标是使 6 个月的计划期内总的人事费用最小,决策变量是每个阶段雇佣的人数以及每个阶段可使用的员工人数。由于人员存在流动性,每个月都会有 10% 左右的正式员工离职,假设每个月月初雇佣的受训者人数是 T_t,用 U_t 表示每个月使用的员工人数,则

$$U_t = 0.9U_{t-1} + T_{t-1}, \quad t = 2, 3, 4, 5, 6,$$

约束条件是 6 个月内每个月所要求的工作时间满足最低需求,而且从第二个月起推算某月到下月的员工人数时,要考虑新雇员人数与离职人数,其中第一个月的雇佣人数可以直接得到。

目标函数:

$$\min Z = \sum_{t=7}^{12}(600U_t + 300T_t)。$$

约束条件:

$$\begin{cases} U_7 = 12, \\ 160U_7 - 80U_7 \geqslant 1\,500, \\ 160U_8 - 80U_8 \geqslant 1\,800, \\ 160U_9 - 80U_9 \geqslant 1\,600, \\ 160U_{10} - 80U_{10} \geqslant 2\,000, \\ 160U_{11} - 80U_{11} \geqslant 1\,800, \\ 160U_{12} - 80U_{12} \geqslant 2\,200, \\ U_t = 0.9U_{t-1} + T_{t-1}。 \end{cases}$$

6.1.2 线性规划问题的一般模型及求解思路

从上述案例可以看出,二者虽然涉及的是截然不同的事情,但都属于同一类优化问题,它们的共同特征是:

① 每一个问题都用一组变量$(x_1,x_2,\cdots,x_n)$表示某一方案,其中x_j称为决策变量,这组决策变量的值就代表一个具体方案;

② 每一个问题都存在一定的限制条件,这些限制条件可以用一组线性等式或线性不等式来表示,这组等式或不等式就称为约束条件;

③ 每一个问题都有一个要求达到的目标,它可用决策变量的线性函数来表示,称为目标函数,按问题的不同,要求目标函数实现最大化(max)或最小化(min)。

满足以上三个特征的数学模型称为线性规划的数学模型,其中决策变量、目标函数和约束条件称为线性规划的三要素。从而可以归纳出线性规划问题的一般形式,对于一组变量x_j $(j=1,2,\cdots,n)$,取

$$\max(\min)z = c_1x_1 + c_2x_2 + \cdots + c_nx_n, \tag{6.1}$$

约束条件为

$$\begin{cases} a_{11}x_1 + a_{12}x_2 + \cdots + a_{1n}x_n \leqslant (=,\geqslant) b_1, \\ a_{21}x_1 + a_{22}x_2 + \cdots + a_{2n}x_n \leqslant (=,\geqslant) b_2, \\ \quad\quad\quad\quad \vdots \\ a_{m1}x_1 + a_{m2}x_2 + \cdots + a_{mn}x_n \leqslant (=,\geqslant) b_m, \end{cases} \tag{6.2}$$

$$x_1, x_2, \cdots, x_n \geqslant 0。 \tag{6.3}$$

这是线性规划数学模型的一般形式。其中,式(6.1)称为**目标函数**,它只有两种形式,即 max 或 min;式(6.2)称为**约束条件**,它们表示问题受到的各种条件,一般有三种形式,即"大于等于""小于等于"(这两种情况又称**不等式约束**)或"等于"(又称**等式约束**);式(6.3)称为**非负约束条件**,很多情况下决策变量都蕴含了这个假设,在表述问题时不一定明确指出,建模时应该注意这个条件。在实际中,有些决策变量允许取任何实数,如温度变量、资金变量等,此时不能人为地强行限制其非负。

在线性规划模型中,也直接称 z 为目标函数;称 $x_j(j=1,2,\cdots,n)$ 为**决策变量**;称 $c_j(j=1,2,\cdots,n)$ 为**目标函数系数**或**价值系数**或**费用系数**;称 $b_i(i=1,2,\cdots,m)$ 为**约束右端常数**或简称**右端项**,也称**资源常数**;称 $a_{ij}(i=1,2,\cdots,m,j=1,2,\cdots,n)$ 为**约束系数**或**技术系数**。这里 c_j, b_i, a_{ij} 均为常数。

线性规划的数学模型可以表示为下列简洁的形式:

$$\max(\min)z = \sum_{j=1}^{n} c_j x_j,$$

约束条件为

$$\sum_{j=1}^{n} a_{ij} x_j \leqslant (=,\geqslant) b_i, \quad i=1,2,\cdots,m, \tag{6.4}$$

$$x_j \geqslant 0, \quad j=1,2,\cdots,n。$$

线性规划的数学模型还可以表示为下列矩阵形式或较简洁的分量形式。记向量和矩阵:

$$X=\begin{pmatrix}x_1\\x_2\\\vdots\\x_n\end{pmatrix},\quad C=\begin{pmatrix}c_1\\c_2\\\vdots\\c_n\end{pmatrix},\quad b=\begin{pmatrix}b_1\\b_2\\\vdots\\b_m\end{pmatrix},\quad A=\begin{pmatrix}a_{11}&a_{12}&\cdots&a_{1n}\\a_{21}&a_{22}&\cdots&a_{2n}\\\vdots&\vdots&&\vdots\\a_{m1}&a_{m2}&\cdots&a_{mn}\end{pmatrix}。$$

为了书写方便,可把列向量记为行向量的转置,如 $X=(x_1,x_2,\cdots,x_n)^{\mathrm{T}}$,其中"T"表示转置(Transform),对于 n 维列向量 X,$X\in \mathbf{R}^n$,A 是 m 行 n 列的矩阵,称 $m\times n$ 矩阵。

矩阵 A 有时表示为 $A=(p_1,p_2,\cdots,p_n)$,其中 $p_j=(a_{1j},a_{2j},\cdots,a_{mj})^{\mathrm{T}}\in \mathbf{R}^m$。于是,线性规划问题可有矩阵形式表示:

$$\max(\min)z=C^{\mathrm{T}}X,$$

约束条件为

$$AX\leqslant(=,\geqslant)b, \tag{6.5}$$
$$X\geqslant 0$$

和向量形式表示:

$$\max(\min)z=\sum_{j=1}^{n}c_jx_j,$$

约束条件为

$$\sum_{j=1}^{n}p_jx_j\leqslant(=,\geqslant)b, \tag{6.6}$$
$$x_i\geqslant 0,\quad j=1,2,\cdots,n。$$

这里,向量的等式与不等式表示所有分量有一致的关系,即当 $X,Y\in \mathbf{R}^n$ 时,$X\leqslant Y$ 表示对所有 $i=1,2,\cdots,n$ 有 $x_i\leqslant y_i$,其他也类似。

于是,在线性规划模型中,称 C 为**目标函数系数向量**或**价值系数向量**或**费用系数向量**,称 b 为**约束右端常数向量**或简称**右端项**,也称**资源常数向量**,称 A 为**约束系数矩阵**或**技术系数矩阵**。

可以看出,线性规划模型有如下特点:①决策变量 $x_1,x_2,\cdots,x_n$ 表示要寻求的方案,每一组值就是一个方案;②约束条件是用等式或不等式表述的限制条件;③一定有一个追求目标,或希望最大或希望最小;④所有函数都是线性的。

当用线性规划的方法解决实际问题时,首先要把该问题正确地表述成线性规划的数学模型。为此,应对实际问题进行细致的分析,恰当地选取决策变量;根据题目要求建立目标函数,确定要极小化或极大化;分析限制条件,列出约束条件方程或约束条件不等式。建模完成后,还要检查建立的数学模型是否和实际问题的描述相一致。

最普遍的线性规划求解方法就是单纯形法,而单纯形法的基本思路是有选择地取基本可行解,即从可行域的一个极点出发,沿着可行域的边界移到另一个相邻的极点,要求新极点的目标函数值不比原目标函数值差。考虑本课程的特殊性,这里将忽略这部分内容,有需要的读者可参考其他运筹学教程。单纯形法的基本过程如图 6.1 所示。

6.2 基于 WinQSB 软件的线性规划求解

用于解线性规划的软件有很多,比较专业的软件有 LinDo、LinGo、SAS、MATLAB、Mathematical 等,简单一些的有 Office 中的 Excel 以及本书使用的数学软件 WinQSB。这些软件各有所长,大小不一,读者可根据需要进行选择,如果仅仅是了解线性规划的基本求解,用 WinQSB 是一个不错的选择。

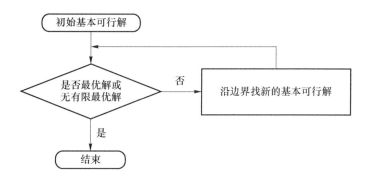

图 6.1 单纯形法的基本过程

6.2.1 WinQSB 软件的简单介绍

WinQSB(Windows Quantitative Systems for Business)是一种教学软件,其中包含大量的模型,对于非大型的问题一般都能计算,较小的问题还能演示中间的计算过程,内容包括:线性规划及整数规划、目标规划、分配问题、运输问题、最短路问题、最小部分树问题、网络最大流问题、货郎担问题、计划评审技术、二人零和对策、决策分析。WinQSB 求解线性规划相关问题的使用方法简介如下所述。

例 6.1 求解线性规划问题:

$$\min z = 4\,000x_1 + 3\,000x_2,$$

约束条件为

$$\begin{cases} 100x_1 + 200x_2 \geqslant 12\,000, \\ 300x_1 + 400x_2 \geqslant 20\,000, \\ 200x_1 + 100x_2 \geqslant 15\,000, \\ x_1, x_2 \geqslant 0. \end{cases}$$

1. 生成表格

选择"程序→WinQSB→Linear and Integer Programming→File→New Program",生成对话框,如图 6.2 所示。

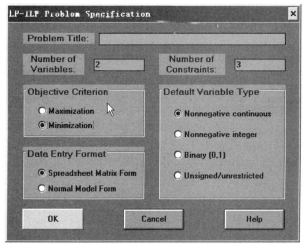

图 6.2 生成对话框

- 问题题头(Problem Title):没有可不输入。
- 变量数(Number of Variables):2。
- 约束条件数(Number of Constraints):3。
- 目标优化条件(Objective Criterion):最小(Minimization)。
- 数据输入格式(Data Entry Format):矩阵式电子表格式(Spreadsheet Matrix Form)。
- 变量类型(Default Variable Type):非负连续变量选择第1个按钮(Nonnegative continuous);非负整型变量选择第2个按钮(Nonnegative integer);二进制变量选择第3个按钮(Binary[0,1]);自由变量选择第4个按钮(Unsigned/unrestricted)。

2. 输入数据

单击"OK",生成表格并输入数据,如图6.3所示。

Variable -->	X1	X2	Direction	R. H. S.
Minimize	4000	3000		
C1	100	200	>=	12000
C2	300	400	>=	20000
C3	200	100	>=	15000
LowerBound	0	0		
UpperBound	M	M		
VariableType	Continuous	Continuous		

注:第1行为目标系数;第2~4行为约束系数、约束符及右端项;第5行为变量下限;第6行为变量上限,第7行为变量类型。

图6.3 生成表格并输入数据

3. 求解

选择"Solve and Analyze"菜单,在二级菜单中:若选择"Solve and Display Steps",显示单纯形法迭代步骤,选择"Simplex Iteration"直到最终单纯形表;若选择"Solve the Problem",生成以下运行结果,如图6.4所示。

	15:11:48	2009-4-4	2009-4-4	2009-4-4	2009-4-4		
	Decision Variable	Solution Value	Unit Cost or Profit c(j)	Total Contribution	Reduced Cost	Basis Status	Allowable Min. c(j)	Allowable Max. c(j)
1	X1	60.0000	4,000.0000	240,000.0000	0	basic	1,500.0000	6,000.0000
2	X2	30.0000	3,000.0000	90,000.0000	0	basic	2,000.0000	8,000.0000
	Objective	Function	(Min.) =	330,000.0000				
	Constraint	Left Hand Side	Direction	Right Hand Side	Slack or Surplus	Shadow Price	Allowable Min. RHS	Allowable Max. RHS
1	C1	12,000.0000	>=	12,000.0000	0	6.6667	7,500.0000	30,000.0000
2	C2	30,000.0000	>=	20,000.0000	10,000.0000	0	-M	30,000.0000
3	C3	15,000.0000	>=	15,000.0000	0	16.6667	6,000.0000	24,000.0000

图6.4 运行结果

- 决策变量(Decision Variable):x_1, x_2。
- 最优解:$x_1=60, x_2=30$。
- 目标系数:$c_1=4\,000, c_2=3\,000$。
- 最优值:330 000,其中 x_1 贡献 240 000,x_2 贡献 90 000。
- 检验数,或称缩减成本(Reduced Cost):0,0。即当非基变量增加一个单位时,目标值

- 的变动量。
- 目标系数的允许减量(Allowable Min. c[j])和允许增量(Allowable Max. c[j]):目标系数在此范围变化时,最优基不变。
- 约束条件(Constraint):C_1,C_2,C_3。
- 左端(Left Hand Side):12 000,30 000,15 000。
- 右端(Right Hand Side):12 000,20 000,15 000。
- 松弛变量或剩余变量(Slack or Surplus):该值等于约束左端与约束右端之差,为 0 表示资源已达到限制值,大于 0 表示未达到限制值。
- 影子价格(Shadow Price):6.666 7,0,16.666 7,即为对偶问题的最优解,具体见 6.3 节。
- 约束右端的允许减量(Allowable Min. RHS)和允许增量(Allowable Max. RHS):表示约束右端在此范围变化时,最优基不变。

6.2.2 应用 WinQSB 软件求解案例导引

本节应用 WinQSB 求解案例导引 6.2,读者也可仿照本节完成案例导引 6.1 的求解。

首先,打开 WinQSB 软件中的线性与整数规划程序,在菜单栏中选择文件,建立新的问题,如图 6.5 所示。

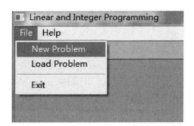

图 6.5 打开文件建立一个新的问题

进入新建立的问题,要设置建立的问题的名称、变量数量、约束个数、目标函数的求解目标、默认变量类型、数据输入形式,除变量数量和约束个数外,其他参数的内容在后面模型数据输入时还可以进一步更改。图 6.6 所示为参数设置的对话框。

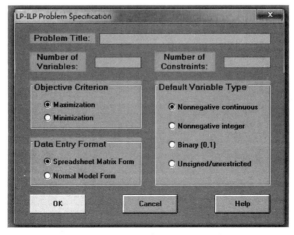

图 6.6 问题的参数设置对话框

对于案例导引 6.2，参数设置如图 6.7 所示。

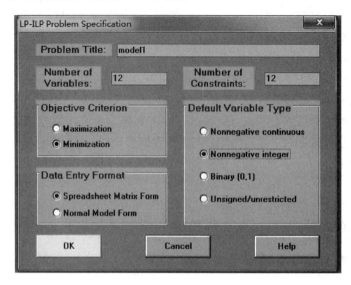

图 6.7　参数的设置

参数设置完成后，单击"OK"进入图 6.8 所示的界面，填写模型的具体数值矩阵。

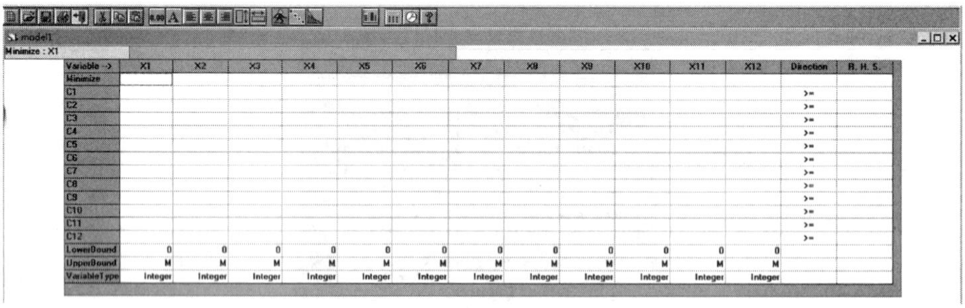

图 6.8　模型参数输入界面

按照本模型的数据，在界面中输入参数，如图 6.9 所示。

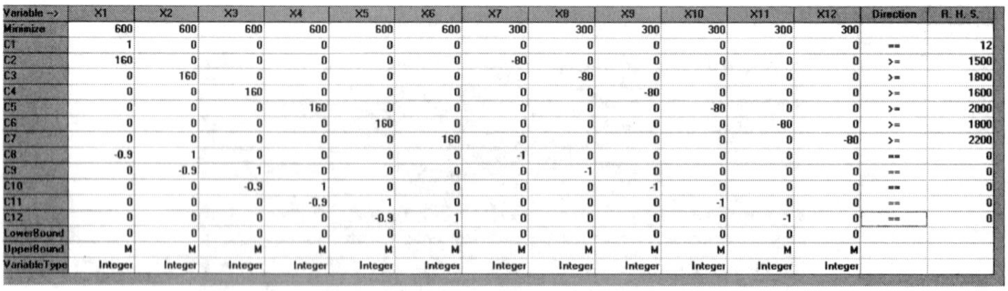

图 6.9　根据建立的模型输入参数

参数输入完成后，可以单击菜单栏中的"Solve and Analyze"，选择"Solve the Problem"求解问题，如图 6.10 所示。

若弹出图 6.11 所示的对话框，则证明问题已经求解完成，得到了最优化结论。

单击"确定"，得到图 6.12 所示的结果。

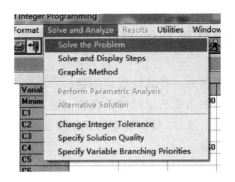

图 6.10　求解问题

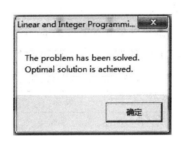

图 6.11　问题已经求解完成

	Decision Variable	Solution Value	Unit Cost or Profit c(j)	Total Contribution	Reduced Cost	Basis Status
1	X1	12.0000	600.0000	7,200.0000	0	basic
2	X2	12.0000	600.0000	7,200.0000	600.0000	at bound
3	X3	11.0000	600.0000	6,600.0000	600.0000	at bound
4	X4	13.0000	600.0000	7,800.0000	600.0000	at bound
5	X5	12.0000	600.0000	7,200.0000	600.0000	at bound
6	X6	14.0000	600.0000	8,400.0000	600.0000	at bound
7	X7	0	300.0000	0	300.0000	at bound
8	X8	0	300.0000	0	300.0000	at bound
9	X9	0	300.0000	0	300.0000	at bound
10	X10	0	300.0000	0	300.0000	at bound
11	X11	0	300.0000	0	300.0000	at bound
12	X12	0	300.0000	0	300.0000	at bound
	Objective	Function	(Min.) =	44,400.0000		

	Constraint	Left Hand Side	Direction	Right Hand Side	Slack or Surplus	Shadow Price
1	C1	12.0000	>=	12.0000	0	600.0000
2	C2	1,920.0000	>=	1,500.0000	420.0000	0
3	C3	1,920.0000	>=	1,800.0000	120.0000	0
4	C4	1,760.0000	>=	1,600.0000	160.0000	0
5	C5	2,080.0000	>=	2,000.0000	80.0000	0
6	C6	1,920.0000	>=	1,800.0000	120.0000	0
7	C7	2,240.0000	>=	2,200.0000	40.0000	0
8	C8	1.2000	>=	0	1.2000	0
9	C9	0.2000	>=	0	0.2000	0
10	C10	3.1000	>=	0	3.1000	0
11	C11	0.3000	>=	0	0.3000	0
12	C12	3.2000	>=	0	3.2000	0

图 6.12　问题的结果

本案例中建立的模型,$X_1 \sim X_6$ 表示 $U_7 \sim U_{12}$,$X_7 \sim X_{12}$ 表示 $T_7 \sim T_{12}$,结果显示：从 7 月到 12 月,每个月月初雇佣的受训者人数是 0,每个月使用的员工人数分别是 12、12、11、13、12、14 时,总费用最少,其总费用是 44 400 元。

6.3 线性规划的对偶问题及其数学模型

每一个线性规划问题都伴随另一个线性规划问题——原问题的对偶问题。原问题与对偶问题是对一个研究对象从不同的角度提出的两个极值问题,二者不仅在结构上有密切的联系,在解的性质上也有密切的关系。所以,对偶规划是线性规划的进一步深化,也是线性规划理论整体的一个不可分割的组成部分。

6.3.1 线性规划对偶问题的概念

例 6.2 利润最大化问题:某企业计划生产甲、乙两种产品。这些产品分别要在 A、B、C、D 四种不同的设备上加工。按工艺资料规定,单件产品在不同设备上加工所需要的台时如表 6.1 所示,企业决策者如何安排生产计划,可使企业总的利润最大?

表 6.1 单件产品在不同设备上加工所需要的台时

产品	设备				利润/元
	A	B	C	D	
甲	2	1	4	0	2
乙	2	2	0	4	3
有效台时	12	8	16	12	

解 设产品甲的产量为 x_1,产品乙的产量为 x_2。为满足 A、B、C、D 四种设备的台时限制,x_1,x_2 必须满足以下条件:

$$\begin{cases} 2x_1+2x_2 \leqslant 12, \\ x_1+2x_2 \leqslant 8, \\ 4x_1 \leqslant 16, \\ 4x_2 \leqslant 12。 \end{cases}$$

此外,产品产量 x_1 和 x_2 也应该非负,即应有 $x_1 \geqslant 0, x_2 \geqslant 0$,以 Z 表示总利润,则 $Z=2x_1+3x_2$,该问题可用数学模型表示为

目标:

$$\max Z=2x_1+3x_2,$$

约束条件:

$$\begin{cases} 2x_1+2x_2 \leqslant 12, \\ x_1+2x_2 \leqslant 8, \\ 4x_1 \leqslant 16, \\ 4x_2 \leqslant 12, \\ x_1,x_2 \geqslant 0。 \end{cases}$$

作为对偶问题,则是从另一个角度来讨论这个问题。假设该工厂的决策者决定不自己生产产品,而是将其具有的所有资源出租或外售,这时工厂的决策者就要考虑如何给每种资源定价。

设出租单位的设备 A、B、C、D 的台时租金分别为 y_1,y_2,y_3,y_4,则该工厂应满足以下两个

条件。

① 出租生产单位产品甲所消耗的设备台时的出租收入应不低于自己组织生产该产品所获得的利润，即 $2y_1+y_2+4y_3 \geqslant 2$。

② 出租生产单位产品乙所消耗的设备台时的出租收入应不低于自己组织生产该产品所获得的利润，即 $2y_1+2y_2+4y_4 \geqslant 3$。

工厂所有设备资源出租的总收入为 $w=12y_1+8y_2+16y_3+12y_4$。

从工厂决策者的角度来看，当然 w 越大越好，但是从接受方的角度来看，则支付越少越好。所以，工厂的决策者只有在满足将设备台时出租的收入不低于自己组织生产产品所获得的利润的条件下，使其总收入尽可能少，才能使对方接受，工厂才能实现意愿，为此需求如下线性规划：

$$\min w = 12y_1+8y_2+16y_3+12y_4,$$
$$\begin{cases} 2y_1+y_2+4y_3 \geqslant 2, \\ 2y_1+2y_2+4y_4 \geqslant 3, \\ y_1,y_2,y_3,y_4 \geqslant 0, \end{cases}$$

称这个线性规划问题为例 6.2 中线性规划原问题的对偶规划问题。

上述是围绕同一个问题从不同角度提出的两个问题，它们构成了对偶问题，可以看出，在这两个线性规划模型中，约束条件的系数矩阵互为转置，目标函数的价值系数与约束条件的右侧常数也互换位置，为进一步研究这类特殊的问题，下面介绍对偶问题的定义。

设有线性规划问题（Ⅰ）

$$\max Z = \boldsymbol{CX},$$
$$\begin{cases} \boldsymbol{AX} \leqslant \boldsymbol{b}, \\ \boldsymbol{X} \geqslant 0, \end{cases}$$

式中，$\boldsymbol{X}=(x_1,x_2,\cdots,x_n)^{\mathrm{T}}$，$\boldsymbol{C}=(c_1,c_2,\cdots,c_n)$，$\boldsymbol{b}=(b_1,b_2,\cdots,b_m)^{\mathrm{T}}$，$\boldsymbol{A}=\begin{pmatrix} a_{11} & \cdots & a_{1n} \\ \vdots & & \vdots \\ a_{m1} & \cdots & a_{mn} \end{pmatrix}$。

另一个线性规划问题（Ⅱ）为

$$\min y = \boldsymbol{Yb},$$
$$\begin{cases} \boldsymbol{YA} \geqslant \boldsymbol{C}, \\ \boldsymbol{Y} \geqslant 0, \end{cases}$$

式中，$\boldsymbol{Y}=(y_1,y_2,\cdots,y_m)$，则称问题（Ⅱ）是问题（Ⅰ）的对偶问题，问题（Ⅰ）称为原问题，二者合在一起称为一对对称的对偶线性规划问题。

从以上定义还可以推出，原问题与对偶问题是互为对偶的。

表 6.2 给出了线性规划原问题与对偶问题的对应关系，该表也可以看作一个线性规划原问题转化为对偶问题的一般规律。

表 6.2 线性规划原问题与对偶问题的对应关系表

原问题（或对偶问题）	对偶问题（或原问题）
目标函数最大化（$\max Z$）	目标函数最小化（$\min w$）
n 个变量	n 个约束
m 个约束	m 个变量

续表

原问题(或对偶问题)		对偶问题(或原问题)	
约束条件的资源向量(右端项)		目标函数的价格向量	
目标函数的价格向量(系数)		约束条件的资源向量	
变量	≥0	约束	">"
	≤0		"<"
	无约束		"="
约束	">"形式	变量	≥0
	"<"形式		≤0
	"="形式		无约束

如果把求目标函数最大值的线性规划问题看作原问题,则求目标函数最小值的线性规划问题就是对偶问题,这两个问题在数学模型上的关系如下所述。

① 求目标函数最大值的线性规划问题中有 n 个变量,m 个约束条件,其约束条件都是小于等于不等式,其对偶问题则是求目标函数最小值的线性规划问题,有 m 个变量,n 个约束条件,其约束条件都为大于等于不等式。

② 原问题的目标函数中的变量系数为对偶问题的约束条件的右边常数项,并且原问题的目标函数中的第 i 个变量的系数就等于对偶问题的第 i 个约束条件的右边常数项。

③ 原问题的约束条件的右边常数项为对偶问题的目标函数中的变量系数,并且原问题的第 i 个约束条件的右边常数项就等于对偶问题的目标函数中的第 i 个变量的系数。

④ 对偶问题的约束条件的系数矩阵是原问题约束矩阵 A 的转置,即 A^T。设

$$A = \begin{pmatrix} a_{11} & a_{12} & \cdots & a_{1n} \\ \vdots & \vdots & & \vdots \\ a_{m1} & a_{m2} & \cdots & a_{mn} \end{pmatrix},$$

则 A 的转置 A^T 为

$$A^T = \begin{pmatrix} a_{11} & a_{21} & \cdots & a_{m1} \\ \vdots & \vdots & & \vdots \\ a_{1n} & a_{2n} & \cdots & a_{mn} \end{pmatrix}.$$

6.3.2 对偶规划问题的基本性质

由于原问题和对偶问题之间联系密切,因此对偶规划问题存在一些与原问题相关的基本规律,掌握这些性质有助于更深入地了解对偶规划,解决相应的线性规划问题将更得心应手。对偶规划的基本性质如下所述(这里只列出相应的定理和推论,证明过程从略,读者可参考相关文献,如胡运权《运筹学教程》)。

① **对称性**。对偶问题的对偶问题是原问题。

② **弱对偶性**。对于原问题(Ⅰ)和对偶问题(Ⅱ)的可行解 $\hat{X}, \hat{Y}$,都有 $C\hat{X} \leqslant b^T \hat{Y}$。

由弱对偶性,可得出以下推论。

- 原问题任一可行解的目标函数值是其对偶问题目标函数值的下界。反之,对偶问题任一可行解的目标函数值是其原问题目标函数值的上界。

- 若原问题有可行解且目标函数值无界(或具有无界解),则其对偶问题无可行解。反之,若对偶问题有可行解且目标函数值无界,则其原问题无可行解(注意:本性质的逆不成立,当对偶问题无可行解时,其原问题或具有无界解或无可行解,反之亦然)。
- 若原问题有可行解而其对偶问题无可行解,则原问题目标函数值无界。反之,若对偶问题有可行解而其原问题无可行解,则对偶问题的目标函数值无界。

③ **最优解**。如果 $\hat{X}$ 是原问题(Ⅰ)的可行解,$\hat{Y}$ 是对偶问题(Ⅱ)的可行解,并且 $C\hat{X}=b^T\hat{Y}$,则 $\hat{X}$ 和 $\hat{Y}$ 分别为原问题(Ⅰ)和对偶问题(Ⅱ)的最优解。

④ **强对偶性**。若原问题(Ⅰ)及其对偶问题(Ⅱ)都有可行解,则两者都有最优解,且它们的最优解的目标函数都相等。

⑤ **互补松弛性**。在线性规划问题的最优解中,如果对应某一约束条件的对偶变量值非零,则该约束条件取严格等式。如果约束条件取严格不等式,则其对应的对偶变量一定为零。即若 $y_i^* > 0$,则有 $\sum_{j=1}^{n} a_{ij}x_j^* = b_i$;若 $\sum_{j=1}^{n} a_{ij}x_j^* < b_i$,则有 $y_i^* = 0$。

例 6.3 线性规划问题如下:

$$\begin{cases} x_1+x_2+2x_3+x_4+3x_5 \geqslant 4, \\ 2x_1-x_2+3x_3+x_4+x_5 \geqslant 3, \\ x_j \geqslant 0, \quad j=1,2,\cdots,5, \end{cases}$$

已知其对偶问题的最优解为 $y_1^*=\dfrac{4}{5}, y_2^*=\dfrac{3}{5}, z=5$,试用对偶理论找出原问题的最优解。

解 实际上这个问题并未给出原问题的目标函数,但这并不影响找出原问题的解。先写出它的对偶问题的约束:

$$\begin{cases} y_1+2y_2 \leqslant 2, \\ y_1-y_2 \leqslant 3, \\ 2y_1+3y_2 \leqslant 5, \\ y_1+y_2 \leqslant 2, \\ 3y_1+y_2 \leqslant 3, \\ y_1,y_2 \geqslant 0, \end{cases}$$

将 y_1^*, y_2^* 的值带入约束条件,得约束中的第 2、3、4 式为严格不等式,由互补松弛性得 $x_2^* = x_3^* = x_4^* = 0$。因 $y_1,y_2 \geqslant 0$,原问题的两个约束条件应取等式,故有

$$\begin{cases} x_1^* + 3x_5^* = 4, \\ 2x_1^* + x_5^* = 3, \end{cases}$$

求解后得到 $x_1^*=1, x_5^*=1$,故原问题的最优解为 $X^*=(1,0,0,0,1)^T, w^*=5$。

例 6.3 在说明对偶问题性质定理的应用的同时,还告诉我们,通过对偶关系可以看出原问题的一些重要性质。

6.3.3 对偶问题的经济解释——影子价格

设 B 是 $\max Z=\{CX|AX \leqslant b, X \geqslant 0\}$ 的最优解 Z^* 对应的基,则有

$$Z^* = C_B B^{-1} b = Y^* b,$$

即 $\dfrac{\partial Z^*}{\partial b} = C_B B^{-1} = Y^*$。

这就是说，对偶问题最优解的经济意义是在其他条件不变的情况下，单位资源变化所引起的目标函数的最优值的变化。

在对偶问题

$$\min y = Yb,$$
$$\begin{cases} YA \geqslant C, \\ Y \geqslant 0 \end{cases}$$

中，y_i 的值代表对第 i 种资源的估价值。这种估价是针对具体工厂的具体产品而存在的一种特殊价格，称其为"影子价格"，也就是在例 6.1 中提到的影子价格。影子价格有如下特点。

① 影子价格的大小客观地反映了资源在系统内的稀缺程度。根据互补松弛定理的条件，如果某一资源在系统内供大于求（即有剩余），其影子价格（即对偶解）就为零。这一事实表明，增加该资源的供应不会引起系统目标的任何变化。如果某一资源是稀缺资源（即相应约束条件的剩余变量为零），则其影子价格必然大于零（非基变量的检验数非零）。影子价格越高，资源在系统中越稀缺。

② 影子价格是一种边际价格，与经济学中所说的边际成本的概念类似，因而在经济管理中有重要的应用价值。

③ 影子价格是对系统资源的一种最优估价，只有当系统达到最优时才能赋予该资源这种价值，因此，有人也称其为最优价格。

④ 影子价格的值与系统状态有关。系统内部资源数量、技术系数和价格的任何变化，都会引起影子价格的变化，所以它又是一种动态价格。

6.4 案例应用——基于线性规划的饭店管理优化分析

某饭店共有客房 100 间，客房提供两种房型，即普通间和豪华间，普通间单位利润是 80 元，豪华间单位利润是 120 元，豪华间和普通间每天的劳动时间分别是 2 小时和 1 小时，可提供的劳动时间是 120 小时。如何安排生产计划，可以使饭店客房的利润最大？

1. 问题分析

这里生产计划就是指豪华间和普通间各安排多少间，因此，可以假设 x_1 和 x_2 分别表示饭店客房豪华间和普通间的间数，从而目标函数为（利润最大化）

$$\max Z = 120x_1 + 80x_2。$$

2. 约束条件分析

此问题中饭店的客房共有 100 间，而可提供的劳动时间只有 120 小时，豪华间和普通间每天的劳动时间分别是 2 小时和 1 小时，这些都对利润有影响。以下约束不等式中，第 1 个表明豪华间和普通间总数不超过 100 间，而第 2 个表明用于豪华间和普通间的劳动时间总数不能超过 120 小时：

$$\begin{cases} x_1 + x_2 \leqslant 100, \\ 2x_1 + x_2 \leqslant 120, \end{cases}$$

其中，$x_1, x_2 \geq 0$，且都为整数。

3. 问题求解

(1) 建立问题

打开 WinQSB 软件中的线性与整数规划程序，在菜单栏中选择文件，建立新的问题，如图 6.5 所示。

进入新建立的问题，要设置建立的问题的名称、变量数量、约束个数、目标函数的求解目标、默认变量类型、数据输入形式，除变量数量和约束个数外，其他参数的内容在后面模型数据输入时还可以进一步更改。图 6.6 所示为参数设置的对话框。

(2) 参数设置

进入模型的具体数值矩阵填写界面，按照本模型的数据，在界面中输入参数，如图 6.13 所示。

Variable -->	X1	X2	Direction	R. H. S.
Maximize	120	80		
C1	1	1	<=	100
C2	2	1	<=	120
LowerBound	0	0		
UpperBound	M	M		
VariableType	Integer	Integer		

图 6.13　根据本节建立的模型输入参数

(3) 结果输出

参数输入完成后，可以单击菜单栏中的"Solve and Analyze"，选择"Solve the Problem"求解问题，单击"确定"，得到图 6.14 所示的结果。

	18:30:44	2015/10/12 18:30:44 下午	2015/10/12 18:30:44 下午	2015/10/12 18:30:44 下午	2015/10/12 18:30:44 下午		
	Decision Variable	Solution Value	Unit Cost or Profit c(j)	Total Contribution	Reduced Cost	Basis Status	Allowable Min. c(j)	Allowable Max. c(j)
1	X1	20.0000	120.0000	2,400.0000	0	basic	80.0000	160.0000
2	X2	80.0000	80.0000	6,400.0000	0	basic	60.0000	120.0000
	Objective	Function	(Max.) =	8,800.0000				
	Constraint	Left Hand Side	Direction	Right Hand Side	Slack or Surplus	Shadow Price	Allowable Min. RHS	Allowable Max. RHS
1	C1	100.0000	<=	100.0000	0	40.0000	60.0000	120.0000
2	C2	120.0000	<=	120.0000	0	40.0000	100.0000	200.0000

图 6.14　结果

因此，该线性规划求解结果：$x_1=20, x_2=80, \max Z=8\,800$。

以上分析说明了线性规划在饭店日常管理中的应用非常广泛，可以看出，把线性规划的知识运用到饭店中，可以使饭店适应市场激烈的竞争，及时、准确、科学地制订生产计划，对资源进行合理配置，使饭店在生产的各个环节中得到最优化配置，提高饭店的经营管理效率。

第 7 章 整数规划、运输及指派问题

本章是第 6 章的补充,主要介绍的几类模型实质上是线性规划的一些特殊类型。例如,若所求解的问题是机器的台数、完成工作的工人人数或者装车的车数,解就不能取非整数值。在这种情况下,最优解只能取离散的整数值或二进制的 0 或 1,因此需要讨论最优整数解。此外,运输问题及指派问题由于其系数矩阵 A 的特殊性,在求解方面不同于一般线性规划,或者求解过程趋于简单,从而产生了一些特殊的解法,如表上作业法。这些特殊的方法对于简化求解过程、缩短计算时间有重要的作用,从而形成了运筹学特别的分支。

7.1 整数规划

所谓整数规划,是指决策变量有整数要求的数学规划问题。整数规划分为线性整数规划和非线性整数规划。本章只讨论线性整数规划。线性整数规划主要分为纯整数规划、混合整数规划和 0-1 整数规划三类。当所有决策变量均取整数时,称为纯整数规划;当只有部分决策变量取整数时,称为混合整数规划;决策变量只取 0 和 1 时称为 0-1 整数规划。

对于线性整数规划,如果放松整数约束,整数规划就变成线性规划。通常称放松整数约束得到的线性规划问题为该整数规划的线性规划松弛问题,简称松弛问题。任何一个整数规划都可以看作一个线性规划松弛问题加上整数约束。这意味着整数规划是比线性规划约束得更紧的方法,它的可行域是其松弛问题的可行域的一个子集,即只是整数解部分。以下通过几个实例来说明整数线性规划在实际中的应用。

例 7.1 某公司有 5 个投资项目被列入投资计划,各项目需要的投资额和期望的收益如表 7.1 所示。已知该公司只有 600 万元资金可用于投资,由于技术上的原因,投资受到以下约束:

① 项目 1、项目 2 和项目 3 至少应有一项被选中;

② 项目 3 和项目 4 只能选一项;

③ 项目 5 选中的前提是项目 1 必须被选中。

如何选择投资方案才能使投资收益最大?

表 7.1 投资收益信息

项目	投资额/万元	期望收益/万元
1	210	150
2	300	210
3	100	60
4	130	80
5	260	180

解 设 0-1 变量 x_i 为决策变量，即 $x_i=1$ 表示项目 i 被选中，$x_i=0$ 表示项目 i 被淘汰，则模型可以表示为

$$\max Z=150x_1+300x_2+60x_3+80x_4+180x_5,$$

$$\begin{cases} 210x_1+300x_2+100x_3+140x_4+260x_5\leqslant 600,\\ x_1+x_2+x_3\geqslant 1,\\ x_3+x_4=1,\\ x_5\leqslant x_1,\\ x_i \text{ 取 } 0 \text{ 或 } 1, \quad i=1,\cdots,5. \end{cases}$$

例 7.2 某厂拟用集装箱托运甲、乙两种货物，每箱的体积、重量、可获利润以及托运所受限制如表 7.2 所示。两种货物各托运多少箱，可使获得利润为最大？

表 7.2 托运信息表

货物	每箱体积/m³	每箱重量/kg	每箱利润/元
甲	5	200	2 000
乙	4	500	1 000
托运限制	24	1 300	

解 设 x_1,x_2 分别为甲、乙两种货物的托运箱数，这是一个纯整数线性规划问题，用数学式可表示为

$$\max Z=2\,000x_1+1\,000x_2,$$

$$\begin{cases} 5x_1+4x_2\leqslant 24,\\ 200x_1+500x_2\leqslant 1\,300,\\ x_1,x_2\geqslant 0,\\ x_1,x_2 \text{ 为整数}. \end{cases}$$

它和线性规划问题的区别仅在于最后的条件"x_1,x_2 为整数"。

7.2 整数规划问题的软件求解

例 7.3 某企业接受某项产品订货，需求量为每日 3 500 kg，现有 3 种生产过程供选择，各生产过程所需固定投资（成本）、生产成本、最大日产量如表 7.3 所示。试分析最优生产方案。

表 7.3 产品生产成本及日产量

生产过程的种类	固定投资/元	生产成本/(元·千克$^{-1}$)	最大日产量/kg
甲	1 000	5	2 000
乙	2 000	4	3 000
丙	3 000	3	4 000

解 首先要建立该问题的整数规划模型，设 $y_i=\begin{cases}1, \text{采用第 } i \text{ 种生产过程},\\ 0, \text{不采用第 } i \text{ 种生产过程},\end{cases}$ x_i 表示采用第 i 种生产过程生产的数量 $(i=1,2,3)$，则模型为

$$\min z=1\,000y_1+2\,000y_2+3\,000y_3+5x_1+4x_2+3x_3,$$

$$\begin{cases} x_1+x_2+x_3 \geqslant 3\,500, \\ x_1 \leqslant 2\,000 y_1, \\ x_2 \leqslant 3\,000 y_2, \\ x_3 \leqslant 4\,000 y_3, \\ y_1 \leqslant x_1 M, \\ y_2 \leqslant x_2 M, \\ y_3 \leqslant x_3 M, \\ y_{1\sim 3}=0 \text{ 或 } 1, \\ x_{1\sim 3} \geqslant 0, \end{cases}$$

这是由 6 个变量、7 个约束构成的混合整数规划,求解过程如下所述。

① 启动程序:开始→程序→WinQSB→Linear and Integer Programming→File→New Problem,参数设置对话框如图 7.1 所示。

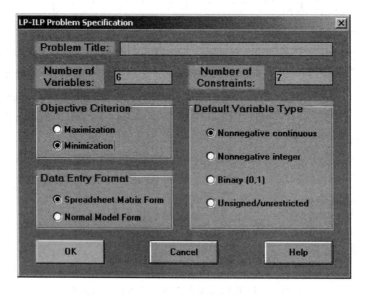

图 7.1 参数设置对话框

② 输入变量数"6"、约束数"7",目标最小化,表格输入形式为默认,由于变量包括非负连续型和 0-1 型,变量类型先采取默认(非负连续型),之后再调整。单击"OK"弹出数据编辑窗口,如图 7.2 所示。

Variable -->	X1	X2	X3	X4	X5	X6	Direction	R. H. S.
Minimize								
C1							>=	
C2							>=	
C3							>=	
C4							>=	
C5							>=	
C6							>=	
C7							>=	
LowerBound	0	0	0	0	0	0		
UpperBound	M	M	M	M	M	M		
VariableType	Continuous	Continuous	Continuous	Continuous	Continuous	Continuous		

图 7.2 数据编辑窗口

③ 更改变量名称：Edit→Variable Names，将 x_4, x_5, x_6 改为 y_1, y_2, y_3，如图 7.3 所示。

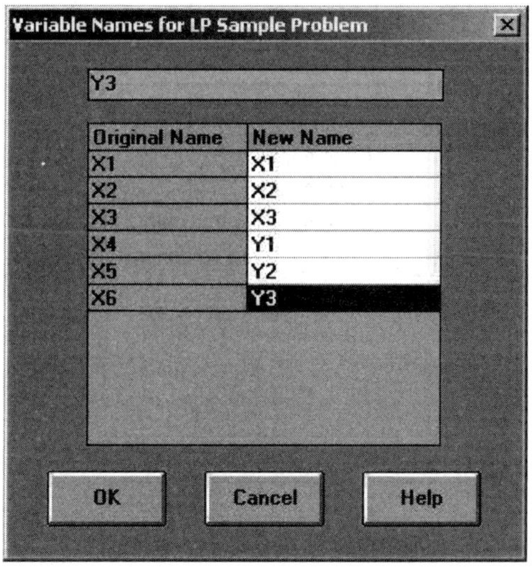

图 7.3　更改变量名称

④ 双击 y_1 的变量类型，由连续型(Continuous)变为整数型(Integer)，再双击一次变为二进制(Binary)。用相同的做法将 y_2, y_3 的变量类型变为二进制；双击第 2 个约束符，使">="变为"="，再双击一次变为"<="，第 3~7 个约束符用同样的方法处理；输入目标系数、约束系数和右端项(其中 M 用一个很大的数代替)，如图 7.4 所示。

Variable -->	X1	X2	X3	Y1	Y2	Y3	Direction	R. H. S.
Minimize	5	4	3	1000	2000	3000		
C1	1	1	1				>=	3500
C2	1			-2000			<=	0
C3		1			-3000		<=	0
C4			1			-4000	<=	0
C5	-9999			1			<=	0
C6		-9999			1		<=	0
C7			-9999			1	<=	0
LowerBound	0	0	0	0	0	0		
UpperBound	M	M	M	1	1	1		
VariableType	Continuous	Continuous	Continuous	Binary	Binary	Binary		

图 7.4　数据编辑窗口

⑤ 执行菜单命令：Solve and Analyze→Solve the Problem，得运行结果，如图 7.5 所示。

由运行结果可见：

① 最优生产方案是使用丙生产方式生产 3 500 kg，总成本为 13 500 元(其中生产成本 10 500 元，固定投资 3 000 元)；

② x_1 的缩减成本为 2 元，若增加使用甲生产方式，每千克增加变动成本 2 元，并增加固定成本 1 000 元，若增加使用乙生产方式，每千克增加变动成本 1.67 元，同时会增加固定成本 2 000 元，若再增加使用丙生产方式生产，将再产生固定成本 3 000 元；

③ 由松弛变量可见，丙生产方式生产能力尚有 500 kg 剩余，产量再增加 500 kg 以内时，固定成本不会发生变化；

④ 需要注意的是，具有整数(包括 0-1)约束的线性规划不产生敏感性分析报告。

	09:31:06		Saturday	September	18	2010
	Decision Variable	Solution Value	Unit Cost or Profit c(j)	Total Contribution	Reduced Cost	Basis Status
1	X1	0	5.0000	0	2.0000	at bound
2	X2	0	4.0000	0	1.6667	at bound
3	X3	3,500.0000	3.0000	10,500.0000	0	basic
4	Y1	0	1,000.0000	0	1,000.0000	at bound
5	Y2	0	2,000.0000	0	0	basic
6	Y3	1.0000	3,000.0000	3,000.0000	3,000.0000	at bound
	Objective	Function	(Min.) =	13,500.0000		
	Constraint	Left Hand Side	Direction	Right Hand Side	Slack or Surplus	Shadow Price
1	C1	3,500.0000	>=	3,500.0000	0	3.0000
2	C2	0	<=	0	0	0
3	C3	0	<=	0	0	-0.6667
4	C4	-500.0000	<=	0	500.0000	0
5	C5	0	<=	0	0	0
6	C6	0	<=	0	0	0
7	C7	-34,996,500.0000	<=	0	34,996,500.0000	0

图 7.5 结果输出窗口

7.3 运输问题

在当今人们的生产生活中,不可避免地要对各种物资进行调运。如一定时间内,将某生产基地的粮食、水果、煤炭等各类物资,分别运送到有需求的地区。制定调运方案,将这些物资运往指定的地点,而且希望运输成本最小,这种问题称为**运输问题**。运输问题是一种特殊的线性规划问题,它的约束方程组的系数矩阵具有特殊的结构,这就需要采用不同的甚至更为简便的求解方法来解决。

一般的运输问题就是要解决把某种产品从若干个产地调运到若干个销地,在每个产地的供应量与每个销地的需求量已知,并知道各地之间的运输单价的前提下,如何确定一个使得总运输费用最小的方案。

例 7.4 某公司从 2 个产地 A_1,A_2 将物品运往 3 个销地 B_1,B_2,B_3,各产地的产量、各销地的销量和各产地运往各销地每件物品的运费如表 7.4 所示。如何调运可使总运输费用最小?

表 7.4 产销量及运费

产地	销地			产量
	B_1	B_2	B_3	
A_1	6	4	6	200
A_2	6	5	5	300
销量	150	150	200	

解 根据总产量=总销量,设 $x_{ij}(i=1,2;j=1,2,3)$ 为从产地 A_i 运往销地 B_j 的运输量,得到表 7.5 所示的运输量表。

表 7.5 运输量表

产地	销地			产量
	B_1	B_2	B_3	
A_1	x_{11}	x_{12}	x_{13}	200
A_2	x_{21}	x_{22}	x_{23}	300
销量	150	150	200	

这样得到运输问题的数学模型:
① 使总的运输费用最小,则目标函数为
$$\min f = 6x_{11}+4x_{12}+6x_{13}+6x_{21}+5x_{22}+5x_{23};$$
② 各产地的供给量与运出量的平衡方程为
$$\begin{cases} x_{11}+x_{12}+x_{13}=200, \\ x_{21}+x_{22}+x_{23}=300; \end{cases}$$
③ 各销地的供给量与需求量的平衡方程为
$$\begin{cases} x_{11}+x_{21}=150, \\ x_{12}+x_{22}=150, \\ x_{13}+x_{23}=200; \end{cases}$$
④ 物品的运量应大于或等于零(非负要求),即
$$x_{ij} \geqslant 0, \quad i=1,2; j=1,2,3。$$

7.3.1 运输问题的数学模型

运输问题的数学模型有其独特性。假设有 m 个产地,记为 $A_1,A_2,\cdots,A_m$,生产某种物资,其供应的产量分别为 $a_1,a_2,\cdots,a_m$;有 n 个销地(需求地),记为 $B_1,B_2,\cdots,B_n$,其需求量分别为 $b_1,b_2,\cdots,b_n$;从产地 A_i 到销地 B_j 的单位物资运费表示为 c_{ij},用 x_{ij} 表示从产地 A_i 到销地 B_j 的物资运量,有关的数据用表 7.6 和表 7.7 来表示。运输问题为在满足各个产销地产量、销量的条件下,如何调度各地的运量,使得总的运输成本最小,得到运输问题的数学模型如下:

$$\min f(x) = \sum_{i=1}^{m}\sum_{j=1}^{n} c_{ij}x_{ij},$$

$$\begin{cases} \sum_{j=1}^{n} x_{ij}=a_i, & i=1,2,\cdots,m, \\ \sum_{i=1}^{m} x_{ij}=b_j, & j=1,2,\cdots,n, \\ x_{ij} \geqslant 0, & i=1,2,\cdots,m; j=1,2,\cdots,n。 \end{cases}$$

表 7.6 产销平衡表

产地	销地				产量 a_i
	B_1	B_2	$\cdots$	B_n	
A_1	x_{11}	x_{12}	$\cdots$	x_{1n}	a_1
A_2	x_{21}	x_{22}	$\cdots$	x_{2n}	a_2
$\cdots$	$\cdots$	$\cdots$	$\cdots$	$\cdots$	$\cdots$
A_m	x_{m1}	x_{m2}	$\cdots$	x_{mn}	a_m
销量 b_j	b_1	b_2	$\cdots$	b_n	

表 7.7　单价运费表

产地	销地				产量 a_i
	B_1	B_2	...	B_n	
A_1	c_{11}	c_{12}	...	c_{1n}	a_1
A_2	c_{21}	c_{22}	...	c_{2n}	a_2
...	...	...	...	...	...
A_m	c_{m1}	c_{m2}	...	c_{mn}	a_m
销量 b_j	b_1	b_2	...	b_n	

如果 $a_1+a_2+\cdots+a_m=b_1+b_2+\cdots+b_n(\sum a_i=\sum b_j)$，即总的产量等于总的销量，则称该运输问题为产销平衡的运输问题，否则，称产销不平衡。在本书中，除非特别说明，所指的运输问题都是产销平衡的运输问题。在上述数学模型中，包含了 mn 个变量，mn 个约束方程，约束条件的系数矩阵 A 有 mn 行、mn 列，且约束条件均为等式，技术系数均等于 1。由于 $\sum a_i=\sum b_j$，因此这个线性规划问题的 $m+n$ 个约束条件只有 $m+n-1$ 个是独立的，也就是说基变量的个数为 $m+n-1$。

运输问题是一种特殊的线性规划问题，在求解时依然可以采用单纯形法的思路，如图 7.6 所示。但是，运输规划系数矩阵有其特殊性，如果直接使用线性规划单纯形法求解计算，则无法利用这些有利条件。人们在分析运输规划系数矩阵特征的基础上，建立了针对运输问题的表上作业法，应用此方法，能够比较简便地对运输问题进行求解计算。

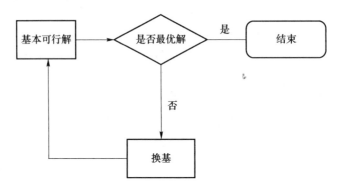

图 7.6　运输问题的求解思路

7.3.2　表上作业法——最小元素法

依据 7.3.1 节的分析，对于产销平衡的运输问题，变量均可以表示在表 7.8 中，因此可以建立基于表 7.8 的求解运输问题的方法——表上作业法。这里求解运输问题的思想和单纯形法类似，即首先确定一个初始基本可行解，然后根据最优性判别准则检查这个基本可行解是不是最优。如果是则计算结束；如果不是，则进行换基，直至求出最优解为止。将表 7.6 和表 7.7 合成一个表，可得到运输问题求解作业数据表，如表 7.8 所示，我们把运价 c_{ij} 放在每一栏的左上角，把调运量 x_{ij} 放在每一栏的右下角。

表 7.8 运输问题求解作业数据表

产地	销地				产量 a_i
	B_1	B_2	...	B_n	
A_1	c_{11} x_{11}	c_{12} x_{12}	...	c_{1n} x_{1n}	a_1
A_2	c_{21} x_{21}	c_{22} x_{22}	...	c_{2n} x_{2n}	a_2
...	...	...	...	...	...
A_m	c_{m1} x_{m1}	c_{m2} x_{m2}	...	c_{mn} x_{mn}	a_m
销量 b_j	b_1	b_2	...	b_n	

表上作业法是直接在运价表上求最优解的一种方法,其基本步骤可以归纳如下。

第一步:确定一个初始基本可行解,也就是初始的调运方案,常用的方法有最小元素法、西北角法、运费差额法(Vogel 近似法)等。本书着重向读者介绍最小元素法。

第二步:求出各非基变量的检验数,并判断是否得到最优解。常用的方法有闭回路法和位势法。若已是最优解,则停止计算,否则转到第三步。

第三步:调整运量,进行换基,确定换入变量和换出变量,找到新的基本可行解,转到第二步。

鉴于本书的特殊性和计算机的发展,本书将只介绍第一步,其他步骤将依赖于计算机来完成。

最小元素法的基本思想是在产销平衡的运输问题中,从运价最小的格开始,在格内的右下角标上允许取得的最大数,然后按运价从小到大顺序填数。若某行或某列,即产量或销量已满足,则把该行(列)的其他格划去。如此进行下去,直至得到一个基本可行解,需要注意的是,此时得到的只是初始基本可行解,还不是最优解。

例 7.5 某食品公司下设 3 个加工厂生产方便食品,分别是 A_1,A_2,A_3,该公司把这些食品运往 4 个销售点 B_1,B_2,B_3,B_4。已知从各加工厂到各销售点的单位产品的运价如表 7.9 所示,试用最小元素法给出初始基本可行解。

表 7.9 某食品公司产销量及运费表

产地	销地				产量 a_i
	B_1	B_2	B_3	B_4	
A_1	3	11	3	10	7
A_2	1	9	2	8	4
A_3	7	4	10	5	9
销量 b_j	3	6	5	6	20(产销平衡)

解 运用最小元素法确定初始基本可行解,其求解过程如下所示。由表 7.10 中的运费可以看到,x_{21} 的运费为 1(最低),用括号表示选中 1,为此先尽量满足 x_{21} 的需要量。因为产地 A_2 的产量为 4,销地 B_1 的销量为 3,所以 $x_{21}=\min(4,3)=3$,表示 A_2 供应 3 个单位给 B_1,并将 3 填写在运费 1 的右下方。这时销地 B_1 已经全部满足,也就不需要从其他产地调配物资,因此

可以划掉销地 B_1 列的其他单位运费数据,即划掉 $c_{11}=3$ 和 $c_{31}=7$。

表 7.10 最小元素法求解过程(一)

产地	销地				产量 a_i
	B_1	B_2	B_3	B_4	
A_1	~~3~~	11	3	10	7
A_2	(1) 3	9	2	8	4
A_3	~~7~~	4	10	5	9
销量 b_j	3	6	5	6	20(产销平衡)

由此得到表 7.11 所列的单位运费表,其中,x_{23} 的运费为 2(最低),用括号表示出来,此时 A_2 的产量剩余为 $4-3=1$,销地 B_3 的销量为 5,所以 $x_{23}=\min(1,5)=1$,表示 A_2 供应 1 个单位给 B_3,并将 1 填写在运费 2 的右下方。这时产地 A_2 的产量已经全部供应完,划掉 A_2 行的其他单位运费数据,即划掉 $c_{22}=9$ 和 $c_{24}=8$。

表 7.11 最小元素法求解过程(二)

产地	销地				产量 a_i
	B_1	B_2	B_3	B_4	
A_1	~~3~~	11	3	10	7
~~A_2~~	(1) 3	~~9~~	(2) 1	~~8~~	~~4~~
A_3	~~7~~	4	10	5	9
销量 b_j	3	6	5	6	20(产销平衡)

由此得到表 7.12,x_{13} 的运费为 3(最低),用括号表示出来,此时 B_3 的销量剩余为 $5-1=4$,产地 A_1 的产量为 7,所以 $x_{13}=\min(4,7)=4$,表示 A_1 供应 4 个单位给 B_3,并将 4 填写在运费 3 的右下方。这时销地 B_3 的销量已经全部满足,划掉 B_3 列的其他单位运费数据,即划掉 $c_{33}=10$。

表 7.12 最小元素法求解过程(三)

产地	销地				产量 a_i
	B_1	B_2	B_3	B_4	
A_1	~~3~~	11	(3) 4	10	7
~~A_2~~	(1) 3	~~9~~	(2) 1	~~8~~	~~4~~
A_3	~~7~~	4	~~10~~	5	9
销量 b_j	3	6	5	6	20(产销平衡)

以此类推，在没有划掉的单位运费中再选用 $c_{32}=4$，分配 $x_{32}=6$，得到表 7.13，按照这种方法继续分配下去，得到表 7.14，最后得到表 7.15。这就得到了一个初始基本可行解，有 6 个基变量，其中 $x_{13}=4, x_{14}=3, x_{21}=3, x_{23}=1, x_{32}=6, x_{34}=3$，初始基本可行解状态下的总运费为
$$3\times 4+10\times 3+1\times 3+2\times 1+4\times 6+5\times 3=86。$$
注意这不是问题的最优解。

表 7.13 最小元素法求解过程（四）

产地	销地				产量 a_i
	B_1	B_2	B_3	B_4	
A_1	~~3~~	~~11~~	(3) 4	10	7
A_2	(1) 3	~~9~~	(2) 1	~~8~~	~~4~~
A_3	~~7~~	(4) 6	~~10~~	5	9
销量 b_j	3	6	5	6	20（产销平衡）

表 7.14 最小元素法求解过程（五）

产地	销地				产量 a_i
	B_1	B_2	B_3	B_4	
A_1	~~3~~	~~11~~	(3) 4	10	7
A_2	(1) 3	~~9~~	(2) 1	~~8~~	~~4~~
A_3	~~7~~	(4) 6	~~10~~	(5) 3	~~9~~
销量 b_j	3	6	5	6	20（产销平衡）

表 7.15 最小元素法求解过程（六）

产地	销地				产量 a_i
	B_1	B_2	B_3	B_4	
~~A_1~~	~~3~~	~~11~~	(3) 4	(10) 3	~~7~~
~~A_2~~	(1) 3	~~9~~	(2) 1	~~8~~	~~4~~
~~A_3~~	~~7~~	(4) 6	~~10~~	(5) 3	~~9~~
销量 b_j	3	6	5	6	20（产销平衡）

其他方法，如西北角法、运费差额法（Vogel 近似法）等不在此赘述。

7.3.3 产销不平衡的运输问题

7.3.2节讲的表上作业法是以产销平衡为前提的,但是实际问题中可能是不平衡的,因此,必须先转化为产销平衡的运输问题后,再进行求解,具体做法如下所述。

如果供过于求,即 $\sum a_i > \sum b_j$,则增加一个虚拟销地 D_{n+1}(即在表中增加一列),令此虚拟销地的销量为 $b_{n+1} = \sum a_i - \sum b_j$,但是因为实际上运输并不发生,所以令其单位运费为 $c_{i,n+1} = 0 (i=1,2,\cdots,m)$。

同理,如果供小于求,即 $\sum a_i < \sum b_j$,则可以增加一个虚拟产地 W_{m+1}(即在表中增加一行),令此虚拟产地的产量为 $a_{m+1} = \sum b_j - \sum a_i$,令其单位运费为 $w_{m+1,j} = 0 (j=1,2,\cdots,n)$。

例 7.6 设有 A_1, A_2, A_3 三个产地生产某种物资,其产量分别为 5 吨、6 吨、8 吨,B_1, B_2, B_3 三个销地需要该物资,销量分别为 4 吨、8 吨、6 吨,又已知各产销地之间的单位运价如表 7.16 所示,试用最小元素法求初始可行解。

表 7.16 供不应求的运输问题

产地	销地			产量 a_i
	B_1	B_2	B_3	
A_1	3	1	3	5
A_2	4	6	2	6
A_3	2	8	5	8
销量 b_j	4	8	6	18/19(产销不平衡)

解 产地总产量为19吨,销地总销量为18吨,产大于销,故虚设销地 B_4,令其销量 $b_4 = 1$,运价 $c_{i4} = 0 (i=1,2,3)$,则问题变成表 7.17 所示的运输问题。

表 7.17 调整后的运输问题

产地	销地				产量 a_i
	B_1	B_2	B_3	B_4	
A_1	3	1	3	0	5
A_2	4	6	2	0	6
A_3	2	8	5	0	8
销量 b_j	4	8	6	1	19/19(产销平衡)

用最小元素法得到的初始方案如表 7.18 所示(过程与例 7.5 类似,故省略)。

表 7.18 最小元素法得到的初始方案

产地	销地				产量 a_i
	B_1	B_2	B_3	B_4	
A_1		4		1	5
A_2	0		6		6
A_3	4	4			8
销量 b_j	4	8	6	1	19/19(产销平衡)

表 7.18 中给出的数据就是产地 A_i 到销地 B_j 的运输量,空缺处为 0。

7.3.4 应用 WinQSB 软件求解运输问题

当用 WinQSB 软件求解运输问题时,可以不用考虑产销平衡问题。

例 7.7 求解最小化运输问题,如表 7.19 所示。

表 7.19 运价表

	B_1	B_2	B_3	B_4	产量 a_i
A_1	23	11	20	15	37
A_2	18	16	17	14	34
A_3	22	15	12	13	29
销量 b_j	23	16	25	19	

解 ① 生成表格。选择"程序→WinQSB→Network Modeling→File→New Program",会弹出图 7.7 所示的对话框。

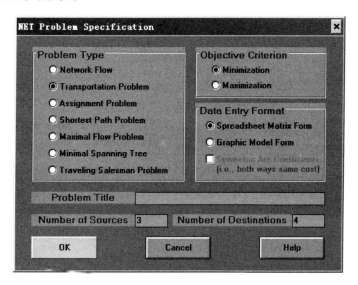

图 7.7 对话框(运输问题)

- 问题类型(Problem Type):运输问题(Transportation Problem)。
- 优化条件(Objective Criterion):最小(Minimization)。
- 数据输入格式(Data Entry Format):电子表格形式(Spreadsheet Matrix Form)。
- 产地数(Number of Sources):3。
- 销地数(Number of Destinations):4。

② 输入数据。单击"OK",并输入数据,如图 7.8 所示。

③ 求解。从系统菜单选择"Solve and Analyze→Solve the Problem",生成的运行结果如图 7.9 所示。

产地 1 调运销地 2:16。

产地 1 调运销地 4:4。

From \ To	Destination 1	Destination 2	Destination 3	Destination 4	Supply
Source 1	23	11	20	15	37
Source 2	18	16	17	14	34
Source 3	22	15	12	13	29
Demand	23	16	25	19	

图 7.8　输入数据(运输问题)

04-04-2009	From	To	Shipment	Unit Cost	Total Cost	Reduced
1	Source 1	Destination 2	16	11	176	0
2	Source 1	Destination 4	4	15	60	0
3	Source 1	Unused_Supply	17	0	0	0
4	Source 2	Destination 1	23	18	414	0
5	Source 2	Destination 4	11	14	154	0
6	Source 3	Destination 3	25	12	300	0
7	Source 3	Destination 4	4	13	52	0
	Total	Objective	Function	Value =	1156	

图 7.9　运行结果(运输问题)

产地 2 调运销地 1:23。
产地 2 调运销地 4:11。
产地 3 调运销地 3:25。
产地 3 调运销地 4:4。
目标函数值:1 156。

7.4　指派问题

在实际工作中常常会遇到这样的问题,某单位有几项工作需要完成,每一项工作只能由一个人来承担,由于每个人的专长不同,完成工作的效率也就不同,因此,需要明确指派谁去完成哪项工作才能使总效率最高。这一类问题通常被称为指派问题,也称分配或配置问题。指派问题的用途非常广泛,它是一个企业经营管理者有时必须考虑的问题,所以该问题有重要的应用价值。

7.4.1　指派问题的数学模型

当指派问题的目标函数要求总耗费最少时,问题可以归纳为 min 型的指派问题;当目标函数要求总绩效最高时,可以归纳为 max 型的指派问题。这两类问题虽然目标函数的形式不同,但是数学模型是一致的。

指派问题的标准形式(以人和事为例)如下:有 n 个人和 n 项任务,已知第 i 个人做第 j 件事的费用(或时间、效率等)为 c_{ij},要求确定人和任务之间的一一对应的指派方案,使得完成这 n 项任务的费用最少(或时间最少、效率最高等)。

一般把目标函数的系数写为矩阵形式,称矩阵

$$\boldsymbol{C}=(c_{ij})_{n\times n}=\begin{pmatrix} c_{11} & c_{12} & \cdots & c_{1n} \\ c_{21} & c_{22} & \cdots & c_{2n} \\ \vdots & \vdots & & \vdots \\ c_{n1} & c_{n2} & \cdots & c_{nn} \end{pmatrix}$$

为系数矩阵(Coefficient Matrix),也称效率矩阵或价值矩阵。矩阵的元素 $c_{ij}(i,j=1,2,\cdots,n)$ 表示分配第 i 个人去完成第 j 项任务时的效益。一般地,以 0-1 变量 $x_{ij}(i,j=1,2,\cdots,n)$ 表示指派第 i 个人去完成第 j 项任务,

$$x_{ij} = \begin{cases} 0, & \text{当不指派第 } i \text{ 个人去完成第 } j \text{ 项任务时,} \\ 1, & \text{当指派第 } i \text{ 个人去完成第 } j \text{ 项任务时.} \end{cases}$$

由于每人只允许分配一项任务,且每项任务只能由一人来完成,因此其数学模型(目标函数及约束条件)如下所示:

$$\min f(x) = \sum_{i=1}^{n}\sum_{j=1}^{n} c_{ij}x_{ij},$$

$$\begin{cases} \sum_{j=1}^{n} x_{ij} = 1, & i=1,2,\cdots,n, \\ \sum_{i=1}^{n} x_{ij} = 1, & j=1,2,\cdots,n, \\ x_{ij} = 0 \text{ 或 } 1, & i,j=1,2,\cdots,n. \end{cases}$$

在上述模型中,第一个约束条件式表示每人只允许分配一项任务,第二个约束条件式表示每项任务只能由一人去做。对于问题的每个可行解,可用解矩阵来表示:

$$\boldsymbol{X} = (x_{ij})_{n\times n} = \begin{bmatrix} x_{11} & x_{12} & \cdots & x_{1n} \\ x_{21} & x_{22} & \cdots & x_{2n} \\ \vdots & \vdots & & \vdots \\ x_{n1} & x_{n2} & \cdots & x_{nn} \end{bmatrix}.$$

当然,作为可行解,矩阵的每列元素中有且只有一个 1,每行元素中也有且只有一个 1。指派问题的数学模型与运输问题的相似,但与运输问题相比,指派问题具有自己的特点,它实际上是 0-1 整数规划问题。虽然可以利用运输问题的求解方法来解指派问题,但是由于指派问题出现严重的自然退化,计算效率不高,指派问题有更简便的解法——匈牙利解法。

7.4.2 指派问题的匈牙利解法

匈牙利解法是匈牙利数学家康尼克(D. konig)提出的,因此得名匈牙利解法(the Hungarian Method of Assignment)。

匈牙利解法的适用条件是:①问题求最小值,即目标函数要求为 min;②人员数目与任务数目相等,即效率矩阵 (c_{ij}) 为 n 阶方阵;③效率矩阵中所有元素非负,即 $c_{ij} \geqslant 0$,且为常数。

匈牙利解法的理论依据是康尼克提出并证明的以下两个定理。

定理 7.1 如果在指派问题的效率矩阵 (c_{ij}) 的每一行中分别减去(或加上)一个常数 u_i,在每一列中分别减去(或加上)一个常数 v_j,得到一个新的效率矩阵 (b_{ij}),则以 (b_{ij}) 为效率矩阵的指派问题与以 (c_{ij}) 为效率矩阵的指派问题具有相同的最优解。

定理 7.2 若矩阵 $\boldsymbol{A}$ 的元素可以分为零元素与非零元素两部分,则覆盖零元素的最少直线数等于位于不同行、不同列的零元素的最大个数。

匈牙利解法的基本步骤如下所述。

第一步:找出矩阵每行的最小元素,分别从各行中减去这个最小元素。

第二步:再找出矩阵每列的最小元素,分别从各列中减去这个最小元素。

第三步:经过上述两步变换后,矩阵的每行、每列至少都有了一个零元素,然后根据以下准则进行试指派,找出覆盖矩阵中所有零元素至少需要多少条直线。

① 逐行检查:从第一行开始,若该行只有一个零元素,则用括号标记该零元素,划去与该零元素同在一列的其他零元素;若该行没有零元素或有两个以上零元素(已划去的不计在内),则转下一行,直到最后一行为止。

注意:括号的意义可以理解为该项任务已经分配给某人。如果该行只有一个零元素,说明只能有一个分配方案,划掉同列的其他零元素可理解为该任务已分配,此后不再考虑分配给他人。当该行有两个或更多的零元素时,不记括号,其理由是至少有两个分配方案,为使以后分配时具有一定的灵活性,故暂不分配。

② 逐列检查:从第一列开始,若该列只有一个零元素,则用括号标记该零元素(同样不考虑已划去的零元素),再划去同行的其他零元素;若该列没有零元素或有两个以上零元素,则转下一列,并进行到最后一列。

③ 重复①、②两个步骤,可能会出现以下 3 种情况。

a. 矩阵每行都有一个标记括号的零元素,显然,按照上述步骤得到的标记括号的零元素必然位于不同行、不同列,因此就得到了最优解。

b. 有多于两行或两列存在两个以上零元素,这时可以从剩有零元素最少的行开始,比较这行零元素所在列中零元素的个数,选择零元素少的那列的零元素标记括号,划掉同行同列的其他零元素,然后重复上述步骤,直到所有零元素都做了标记。

c. 矩阵中所有零元素都做了标记,或标记括号,或被划去,但标记括号的零元素个数小于 m,这时就要找出能覆盖矩阵中所有零元素的最少直线的集合,步骤如下:

- 对没有括号的行打"√";
- 对打"√"行上所有存在零元素的列打"√";
- 再对打"√"列上有括号的行打"√";
- 重复上两步,直到过程结束;
- 对没有打"√"的行划横线,对所有打"√"的列划垂线,这就得到覆盖矩阵所有零元素的最少直线数。

第四步:当表中覆盖所有零元素的直线数小于 m 时,得到的不是最优解,因此要继续对矩阵进行变换,其过程如下所述。

① 从矩阵未被直线覆盖的所有元素中,找出最小元素;
② 所有未被直线覆盖的元素都减去这个最小元素;
③ 覆盖线十字交叉处的元素都加上这个最小元素;
④ 只有一条直线覆盖的元素的值保持不变。

如此变换,可以得到新的效率矩阵。这一过程实际上运用了定理 7.1,但变换后的效率矩阵将出现更多零元素,这样更易于标出 m 个不同行、不同列的零元素。

第五步:去掉原来所有的标记,回到第三步,重新进行标记,直到得到最优解为止。

例 7.8 甲、乙、丙、丁 4 个人要完成 4 项任务,规定每人只能分配一次任务,每项任务只能由一个人完成,每个人的工时如表 7.20 所示,如何分配任务可使总工时最少?

表 7.20 每个人完成各项任务需要的工时

人员	任务			
	A	B	C	D
甲	4	1	8	2
乙	9	8	4	7
丙	8	4	6	3
丁	6	5	7	2

解 用匈牙利解法进行求解。第一步,通过行变换和列变换,得到新的效率矩阵,获得零元素:

$$\begin{pmatrix} 4 & 1 & 8 & 2 \\ 9 & 8 & 4 & 7 \\ 8 & 4 & 6 & 3 \\ 6 & 5 & 7 & 2 \end{pmatrix} \begin{matrix} 1 \\ 4 \\ 3 \\ 2 \end{matrix} \rightarrow \begin{pmatrix} 3 & 0 & 7 & 1 \\ 5 & 4 & 0 & 3 \\ 5 & 1 & 3 & 0 \\ 4 & 3 & 5 & 0 \end{pmatrix} \rightarrow \begin{pmatrix} 0 & 0 & 7 & 1 \\ 2 & 4 & 0 & 3 \\ 2 & 1 & 3 & 0 \\ 1 & 3 & 5 & 0 \end{pmatrix}。$$

$$\min \quad 3 \ 0 \ 0 \ 0$$

第二步,最优性检验,逐行、逐列进行检查:

$$\begin{pmatrix} 0 & 0 & 7 & 1 \\ 2 & 4 & (0) & 3 \\ 2 & 1 & 3 & (0) \\ 1 & 3 & 5 & \times 0 \end{pmatrix} \rightarrow \begin{pmatrix} (0) & \times 0 & 7 & 1 \\ 2 & 4 & (0) & 3 \\ 2 & 1 & 3 & (0) \\ 1 & 3 & 5 & \times 0 \end{pmatrix}。$$

逐行检查　　　　　　逐列检查

第三步,找出能覆盖矩阵中所有零元素的最少直线的集合:

$$\begin{pmatrix} (0) & \times 0 & 7 & 1 \\ 2 & 4 & (0) & 3 \\ 2 & 1 & 3 & (0) \\ 1 & 3 & 5 & \times 0 \end{pmatrix} \begin{matrix} \checkmark \\ \checkmark \\ \\ \checkmark \end{matrix} \begin{matrix} ③ \\ ① \\ \\ \end{matrix} \rightarrow \begin{pmatrix} \cancel{(0)} & \cancel{0} & \cancel{7} & \cancel{1} \\ \cancel{2} & \cancel{4} & \cancel{(0)} & \cancel{3} \\ 2 & 1 & 3 & (0) \\ 1 & 3 & 5 & \cancel{0} \end{pmatrix}。$$

②

第四步,非最优矩阵的变换。很显然,覆盖所有零元素的直线数是 3,小于 $m=4$,得到的不是最优解,因此,对矩阵进一步进行变换:

$$\begin{pmatrix} \cancel{(0)} & \cancel{0} & \cancel{7} & \cancel{1} \\ \cancel{2} & \cancel{4} & \cancel{(0)} & \cancel{3} \\ 2 & 1 & 3 & \cancel{(0)} \\ 1 & 3 & 5 & \cancel{0} \end{pmatrix} \rightarrow \begin{pmatrix} 0 & 0 & 7 & 2 \\ 2 & 4 & 0 & 4 \\ 1 & 0 & 2 & 0 \\ 0 & 2 & 4 & 0 \end{pmatrix}。$$

第五步,去掉原来所有的标记,重新进行最优性检验,直到得到最优解:

$$\begin{pmatrix} 0 & 0 & 7 & 2 \\ 2 & 4 & (0) & 4 \\ 1 & 0 & 2 & 0 \\ 0 & 2 & 4 & 0 \end{pmatrix} \rightarrow \begin{pmatrix} (0) & \times 0 & 7 & 2 \\ 2 & 4 & (0) & 4 \\ 1 & 0 & 2 & 0 \\ 0 & 2 & 4 & 0 \end{pmatrix} \rightarrow \begin{pmatrix} (0) & \times 0 & 7 & 2 \\ 2 & 4 & (0) & 4 \\ 1 & (0) & 2 & \times 0 \\ 0 & 2 & 4 & 0 \end{pmatrix} \rightarrow \begin{pmatrix} (0) & \times 0 & 7 & 2 \\ 2 & 4 & (0) & 4 \\ 1 & (0) & 2 & \times 0 \\ \times 0 & 2 & 4 & (0) \end{pmatrix}。$$

这样,我们就得到了不同行、不同列的 4 个零元素,这就是最优的分配方案,即 $x_{11}=x_{23}=$

$x_{32}=x_{44}=1$。最终的任务分配方案是:甲——A,乙——C,丙——B,丁——D。目标函数值为 $\sum_{i=1}^{m}\sum_{j=1}^{n}a_{ij}x_{ij} = 4+4+4+2 = 14$。

7.4.3 指派问题的扩展

以上介绍的是标准形式的指派问题,条件是目标函数最小、人员数目与任务数目相等以及效率矩阵中的元素非负。此外,还有可能遇到以下几种非标准形式的指派问题,均可以通过一定的方法将其转换成标准形式的指派问题进行求解。

1. 最大值指派问题

如果目标函数为 max 型,即求 $\max f(x) = \sum_{i=1}^{n}\sum_{j=1}^{n}c_{ij}x_{ij}$,设 $b_{ij}=M-c_{ij}>0$(M 为一足够大的常数,如 c_{ij} 中的最大数),于是目标函数变为 $\min g(x) = \sum_{i=1}^{n}\sum_{j=1}^{n}(M-c_{ij})x_{ij} = \sum_{i=1}^{n}\sum_{j=1}^{n}Mx_{ij} - \sum_{i=1}^{n}\sum_{j=1}^{n}c_{ij}x_{ij} = nM - f(x)$,由于 M 为常数,因此 $g(x)$ 的最小化就是 $f(x)$ 的最大化。

所以,将最大值指派问题转换成标准指派问题的方法,就是在效率矩阵(c_{ij})中,用它的最大元素减去各个元素,得到一个标准矩阵,再利用一般的匈牙利解法求最优解。

例 7.9 有甲、乙、丙、丁 4 人分别完成 4 项工作,每个人完成不同工作的效益如表 7.21 所示,如何分配工作可使总效益最大?

表 7.21 任务分配效益表

工作人员	任务				人员
	A	B	C	D	
甲	14	9	4	15	1
乙	11	7	9	10	1
丙	13	2	10	5	1
丁	17	9	15	13	1
任务	1	1	1	1	

解 求总效益最大,即目标函数是 max,由表 7.21 可知,17 是效率矩阵中的最大元素,用 17 减去各个元素,得到一个新的标准矩阵,再利用匈牙利解法求解,具体过程如下所示。

$$\begin{bmatrix} 3 & 8 & 13 & 2 \\ 6 & 10 & 8 & 7 \\ 4 & 15 & 7 & 12 \\ 0 & 8 & 2 & 4 \end{bmatrix} \rightarrow \begin{bmatrix} 3 & 8 & 13 & (2) \\ (6) & 10 & 8 & 7 \\ (4) & 15 & 7 & 12 \\ (0) & 8 & 2 & 4 \end{bmatrix} \rightarrow \begin{bmatrix} 1 & 6 & 11 & (0) \\ (0) & (4) & (2) & 1 \\ 0 & 11 & 3 & 8 \\ 0 & 8 & 2 & 4 \end{bmatrix} \rightarrow \begin{bmatrix} 1 & 2 & 9 & (0) \\ 0 & (0) & 0 & 1 \\ (0) & 7 & 1 & 8 \\ 0 & 4 & (0) & 4 \end{bmatrix}。$$

从而得到该问题的一个最优解,此时甲——D,乙——B,丙——A,丁——C,目标函数为 $\max f(x) = 15+7+13+15 = 50$。

2. 人员数目与任务数目不相等的指派问题

若人员少任务多,则可以加入一些虚拟的"人",这些虚拟的"人"做各项工作的费用取值为 0;

若人员多任务少,则可以加入一些虚拟的"任务",这些虚拟的"任务"的费用取值也为 0。

7.4.4 应用 WinQSB 软件求解指派问题

例 7.10 求解最小化指派问题,

$$C = \begin{pmatrix} 2 & 15 & 13 \\ 10 & 4 & 14 \\ 9 & 14 & 16 \end{pmatrix}。$$

解 ① 生成表格。选择"程序→WinQSB→Network Modeling→File→New Program",弹出图 7.10 所示的对话框。

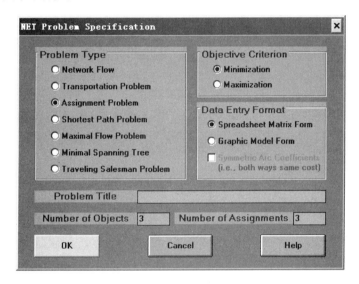

图 7.10 对话框(指派问题)

- 问题类型(Problem Type):指派问题(Assignment Problem)。
- 优化条件(Objective Criterion):最小(Minimization)。
- 数据输入格式(Data Entry Format):电子表格形式(Spreadsheet Matrix Form)。
- 任务数(Number of Objects):3。
- 人员数(Number of Assignments):3。

② 输入数据。单击"OK",并输入数据,如图 7.11 所示。

From \ To	Assignee 1	Assignee 2	Assignee 3
Assignment 1	2	15	13
Assignment 2	10	4	14
Assignment 3	9	14	16

图 7.11 输入数据(指派问题)

③ 求解。从系统菜单选择"Solve and Analyze→Solve the Problem",生成的运行结果如图 7.12 所示。

1-04-200	From	To	Assignment	Unit Cost	Total Cost	Reduced Cost
1	Assignment 1	Assignee 1	1	2	2	0
2	Assignment 2	Assignee 2	1	4	4	0
3	Assignment 3	Assignee 3	1	16	16	0
	Total	Objective	Function	Value =	22	

图 7.12 运行结果(指派问题)

指派方案:第 1 项任务分配给第 1 个人、第 2 项任务分配给第 2 个人、第 3 项任务分配给第 3 个人。目标函数值为 22。

第8章 相关与回归

第6章和第7章给出的模型是以现有条件为基础,对于明确的目标函数,找出变量(决策变量)的取值,从而达到某种状态的最优。本章则是在变量之间的依存关系不清楚,相互影响作用大小不确定的情况下,建立变量之间的计量关系,从而分析变量之间的关系,包括变量间关系的度量及伴随关系,并通过一定的数学表达式将这种关系描述出来,进而确定一个或几个变量(自变量)的变化对另一个特定变量(因变量)的影响程度。

【案例导引】 为了解不良贷款形成的原因,某银行收集了所属的25家分行2012年的有关业务数据,如图8.1所示。

分行编号	不良贷款	贷款余额	应收贷款	项目个数	投资额
1	.90	67.30	6.80	5	51.90
2	1.10	111.30	19.80	16	90.90
3	4.80	173.00	7.70	17	73.70
4	3.20	80.80	7.20	10	14.50
5	7.80	199.70	16.50	19	63.20
6	2.70	16.20	2.20	1	2.20
7	1.60	107.40	10.70	17	20.20
8	12.50	185.40	27.10	18	43.80
9	1.00	96.10	1.70	10	55.90
10	2.60	72.80	9.10	14	64.30
11	.30	64.20	2.10	11	42.70
12	4.00	132.20	11.20	23	76.70
13	.80	58.60	6.00	14	22.80
14	3.50	174.60	12.70	26	117.10
15	10.00	263.50	15.60	34	146.70
16	3.00	79.30	8.90	15	29.90
17	.20	14.80	.60	2	42.10
18	.40	73.50	5.90	11	25.30
19	1.00	24.70	5.00	4	13.40
20	6.80	139.40	7.20	28	64.30
21	11.60	368.20	16.80	32	163.90
22	1.60	95.70	3.80	10	44.50
23	1.20	109.60	10.30	14	67.90
24	7.20	196.20	15.80	16	39.70
25	3.20	102.20	12.00	10	97.10

图8.1 不良贷款相关业务数据截图

应用相关和回归分析理论,通过统计软件SPSS(或其他统计软件),对于图8.1中的银行业务数据,很容易就能够给出以下定量分析,从而找出控制不良贷款的办法。

① 该银行不良贷款与其他业务数据的相关程度如表8.1所示。

表 8.1　某银行相关性分析

		不良贷款	贷款余额	应收贷款	项目个数	投资额
不良贷款	皮尔逊相关系数	1	.843**	.732**	.698**	.516**
	Sig.（双尾）	.	.000	.000	.000	.008
	N	25	25	25	25	25
贷款余额	皮尔逊相关系数	.843**	1	.679**	.848**	.780**
	Sig.（双尾）	.000	.	.000	.000	.000
	N	25	25	25	25	25
应收贷款	皮尔逊相关系数	.732**	.679**	1	.586**	.472**
	Sig.（双尾）	.000	.000	.	.002	.017
	N	25	25	25	25	25
项目个数	皮尔逊相关系数	.698**	.848**	.586**	1	.747**
	Sig.（双尾）	.000	.000	.002	.	.000
	N	25	25	25	25	25
投资额	皮尔逊相关系数	.516**	.780**	.472**	.747**	1
	Sig.（双尾）	.008	.000	.017	.000	.
	N	25	25	25	25	25

注：**表示显著性水平为 0.01（双尾）；*表示显著性水平为 0.05（双尾）。

② 可以找出不良贷款与贷款余额的直线方程（即不良贷款与贷款余额之间的因果关系），如表 8.2 所示。

表 8.2　某银行不良贷款一元回归系数①

模型	非标准系数		标准系数（试用版）	t	Sig.
	B	标准误差			
（常量）	−.815	.721		−1.130	.270
贷款余额	.038	.005	.843	7.513	.000

注：①因变量为不良贷款。

由表 8.2 可得如下方程：

$$不良贷款 = -0.815 + 0.038 \times 贷款余额。$$

③ 可得到不良贷款与贷款余额、应收贷款、项目个数及投资额之间的线性方程（即不良贷款与贷款余额、应收贷款、项目个数及投资额之间的因果关系），如表 8.3 所示。

表 8.3　某银行不良贷款多元回归系数①

模型	非标准系数		标准系数（试用版）	t	Sig.
	B	标准误差			
（常量）	−.997	.777		−1.283	.214
贷款余额	.040	.010	.897	3.872	.001
应收贷款	.149	.078	.262	1.898	.072
项目个数	.013	.082	.030	.152	.881
投资额	−.030	.015	−.330	−1.971	.063

注：①因变量为不良贷款。

由表 8.3 可得：

不良贷款＝－0.997＋0.040×贷款余额＋0.149×应收贷款＋0.013×项目个数－0.030×投资额。

上述分析虽然还有一些不足，但给出的总体结果对于影响不良贷款的分析是有着重要参考价值的。本章将详细介绍这些概念和基本方法。

8.1 相关分析概述

相关分析和回归分析是统计分析方法中最重要的内容之一，是统计分析方法的基础。相关分析和回归分析主要用于研究和分析变量之间的相关关系，在变量之间寻求合适的函数关系式，特别是线性表达式。本书将融入 SPSS 软件的操作和分析，在理论分析的同时进行案例分析。

8.1.1 相关关系的内涵

相关分析(correlation)是研究变量之间关系的统计技术，其基本思路是反映两个变量之间的关系。例如，父亲身高(y)与子女身高(x)之间的关系；收入水平(y)与受教育程度(x)之间的关系；粮食亩产量(y)与施肥量(x_1)、降雨量(x_2)、温度(x_3)之间的关系；商品的消费量(y)与居民收入(x)之间的关系；商品销售额(y)与广告费支出(x)之间的关系等。相关关系有以下四大特征，如图 8.2 所示：

① 变量间的关系不能用函数关系精确表达；
② 一个变量的取值不能由另一个变量唯一确定；
③ 当变量 x 取某个值时，变量 y 的取值可能有几个；
④ 各观测点分布在直线周围。

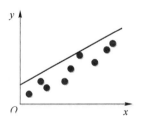

图 8.2 相关关系的特征

按照不同的角度，相关关系可以进行如下分类：正相关和负相关，线性相关和非线性相关，完全相关、不完全相关和不相关以及单相关、复相关和偏相关。

按照相关的方向分为正相关和负相关。正相关是指当一个变量的值增加或减少时，另一个变量的值随之增加或减少。例如，工人劳动生产率提高，产品产量随之增加；居民的消费水平随个人所支配收入的增加而增加。负相关是指当一个变量的值增加或减少时，另一变量的值反而减少或增加。例如，商品流转额越大，商品流通费用越低；利润随单位成本的降低而增加。

正线性相关和负线性相关的散点图如图 8.3 和图 8.4 所示，其中图 8.3 所示为强正（负）线性相关，图 8.4 所示为线性相关。

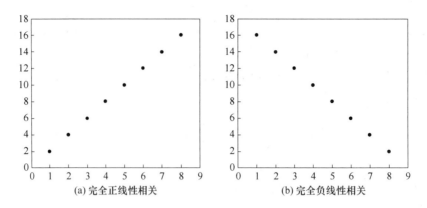

图 8.3 强正(负)线性相关

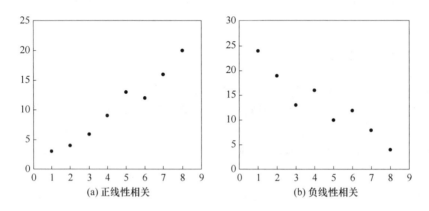

图 8.4 正(负)线性相关

按照相关形式分为线性相关和非线性相关。线性相关又称直线相关,是指当一个变量变动时,另一个变量随之发生大致均等的变动,从图形上看,其观察点的分布近似地表现为一条直线。例如,人均消费水平与人均收入水平通常呈线性关系。非线性相关是指当一个变量变动时,另一个变量也随之发生变动,但这种变动不是均等的,从图形上看,其观察点的分布近似地表现为一条曲线,如抛物线、指数曲线等,因此也称为曲线相关。例如,工人加班时间在一定数量界限内时,产量增加,但一旦超过一定限度,产量反而可能下降,这就是一种非线性关系。非线性相关和不相关的散点图如图 8.5 所示。

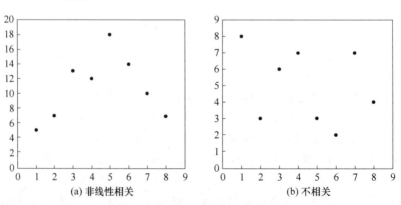

图 8.5 非线性(曲线)相关和不相关

按相关程度分为完全相关、不完全相关和不相关。完全相关是指一个变量的数量变化完全由另一个变量的数量变化确定。例如,在价格不变的条件下,销售额与销售量之间的正比例函数关系即为完全相关,此时相关关系便成为函数关系,因此也可以说函数关系是相关关系的一个特例。不相关又称零相关,当变量之间互不影响,其数量变化各自独立时,变量之间的关系为不相关。例如,股票价格的高低与气温的高低在一般情况下是不相关的。不完全相关是指两个变量的关系介于完全相关和不相关之间。由于完全相关和不相关的数量关系是确定的或相互独立的,因此统计学中相关分析的主要研究对象是不完全相关。

按研究的变量(或因素)的多少分为单相关、复相关和偏相关。单相关又称一元相关,是指两个变量之间的相关关系,如广告费支出与产品销售量之间的相关关系。复相关又称多元相关,是指三个或三个以上变量之间的相关关系,如商品销售额与居民收入、商品价格之间的相关关系。偏相关是指在一个变量与两个或两个以上的变量相关的条件下,当假定其他变量不变时,其中两个变量的相关关系,例如,在假定商品价格不变的条件下,该商品的需求量与消费者收入水平的相关关系即为偏相关。

8.1.2 相关关系的描述和测度

相关系数(correlation coefficient)是描述两组定距变量或定比变量之间关系强度的度量,通常用 r 来表示。相关系数大约在 1900 年由卡尔·皮尔逊(Karl Pearson)首次提出,因此相关系数也被称为皮尔逊相关系数(Pearson correlation coefficient)或皮尔逊积矩相关系数(Pearson product-moment correlation coefficient)。相关系数建立在相关分析的基础上,用于分析衡量变量 x 和变量 y 之间相关程度的大小。

相关系数具有如下性质。

① 相关系数表示两个定距变量或定比变量之间的线性(直线)相关的方向和强度。

② 相关系数的取值范围在 -1 和 1 之间,且包含 -1 和 1 两个数值,即 r 的取值范围是 $[-1,1]$。相关系数为 -1 或 1 时表示完全相关,即 $|r|=1$ 时,表示完全相关。当 $r=1$ 时,表示完全正相关;当 $r=-1$ 时,表示完全负相关。

③ 相关系数为 0 时,表示两组变量之间绝对没有关系,相关系数的取值接近于 0,表示两变量之间的联系很少,即当 $r=0$ 时,不存在线性相关关系,$|r|$ 越趋于 0 表示关系越不密切。

④ 相关系数取值接近于 1,表示两变量之间存在直接的或正向的联系,即当 $0<r\leqslant 1$ 时,表示正相关。

⑤ 相关系数取值接近于 -1,表示两变量之间存在反向的或负向的联系,即当 $-1\leqslant r<0$ 时,表示负相关。

⑥ $|r|$ 越趋于 1 表示关系越密切。

相关的强度不依赖于相关的方向,$r=0.5$ 和 $r=-0.5$ 有相同的相关程度,都表示两个变量间存在非常强的相关性。

相关系数的计算公式为

$$r = \frac{n\sum xy - \sum x \sum y}{\sqrt{n\sum x^2 - (\sum x)^2}\sqrt{n\sum y^2 - (\sum y)^2}}。 \tag{8.1}$$

例 8.1 假设在判断某小区是否存在互调干扰嫌疑时,通过话务量与干扰系数的相关性进行定位,该小区 24 小时的综合话务量及干扰系数如表 8.4 所示(灰色部分为计算演示值)。

表 8.4 某小区 24 小时综合话务量干扰系数表

	综合话务量	干扰系数	x^2	y^2	xy
2012/12/27 0:00	22.33	4.25	498.84	18.05	94.90
2012/12/27 1:00	11.78	2.72	138.75	7.43	32.10
2012/12/27 2:00	10.01	2.34	100.19	5.46	23.40
2012/12/27 3:00	2.38	1.57	5.64	2.47	3.73
2012/12/27 4:00	2.00	1.38	4.00	1.89	2.75
2012/12/27 5:00	1.78	1.52	3.17	2.32	2.71
2012/12/27 6:00	2.59	1.58	6.73	2.49	4.09
2012/12/27 7:00	5.26	2.05	27.67	4.19	10.77
2012/12/27 8:00	8.30	2.35	68.90	5.52	19.50
2012/12/27 9:00	8.09	2.74	65.40	7.49	22.14
2012/12/27 10:00	10.01	2.95	100.11	8.70	29.52
2012/12/27 11:00	8.25	2.69	68.10	7.23	22.19
2012/12/27 12:00	10.00	2.98	99.91	8.88	29.79
2012/12/27 13:00	8.52	2.63	72.57	6.90	22.38
2012/12/27 14:00	7.60	2.34	57.71	5.49	17.80
2012/12/27 15:00	10.06	2.90	101.17	8.39	29.13
2012/12/27 16:00	9.93	2.88	98.53	8.31	28.62
2012/12/27 17:00	11.74	3.10	137.91	9.61	36.40
2012/12/27 18:00	16.81	3.81	282.44	14.52	64.04
2012/12/27 19:00	19.43	3.98	377.35	15.86	77.37
2012/12/27 20:00	24.70	4.54	610.18	20.64	112.23
2012/12/27 21:00	26.16	4.83	684.37	23.36	126.44
2012/12/27 22:00	27.51	4.75	756.92	22.60	130.79
2012/12/27 23:00	22.72	4.59	516.19	21.04	104.22
Σ(合计值)	287.95	71.47	4 882.78	238.86	1 047.01

表 8.4 中的时间段数量(24 个)即为公式(8.1)中的 n,综合话务量为 x,干扰系数为 y,根据公式要求,先对数据进行求和与汇总,汇总后的数据如表 8.5 所示。

表 8.5 某小区 24 小时综合话务量汇总数据表

	x	y	x^2	y^2	xy
Σ(合计值)	287.95	71.47	4 882.78	238.86	1 047.01

将数据代入公式(8.1)后计算结果为

$$r = \frac{24 \times 1\,047.01 - 287.95 \times 71.47}{\sqrt{24 \times 4\,882.78 - 287.95^2} \times \sqrt{24 \times 238.86 - 71.47^2}} = 98.30\%,$$

表明该小区综合话务量与干扰系数之间存在很强的相关关系。

8.1.3 用 SPSS 描绘散点图

反映相关关系的方法有两种,一种是通过相关系数准确地反映两个变量的相关程度,另一种是通过图形直观描述,通常称为散点图。散点图可表示因变量随自变量而变化的大致趋势,是将变量相关性图形化的工具,用于判断分析两个变量之间是否存在某种关联或总结坐标点的分布模式。

下面介绍利用 SPSS 制作散点图的步骤。SPSS 软件的绘图命令集中在"图形"菜单,以图 8.1 所示的银行数据为例来介绍具体操作方法。

① 打开 SPSS 软件,单击"图形→旧对话框→散点图",从而有图 8.6 所示的界面。

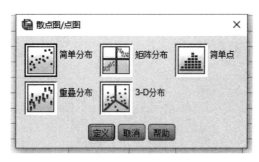

图 8.6 散点图界面

② 选择散点图的类型,并单击"定义"按钮,如图 8.7 所示。

图 8.7 选择散点图类型

③ 选定散点图的 y 轴上的变量名到"Y轴"框内,此处选定变量"不良贷款";选定散点图的 x 轴上的变量名到"X轴"框内;其他选项省略。最终的散点图如图 8.8~图 8.11 所示。

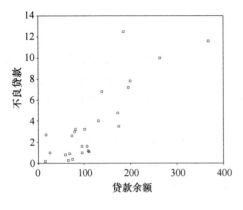

图 8.8 不良贷款与贷款余额

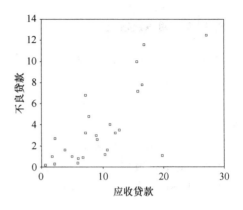

图 8.9 不良贷款与应收贷款

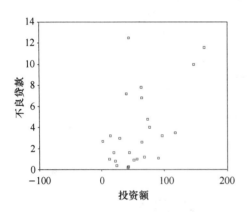

图 8.10 不良贷款与投资额

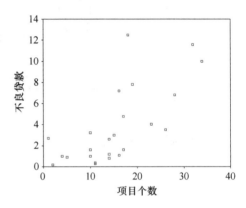

图 8.11 不良贷款与项目个数

8.2 一元线性回归分析

对于两个或更多变量之间的关系，相关分析考虑的只是变量之间是否相关以及相关的程度，而回归分析关心的问题是变量之间的因果关系如何。回归分析是处理一个或多个自变量与因变量之间的线性因果关系的统计方法。例如，对于婚姻状况与子女生育数量，相关分析可以求出二者的相关强度以及判断是否具有统计学意义，但不对谁决定谁做出预设，即可以相互解释，回归分析则必须预先假定因果，在此前提下展开进一步的分析。本节将重点学习两个变量，即一个因变量和一个自变量的线性因果关系。

8.2.1 回归分析的内涵

回归分析（regression）利用样本数据确定变量之间的数学关系式，并对关系式的可信程度进行检验，在影响因变量的诸多变量中找到影响显著的变量以及影响不显著的变量，利用关系式，根据自变量的取值来预测或控制因变量的取值，并给出这种预测或控制的精确程度。

回归分析是一种处理变量的统计相关关系的数理统计方法。回归分析的基本思想是：虽然自变量和因变量之间没有严格的、确定性的函数关系，但可以设法找出最能代表它们之间关系的数学表达形式。

回归分析方法是统计分析的重要组成部分,研究的是随机变量之间的关系。用回归分析方法来研究建模问题是一种常用的有效方法。回归分析方法一般与实际联系比较密切,因为随机变量的取值是随机的,大多数是通过试验得到的,这种来自实际中的与随机变量相关的数学模型的准确度如何,需通过进一步的统计试验来判断其模型中随机变量回归变量的显著性。回归分析的主要内容是:从一组数据出发,确定这些变量(参数)间的定量关系(回归模型);对模型的可信度进行统计检验;在有关的许多变量中,判断变量的显著性(即判断哪些是显著的,哪些不是,显著的保留,不显著的忽略);应用结果是对实际问题做出的判断。

回归分析的第一步是建立模型,即函数关系,其中自变量称为回归变量,因变量称为应变量。如果模型中只含一个回归变量,则称为一元回归模型,否则称为多元回归模型。如果函数关系是线性的,则称为线性回归,否则称为非线性回归。具体地说,回归分析主要解决以下几方面的问题。

① 通过分析大量的样本数据,确定变量之间的数学关系式。

② 对所确定的数学关系式的可信程度进行各种统计检验,并区分出对某一特定变量影响较为显著的变量和影响不显著的变量。

③ 利用所确定的数学关系式,根据一个或几个变量的值来预测或控制另一个特定变量的取值,并给出这种预测或控制的精确度。

回归分析有很广泛的应用,如经济管理中大量的变量依存关系、实验数据的一般处理、经验公式的求得、因素分析、产品质量的控制、气象及地震预报、自动控制中数学模型的制定等。前面介绍了相关分析,这里对相关分析和回归分析的关系加以说明。

相关分析和回归分析都是研究变量间关系的统计学课题。在应用中,两种分析方法经常相互结合和渗透,但它们研究的侧重点和应用面不同。在回归分析中,变量 y 称为因变量,处于被解释的特殊地位;而在相关分析中,变量 y 与变量 x 处于平等的地位,研究变量 y 与变量 x 的密切程度和研究变量 x 与变量 y 的密切程度是一样的。在回归分析中,因变量 y 是随机变量,自变量 x 可以是随机变量,也可以是非随机的确定变量;而在相关分析中,变量 x 和变量 y 都是随机变量。

相关分析用于测定变量之间的关系的密切程度,所使用的工具是相关系数;回归分析则侧重于考察变量之间的数量变化规律,并通过一定的数学表达式来描述变量之间的关系,进而确定一个或者几个变量的变化对另一个特定变量的影响程度。在进行相关回归分析时,要从质和量两方面分析判断。从质的方面,要判断两变量间是否存在相关关系;从量的方面,要判断能否找到二者关系的经验公式,如果这种关系是线性的,则可用一元线性回归方程进行拟合。

8.2.2 一元回归直线的基本理论

两个变量之间的真实关系一般可以用以下方程来表示:
$$Y = A + BX + \varepsilon$$
方程中的 A, B 是待定的常数,称为模型系数,ε 是残差,是以 X 预测 Y 产生的误差。

两个变量之间拟合的直线是:
$$\hat{y} = a + bx,$$

$\hat{y}$ 是 y 的拟合值或预测值,它是在 X 条件下 Y 条件均值的估计;a,b 是回归直线的系数,是总体真实直线 A,B 的估计值,a 为常数,是截距,当自变量的值为 0 时,a 为对应的因变量的值,b 称为回归系数,指在其他所有的因素不变时,单位自变量的变化引起的因变量的变化。

回归分析对变量的要求是:自变量可以是随机变量,也可以是非随机变量;自变量 X 值的测量可以认为是没有误差的,或者说误差可以忽略不计;回归分析对因变量有较多的要求,这些要求与其他的因素一起构成了回归分析的基本条件,即独立、线性、正态、等方差。

首先需要确定参数 a,b,一般用最小二乘法求回归方程的参数。用最小二乘法求回归参数的基本原则是:对于确定的方程,要使观察值 y 与估计值 $\hat{y}$ 的偏差的平方和最小。通过数学推导,将自变量 x 和对应的因变量 y 的数据代入以下两式,即可求得回归参数 a,b:

$$b = \frac{n\sum xy - \sum x \sum y}{n\sum x^2 - (\sum x)^2}, \quad a = \frac{1}{n}\sum y - b \cdot \frac{1}{n}\sum x 。$$

在给定 X 和 Y 的一组观测值 $(X_1,Y_1),(X_2,Y_2),\cdots,(X_n,Y_n)$ 的情况下,求出估计值,使得拟合的直线为最佳,直观上看,也就是要求在 X 和 Y 的散点图上穿过各观测点画出一条"最佳"直线,如图 8.12 所示。

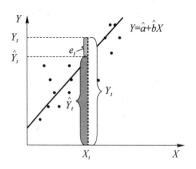

图 8.12 最佳拟合直线

我们的目标是使拟合出来的直线在某种意义上是最佳的,直观地看,也就是要求估计直线尽可能地靠近各观测点,这意味着应使各残差尽可能地小。要做到这一点,就必须用某种方法将每个点对应的残差加在一起,使其达到最小。最小二乘法就是选择一条直线,使其残差平方和达到最小值的方法,即

$$Q(\hat{a},\hat{b}) = \min_{a,b} Q(a,b) = \sum_{i=1}^{n}(y_i - \hat{a} - \hat{b}x_i)^2 。$$

8.2.3 一元回归直线的 SPSS 操作与解读

8.1 节在不良贷款案例中做了相关变量的散点图,接下来用 SPSS 软件进行一元线性回归模型的操作。

① 打开 SPSS,单击"分析→回归→线性",可以看到图 8.13 所示的界面。

② 在线性回归主对话框中选择因变量放置在因变量框:放置因变量时,一次只能放一个因变量。选择自变量放置在自变量框:放置自变量时,可以放置多个自变量,当只放一个自变量时,就是一元回归,如图 8.14 所示。

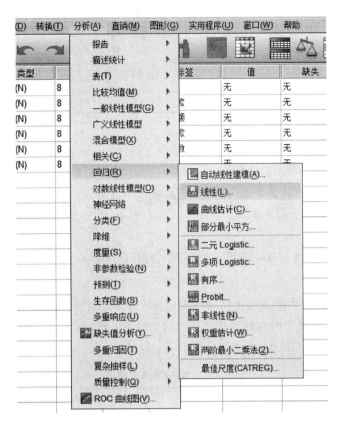

图 8.13 打开线性界面

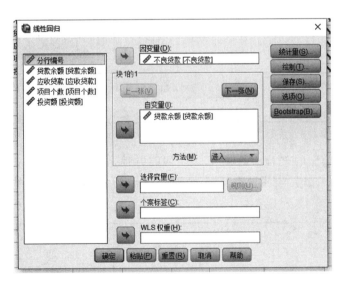

图 8.14 线性回归界面

③ 在线性回归对话框内,将"不良贷款"选入因变量框,将"贷款余额"选入自变量框,如图 8.14 所示,单击"确定"。在得到的输出结果中,首先看系数部分,如表 8.6 所示,输出结果中的其他项将在 8.3 节逐一介绍。由表 8.6 可以得到回归系数、标准回归系数以及回归系数的显著性检验"Sig."。

表 8.6 不良贷款与贷款余额一元回归系数[①]

模型	非标准系数 B	非标准系数 标准误差	标准系数（试用版）	t	Sig.
（常量）	−.815	.721		−1.130	.270
贷款余额	.038	.005	.843	7.513	.000

注：①因变量为不良贷款。

根据表 8.6 可以得到如下表达式：

$$不良贷款 = -0.815 + 0.038 \times 贷款余额。$$

其含义是：当某个分行的"贷款余额"增加 1 亿元时，"不良贷款"平均增加 0.038 亿元。这就是 25 个分行的"不良贷款"平均水平。

8.3 一元回归方程分析的进一步讨论

图 8.14 所示的操作的默认输出结果一般包括 4 个部分，分别如表 8.6、表 8.7、表 8.8 和表 8.9 所示。表 8.6 是关于模型的系数和系数的 t 检验输出，详见第 9 章。表 8.7 是一个关于变量的说明。

表 8.7 输入/移去变量[①]

模型	输入的变量	移去的变量	方法
1	贷款余额	.	输入

注：①因变量为不良贷款。

表 8.8 是一个关于模型的判别系数输出，表明回归方程的拟合程度，详见 8.3.1 节。

表 8.8 模型汇总

模型	R	R^2	调整 R^2	标准估计的误差
1	.843[①]	.710	.698	1.975 72

注：①预测变量为（常量）、贷款余额。

表 8.9 是关于模型的 F 检验的输出，表明回归方程是否可用。当"Sig."小于给定的检验概率 0.1、0.05 或 0.01 时，表明方程可用，否则方程不可用，详见 8.3.2 节。

表 8.9 显著性检验[①]

模型	平方和	df	均方	F	Sig.
回归	220.320	1	220.320	56.442	.000[②]
残差	89.780	23	3.903		
总计	310.100	24			

注：①因变量为不良贷款。②预测变量为（常量）、贷款余额。

8.3.1 一元回归方程判定系数

判定系数也叫作决定系数（coefficient of determination），也称拟合优度，用于表征因变量

Y 的变动中有多少可由控制的自变量 X 来解释。相关系数的平方即为判定系数。判定系数是建立在回归分析的基础之上的,用于研究一个随机变量对另一个随机变量的解释程度,该值的取值范围为 $0 \leqslant r^2 \leqslant 1$,值越接近1,表明自变量对因变量的解释程度越高,自变量引起的因变量变动占总变动的百分比越高,如图8.15所示。

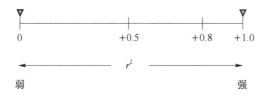

图 8.15 判定系数

在表8.8中,可以得到判定系数 $r^2 = 0.710$,表明贷款余额对不良贷款的解释程度达71.0%。

判定系数的计算公式如下:

$$r^2 = \frac{(n\sum xy - \sum x \sum y)^2}{[n\sum x^2 - (\sum x)^2][n\sum y^2 - (\sum y)^2]}°$$

相关系数与判定系数都可以反映变量的相关度,各有各的特点,它们之间的区别如表8.10所示。

表 8.10 相关系数与判定系数的区别

系数名称	相关系数	判定系数
公式表达式	$r = \dfrac{n\sum xy - \sum x \sum y}{\sqrt{n\sum x^2 - (\sum x)^2}\sqrt{n\sum y^2 - (\sum y)^2}}$	$r^2 = \dfrac{(n\sum xy - \sum x \sum y)^2}{[n\sum x^2 - (\sum x)^2][n\sum y^2 - (\sum y)^2]}$
值的范围	$-1 \leqslant r \leqslant 1$	$0 \leqslant r^2 \leqslant 1$
表示方向性	是(大于0为正相关,小于0为负相关)	否
表示关联程度	是	是
变量总离差平方和解释	否	是(r^2 值越大,说明回归模型拟合得越优)

例 8.2 以表8.4中的数据为例,表8.5是对表8.4中的数据进行初步计算得到的中间结果数据。将表8.5中的数据代入判定系数计算公式,则有

$$r^2 = \frac{(24 \times 1\,047.01 - 287.95 \times 71.47)^2}{[24 \times 4\,882.78 - 287.95^2] \times [24 \times 238.86 - 71.47^2]} = 96.64\%。$$

在8.1.2节中得到,该小区的相关系数为98.30%,可以判断该小区的话务量与干扰系数为正相关关系且相关系数接近绝对相关值1,说明小区话务量与干扰系数之间的关系密切;而小区的判定系数 r^2 为96.64%,非常接近1,说明该小区的话务量变化导致干扰变化占总变化的96.64%,由此可以判断出该小区存在互调干扰的概率非常大。

如图8.16所示,P1TCEB4小区的话务量与干扰系数呈现负相关关系(话务量低时干扰大,话务量高时干扰低),可以初步判断该小区的干扰并非由互调引起,而可能是外部干扰导致的。

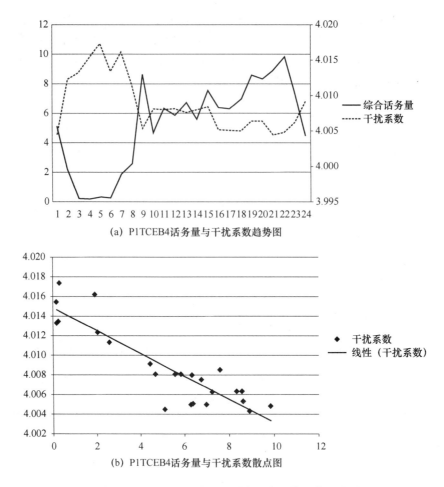

图 8.16 P1TCEB4 小区的话务量与干扰系数的关系

从理论上说,判定系数可以反映因变量的变化有多少是由自变量引起的,所以更能体现变量间的关系的拟合度,故判定系数的准确度高于相关系数的,需要提高批量定位过程中的准确度时就考虑使用判定系数,这样可以更加准确地定位到问题小区。如图 8.17 所示,GQWLY23 小区的相关系数为 90.35%,但判定系数只有 81.63%,而且从该小区话务量与干扰系数的趋势来看,只有在话务量较少时干扰系数才与话务量比较相关,而当话务量高于 70 Erlang 时,干扰系数就保持在 4 级左右而没有随话务量的波动而波动,这类小区的干扰问题不一定是互调引起的,通过判定系数则能准确地将该小区过滤,避免不必要的优化。

8.3.2 回归方程的显著性检验

回归方程的显著性检验(F 检验)的假设如下所述。

原假设:自变量与因变量之间无线性相关,各个回归系数相等。

研究假设:自变量与因变量之间存在线性相关,至少有一个回归系数不等于 0。

如果接受原假设,那么自变量与因变量之间的线性关系不显著,如果拒绝原假设,接受研究假设,那么自变量与因变量之间存在线性关系。

如果计算的显著性小于 α(事先确定的 α 标准,社会科学研究中通常取 0.1、0.05 或 0.01),则拒绝原假设,接受研究假设。

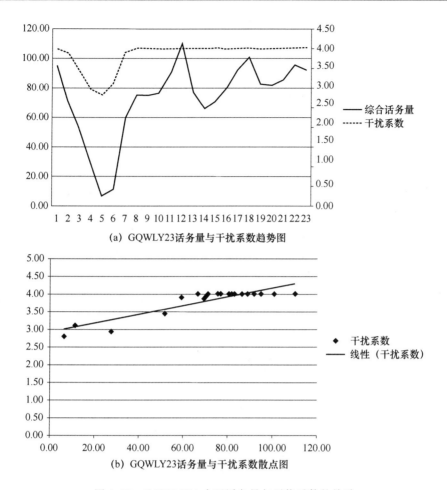

图 8.17 GQWLY23 小区话务量与干扰系数的关系

第 9 章　多元线性回归

一元线性回归分析是在排除其他影响因素或假定其他影响因素确定的条件下,分析某一个因素(自变量)如何影响另一事物(因变量)的过程,所进行的分析是比较理想化的。然而,在现实社会生活中,任何一个事物(因变量)总是受到其他多种事物(多个自变量)的影响。多元回归分析是研究多个变量之间关系的回归分析方法,按因变量和自变量的数量对应关系可分为一个因变量对多个自变量的回归分析(简称"一对多"回归分析)及多个因变量对多个自变量的回归分析(简称"多对多"回归分析),按回归模型的类型可分为线性回归分析和非线性回归分析。

9.1　多元线性回归模型

多元线性回归模型(multiple regression model)用于描述一个因变量与两个及两个以上自变量的回归。描述因变量 y 如何依赖于自变量 $x_1, x_2, \cdots, x_p$ 和误差项 ε 的方程,称为多元回归模型。涉及 p 个自变量的多元线性回归模型可表示为

$$y = \beta_0 + \beta_1 x_1 + \beta_2 x_2 + \cdots + \beta_p x_p + \varepsilon。$$

其中,$\beta_0, \beta_1, \beta_2, \cdots, \beta_p$ 是参数;ε 是被称为误差项的随机变量;y 是 $x_1, x_2, \cdots, x_p$ 的线性函数加上误差项 ε。ε 表示包含在 y 内但不能被 p 个自变量的线性关系解释的变异性。

在实际问题中,影响因变量的因素往往有多个。例如,商品的需求除了受自身价格的影响外,还受消费者收入、其他商品的价格、消费者偏好等因素的影响;影响水果产量的外界因素有平均气温、平均日照时数、平均湿度等。因此,在许多场合,仅考虑单个变量是不够的,还需要对一个因变量与多个自变量的联系进行考察,这样才能获得比较令人满意的结果,这就产生了测定多因素之间相关关系的问题。在线性相关条件下,研究两个或两个以上自变量与一个因变量的数量变化关系称为多元线性回归分析,表现这一数量关系的数学公式称为多元线性回归模型。多元线性回归模型是一元线性回归模型的扩展,其基本原理与一元线性回归模型类似,只是在计算上更为复杂,一般需借助计算机来完成。

9.2　多元回归模型的软件实现与输出结果解读

第 8 章介绍了不良贷款的例子,对其进行了一元回归分析,本章依然使用这个例子,对其进行多元回归分析。打开 SPSS 软件,单击"分析→回归→线性",如图 9.1 所示。

在线性回归对话框内,将不良贷款选入因变量框,将贷款余额等 4 个其他变量都选入自变量框,单击"确定",如图 9.2 所示。

第9章 多元线性回归

图 9.1 打开分析

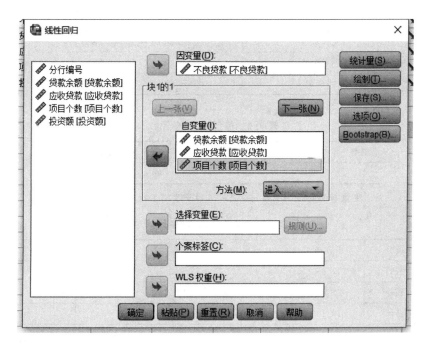

图 9.2 线性回归对话框

为得到一些基本统计信息,单击"统计量",将复选项"回归系数"的"估计""置信区间"和"描述性"选中,单击"继续",如图9.3所示。

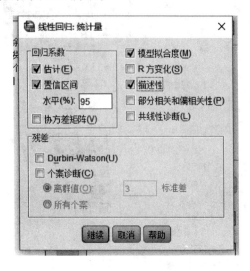

图9.3 统计量对话框

输出结果如表9.1～表9.4所示,需要注意的是,这4个结果在软件输出时是一次输出的,但是每个结果各有其内涵,下面将逐一解读。

表9.1 描述性统计

	均值	标准偏差	N
不良贷款	3.720 0	3.594 56	25
贷款余额	120.268 0	80.346 53	25
应收贷款	9.708 0	6.334 75	25
项目个数	15.08	8.563	25
投资额	58.988 0	40.172 48	25

表9.2 模型汇总(多元)

模型	R	R^2	调整 R^2	标准估计的误差
1	.894[①]	.799	.758	1.767 02

注:①预测变量为(常量)、投资额、应收贷款、项目个数、贷款余额。

表9.3 显著性检验(多元)[①]

模型	平方和	df	均方	F	Sig.
回归	247.652	4	61.913	19.829	.000[②]
残差	62.448	20	3.122		
总计	310.100	24			

注:①因变量为不良贷款。②预测变量为(常量)、投资额、应收贷款、项目个数、贷款余额。

表 9.4 不良贷款多元回归系数[①]

模型	非标准系数		标准系数（试用版）	t	Sig.	B 的 95% 置信区间	
	B	标准误差				下限	上限
（常量）	−.997	.777		−1.283	.214	−2.618	.624
贷款余额	.040	.010	.897	3.872	.001	.019	.062
应收贷款	.149	.078	.262	1.898	.072	−.015	.312
项目个数	.013	.082	.030	.152	.881	−.160	.185
投资额	−.030	.015	−.330	−1.971	.063	−.061	.002

注：① 因变量为不良贷款。

① 表 9.1 给出了各组数据的均值 (Mean)、标准差 (Std. Deviation) 以及样本容量 ($N=25$) 等基本统计信息。

② 表 9.2 给出了多元回归相关系数 $r=0.894$ 和判定系数 $r^2=0.799$，其含义与第 8 章完全相同，表明拟和结果的好坏。

③ 表 9.3 给出了多元回归方程的显著性检验。

对多元线性回归方程做显著性检验就是要明确自变量 $x_1, x_2, \cdots, x_p$ 从整体上对随机变量 y 是否有明显的影响，即检验假设

$$H_0: \beta_1 = \beta_2 = \cdots = \beta_p = 0,$$
$$H_1: \beta_i \neq 0, \quad 1 \leqslant i \leqslant p。$$

如果 H_0 成立，则表明 y 与 $x_1, x_2, \cdots, x_p$ 之间不存在线性关系。

我们知道，观测值 $y_1, y_2, \cdots, y_n$ 之所以有差异，是因为：① y 与 $x_1, x_2, \cdots, x_p$ 之间确有线性关系时，由于 $x_1, x_2, \cdots, x_p$ 取值的不同而引起 $y_i (i=1,2,\cdots,n)$ 值的变化；② 除 y 与 $x_1, x_2, \cdots, x_p$ 的线性关系外的因素，如 $x_1, x_2, \cdots, x_p$ 对 y 的非线性影响以及随机因素的影响等。记 $\bar{y} = \frac{1}{n} \sum_{i=1}^{n} y_i$，则数据的总离差平方和 (SST, Total Sum of Squares) 为

$$\text{SST} = \sum_{i=1}^{n} (y_i - \bar{y})^2。$$

本例中 SST=310.1，反映了数据的波动性大小。

残差平方和 (SSE, Error Sum of Squares) 为

$$\text{SSE} = \sum_{i=1}^{n} (y_i - \hat{y}_i)^2,$$

反映了除 y 与 $x_1, x_2, \cdots, x_p$ 之间的线性关系外的因素引起的数据 $y_1, y_2, \cdots, y_n$ 的波动。若 SSE=0，则每个观测值可由线性关系精确拟合，SSE 越大，观测值和线性拟合值之间的偏差也越大。

回归平方和 (SSR, Regression Sum of Squares) 为

$$\text{SSR} = \sum_{i=1}^{n} (\hat{y}_i - \bar{y})^2,$$

SSR 反映了由变量 $x_1, x_2, \cdots, x_p$ 的变化引起的 $y_1, y_2, \cdots, y_n$ 的波动。若 SSR=0，则每一个拟合值均相当，即 $\hat{y}_i$ 不随 $x_1, x_2, \cdots, x_p$ 而变化，这意味着 $\beta_1 = \beta_2 = \cdots = \beta_p = 0$。利用代数运算和正规方程组可以证明

$$\sum_{i=1}^{n} (y_i - \bar{y})^2 = \sum_{i=1}^{n} (\hat{y}_i - \bar{y})^2 + \sum_{i=1}^{n} (y_i - \hat{y}_i)^2,$$

即

$$\text{SST} = \text{SSR} + \text{SSE}。$$

由此可知 SSR 越大,由线性回归关系所描述的 $y_1,y_2,\cdots,y_n$ 的波动性的比例越大,即 y 与 x_1, $x_2,\cdots,x_p$ 的线性关系越显著,线性模型的拟合效果越好。基于以上 SST 和自由度的分解,可以建立方差分析表,如表 9.5 所示。

表 9.5 方差分析表

方差来源	平方和	自由度	均方差	F 值
SSR	$Y^T(H-\frac{1}{n}J)Y$	p	$\text{MSR}=\frac{\text{SSR}}{p}$	$F=\frac{\text{MSR}}{\text{MSE}}$
SSE	$Y^T(I-H)Y$	$n-p-1$	$\text{MSE}=\frac{\text{SSE}}{n-p-1}$	
SST	$Y^T(I-\frac{1}{n}J)Y$	$n-1$		

与一元线性回归一样,可以用 F 统计量检验回归方程的显著性,也可以用 P 值法(P Value)做检验。F 统计量为

$$F=\frac{\text{MSR}}{\text{MSE}}=\frac{\text{SSR}/p}{\text{SSE}/(n-p-1)}。$$

当 H_0 为真时,$F\sim F(p,n-p-1)$,给定显著性水平 α,查 F 分布表得临界值 $F_\alpha(p,n-p-1)$,计算 F 的观测值 F_0,若 $F_0\leqslant F_\alpha(p,n-p-1)$,则接受 H_0,即在显著性水平 α 之下,认为 y 与 x_1, $x_2,\cdots,x_p$ 的线性关系不显著,当 $F_0\geqslant F_\alpha(p,n-p-1)$ 时,线性关系是显著的。

利用 P 值法做显著性检验十分方便:此处 P 值是 $P(F>F_0)$,表示第一、第二自由度分别为 p、$n-p-1$ 的 F 变量取值大于 F_0 的概率,利用计算机很容易计算出这个概率,很多统计软件(如 SPSS)都给出了检验的 P 值,省去了查分布表的麻烦,对于给定的显著性水平 α,若 $P<\alpha$,则拒绝 H_0,反之,接受 H_0。

如果检验的结果是接受原假设 H_0,则表明:与模型的误差相比,自变量对因变量的影响是不重要的。对应的可能有两种情况:其一是模型的各种误差太大,即使回归自变量对因变量 y 有一定的影响,但相较于误差也不算大,对于这种情况,要想办法缩小误差,如检查是否漏掉了重要的自变量,或检查某些自变量与 y 是否有非线性关系等;其二是自变量对 y 的影响确实很小,此时建立 y 与各自变量的回归方程没有实际意义。

④ 表 9.4 给出了多元回归方程的回归系数及其 t 检验,应注意的是:表 9.4 中的检验与表 9.3 中的检验在多元回归分析中是两种意义完全不同的检验。此时,表 9.3 中的检验(即通常说的 F 检验)只是用来检验总体回归关系的显著性;表 9.4 中的检验(即通常说的 t 检验)则是用来检验各个回归系数的显著性,其检验假设是:对于任意参数 $\beta_i(i=1,2,\cdots,p)$,有

$$H_0:\beta_i=0;\quad H_1:\beta_i\neq 0。$$

如果 H_0 被接受,则表明 y 与 $x_i(i=1,2,\cdots,p)$ 之间不存在线性关系。

根据回归系数可以得到以下方程:

不良贷款 $=-0.997+0.040\times$ 贷款余额 $+0.149\times$ 应收贷款 $+0.013\times$ 项目个数 $-0.030\times$ 投资额。

直接用 P 值检验,β_1 所对应的 P 值小于 0.05,通过检验;其余 3 个系数所对应的 P 值都大于 0.05,未通过检验。当然,变量的取舍还要考虑许多其他因素,需要读者多实践。

第10章 预测分析

【案例导引】

某副食品商店是一家经营肉禽蛋以及海产品的商店,该店成立3年来一直重视产品质量和优质服务,因而获得了消费者的信赖,营业额也不断地增长。为了更好地对商店经营进行规划,需要预测今后一年的营业额,该商店过去3年的营业额数据如表10.1所示。

表10.1 营业额数据表　　　　　　　　　　　　　单位:万元

月份	第一年	第二年	第三年
1月	252	273	264
2月	245	248	270
3月	233	251	214
4月	187	202	218
5月	190	151	163
6月	142	163	169
7月	149	186	199
8月	177	128	130
9月	114	146	154
10月	144	179	185
11月	164	246	250
12月	220	292	146

若想了解第四年商店的营业额,该用怎样的方法进行预测?

上述案例是一个比较常见的预测问题。预测是生活中常见的事情。进行一场比赛,有大量的人会事前参与对比赛结果的预测;天气预报每天都会对未来几天的天气进行预测;经济学家会对未来的经济发展趋势进行预测;政府每年都会对下一年的财政收支进行预算,其实也是一种预测;企业家要对企业未来的经营状况进行预测。

预测是一个比较抽象的概念,统计学一般认为预测是指根据准确、及时、系统、全面的调查统计资料和经济信息,运用统计方法和数学模型,对经济现象未来发展的规模、水平、速度和比例关系的测定。利用科学的方法保持预测的科学性,是本章需要讨论的一个主要问题。

10.1 预测理论概述

未来充满着不确定性,预测这种人类的主观能动活动从遥远的古代就已经开始。由于生产力水平和技术水平的限制,古代的预测活动缺乏相应的理论基础,只是作为一种简单的对未来的预估,用以指导人类的决策。古代"占卜"等活动的盛行也显示出人类对于预测未来的强烈的需求。

预测理论在20世纪得到了飞速发展,出现这一现象有两个主要原因。一是需求的拉动,人类的生活、生产方式在近代发生了巨大变革,需要有关未来的更加准确的预测来指导生活、生产实践;二是近代信息存储和信息处理技术的发展,为人类实现更加精确的预测提供了可能。外力拉动和内力推进促进了预测理论的迅速发展。

预测和决策是密不可分的,预测是决策的基础,决策是预测的目的。因此,预测的水平在很大程度上决定了最终决策的水平。对预测理论的把握和运用在实践中有着重要的作用。

10.1.1 预测的概念和种类

预测是指根据过去和现在的已知因素,运用已有的方法、知识和科学手段,探索人们所关心的事物今后可能的发展趋向,并做出估计和评价,以指导行动的活动过程。预测的四要素:对象、目的、信息和方法。

预测按照预测的对象可以分为社会发展预测、科学预测、技术发展预测、经济预测、市场预测等。

预测按照预测的时期可以分为长期预测、中期预测、近期预测和短期预测等。

预测按照预测结果的属性可以分为定性预测和定量预测。定性预测是指:对于预测的结果,不需要精确到数量的多少,只需给出一个性质描述的结果。例如,对天气概况的预测,晴或者小雨都是定性预测的结果。定量预测是指:对于预测的结果,需要精确到数量的多少,给出一个明确的数量结果。同样是对天气的预测,对气温的预测就是一种定量预测。

10.1.2 预测的程序

预测的程序主要分为以下几个步骤。

第一,确定预测目标。明确预测本身的需求所在:此次的预测是针对什么进行预测,为了解决什么问题,从预测结果中获取什么样的信息,预测需要达到一个什么样的效果,预测需要达到怎样的精确度。

第二,收集预测资料。预测都是建立在信息的基础之上的。为了达到预测的目标,需要针对相关信息进行收集和分析。例如,对未来的数据发展趋势进行预测就需要对历史数据进行收集,并通过初步的分析,采取适当的方法进行预测。

第三,建立预测模型。适当的预测模型是决定最终预测准确度的重要因素。预测模型也是以预测的目标为依据进行选择的。例如,如果只需要达到一个定性的预测目标,则可以相应地采取一些定性的预测方法,如头脑风暴法等;如果需要达到一个定量的预测目标,则需要选择一些定量方法进行预测,如指数平滑法等。模型的复杂程度也会根据目标的精确程度进行调整。

第四,预测实施。预测实施是一个复杂的过程。选定相应的预测模型之后,实施预测。在实际的操作中,很难实现一次预测就达到理想的效果,很有可能需要根据初次预测的结果对模型本身进行修正,通过多次的修正迭代才能达到一个比较理想的效果,这就是预测的实施。

第五,预测结果与评价。预测的结果是整个预测的目标所在。通过预测实施得到的结果,还需要进行分析和评价,才能真正地产生实际指导作用。例如,某地天气预测的结果为大雾,则需要根据大雾的情况给出相应的评价,才能真正地指导实际的生活和生产。

预测的程序如图 10.1 所示。

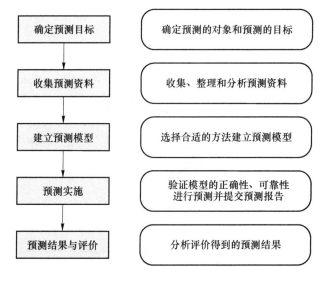

图 10.1 预测的程序示意图

10.2 定性预测法

定性预测法是在缺乏历史数据的条件下,利用专家的经验和专业技能进行预测的方法。常用的定性预测方法包括:头脑风暴预测法(专家会议预测法)、德尔菲法、主观概率预测法、产品生命周期预测法。定性预测法主要应用于宏观的、战略的、长期的、总体的和综合的预测,往往是对事件的发展趋势、发展方向的预测。

定性预测法主要是凭借知识、经验和分析能力,偏重于事物发展性质方面的分析,这类方法适用于:经济政策的演变;市场总体形势的变化;科学技术的发展与应用对市场供求的影响;新技术应用;新市场开拓;企业经营环境分析;企业战略决策方向等。

10.2.1 头脑风暴法

头脑风暴法由美国广告策划人奥斯本(Alex Osborn)在 20 世纪 40 年代首先提出,它采用会议的形式,引导每个参加会议的人围绕某个中心议题,广开思路,激发灵感,毫无顾忌地发表独立见解,并在短时间内从与会者中获得大量的观点。

在群体决策中,由于群体成员心理相互作用影响,易屈于权威或大多数人的意见,形成所谓的"群体思维"。群体思维削弱了群体的批判精神和创造力,损害了决策的质量。为了保证群体决策的创造性,提高决策质量,管理上发展了一系列改善群体决策的方法,头脑风暴法是较为典型的一种方法。

采用头脑风暴法组织群体决策时,要集中有关专家召开专题会议,主持者以明确的方式向所有参与者阐明问题,说明会议的规则,尽力创造融洽轻松的会议气氛。主持者一般不发表意见,以免影响会议的自由气氛,由专家们"自由"提出尽可能多的方案。

由此可以看出,头脑风暴法是一种激发个人创造性思维的方法,它常用于解决问题的方法的前三步:明确问题、原因分类和获得解决问题的创新性方案。针对问题,我们可以应用头脑风暴法来提出所有可能的原因。

1. 头脑风暴法的步骤

头脑风暴法一般分为以下几个步骤。

第一,选定议题。头脑风暴法就是既定的若干专家一起讨论得到一个对于未来状况的预估,选定的议题即为需要解决的目标问题。选定既定的议题也是头脑风暴法能否获得理想效果的一个重要因素。此外,头脑风暴法进行的过程中,不能脱离或者偏离该议题。

第二,选定主持人。主持人和专家一样,也是头脑风暴法中的关键角色。主持人需要激发各个参与的专家独立充分地表达自己的意见,同时保证整个讨论不偏离既定的议题,并且在各个专家发表自己的观点之后对整体的观点进行罗列陈述。但需要注意的是,主持人不参与任何的讨论、评价和决策。

第三,轮流发言。参与的专家们各抒己见,充分陈述自己在该议题上的观点。在轮流发言的过程中,各个参与的专家需要注意几点:独立思考和发言,保持自己的独立性;不能重复已有的观点,可以做适当的延伸;不能对别人的观点进行评价。这样能够保持一个充分平等、自由的发言氛围,保证所有参与的专家都能将自己的观点表达清楚,集思广益。

第四,罗列想法。在这一步中,由主持人将与会的专家们的观点进行罗列。这一步骤不能由与会的专家进行,这是因为与会的专家在阐述他人的观点时难以保证相对的客观和公正。

第五,就方案可行性进行讨论。对于已经提出的方案,与会的专家讨论其可行性,对已有的方案进行筛选。

2. 头脑风暴法的原则

在运用头脑风暴法的过程中,应当注意以下几个原则。

第一,专家的选择要与预测对象相一致。从上述的步骤描述中可以看出,头脑风暴法的最终结论都是来自与会的专家,专家本身对该议题的认知水平一定程度上决定了最终结论和决策的水平。

第二,被挑选的专家最好彼此不认识。在一般的群体决策中,一些人因为身份、地位以及以往的经验等原因,往往会成为群体中的"权威",这种情况必然会影响其他的专家独立思考的结果,而这种情况又是需要得到最佳结论时应避免的情况。头脑风暴法得到理想结果的一个关键在于各个专家能够独立自主地发表自己的意见。专家们在发表自己的意见时尽量不去考虑他人对自己观点的评价,这样就能够保证各位专家独立思考并且表达自己的观点。

第三,讨论中要营造良好的畅所欲言的会议氛围。发言时,其他与会专家和主持人不得以任何形式干扰发言者,同时,发言者不得对已有的观点进行重复和评价。要保证所有专家在发言时都能够畅所欲言,保持一个良好的会议氛围。

3. 优缺点和评价

实践经验表明,头脑风暴法可以排除折中方案,对所讨论问题通过客观、连续的分析,找到一组切实可行的方案,因而头脑风暴法在军事决策和民用决策中得到了较广泛的应用。当然,头脑风暴法也存在一些不足,其优缺点如表10.2所示。

表 10.2　头脑风暴法的优缺点

优点	缺点
便于交流思想和信息,培养感情,增进相互的信任和了解	会议易于受权威的操纵
互相启发,讨论彻底深入,分析问题更全面透彻	受心理因素的影响(不便于当面提出不同意见);受表达能力的影响(不善于在大众面前发表自己的真知灼见)
易于获得正确(准确)的预测结论	当有人夸夸其谈时,浪费时间
时间短	难以有合适的时间

10.2.2 德尔菲法

德尔菲法(Delphi method)是一种结构化的决策支持技术,其目的是在信息收集过程中,通过多位专家的独立的反复主观判断,获得相对客观的信息、意见和见解。德尔菲法实际上是多轮次的专家问卷调查法,一般适用于争论较大的重要问题的预测,具有匿名性、反馈性、收敛性。

调查组通过匿名方式对选定专家组进行多轮意见征询。调查组对每一轮的专家意见进行汇总整理,并将整理过的材料再寄给每位专家,供专家们分析判断,专家在整理后的材料的基础上提出新的论证意见。如此多次反复,意见逐步趋于一致,可得到一个比较一致的并且可靠性较大的结论或方案。

德尔菲法的要点是:被征询意见的专家采用匿名方式发表意见,专家之间不可互相讨论,不发生横向联系。从而避免专家意见向少数影响力大的专家意见趋同。

1. 德尔菲法的程序

德尔菲法的执行可以分为以下几个步骤。

第一,明确问题和目标。根据相应的预测目标提出要求,明确预测目标,用书面形式(问卷调查表)通知选定的专家。问卷调查表要求表达清晰、主题明确、有针对性。选定的专家一般为掌握该特定领域知识和技能的人,人数 8～20 人为宜,过少会影响决策结果的可靠性,过多会使得专家观点难以一致,缺乏效率。

第二,专家预测。专家接到通知(问卷调查表)后,根据自己的知识和经验对需预测的问题提出自己的分析结果,并说明其依据和理由,以书面形式答复主持预测的单位。

第三,归纳整理。主持预测的单位或领导小组对专家的预测意见加以归纳整理,对于不同的预测值,分别说明预测值的依据和理由,然后将新的内容以及更详细的调查表发给各位专家,要求专家修改自己原有的预测,以及提出新的要求。

第四,重复预测直到所有专家的意见趋于一致。专家再次接到问卷调查表后,进行预测,提出自己修改的预测意见及其依据和理由。如此反复征询、归纳、修改,直到所有专家的意见基本一致为止。

2. 德尔菲法的原则

德尔菲法的原则是明确、客观、互不干扰。

第一,问题有针对性。问题不要过分分散,应使各个事件构成一个有机整体,使得专家在评价过程中抓住问题的关键和实质所在。

第二,调查单位应保持中立、客观。调查单位或领导小组的意见不应强加于调查的意见中,防止出现诱导现象,保证专家们在独立的情况下进行预测和分析。

第三,专家组应当是相互匿名的。遵循这一原则的目的仍然是保持专家组的预测独立自主,不能相互交流,也无须考虑其他专家的意见和评价。

3. 德尔菲法的优缺点

德尔菲法的优缺点如表10.3所示。

表10.3 德尔菲法的优缺点

优点	缺点
可以加快预测速度和节约预测费用	对于分地区的顾客群或产品的预测可能不可靠(差异大)
可以获得各种不同但有价值的观点和意见	责任比较分散,程序较烦琐
适用于重大问题的预测和对新产品的预测,在历史资料不足或不可测因素较多时尤为适用	专家的意见有时可能不完整或不切合实际

例10.1 某公司对自身未来的销量情况进行预测,但是,由于缺乏一定的历史数据,决定采取德尔菲法进行预测,所选择的专家预测情况如表10.4所示。

表10.4 专家预测情况

专家编号	第一次判断			第二次判断			第三次判断		
	最低销售量	最可能销售量	最高销售量	最低销售量	最可能销售量	最高销售量	最低销售量	最可能销售量	最高销售量
1	500	750	900	600	750	900	550	750	900
2	200	450	600	300	500	650	400	500	650
3	400	600	800	500	700	800	500	700	800
4	750	900	1 500	600	750	1 500	500	600	1 250
5	100	200	350	220	400	500	300	500	600
6	300	500	750	300	500	750	300	600	750
7	250	300	400	250	400	500	400	500	600
8	260	300	500	350	400	600	370	410	610
平均数	345	500	725	390	550	775	415	570	770

结论一(由平均值预测得出):最后一次判断是综合前几次的反馈做出的,因此在预测时一般以最后一次判断为主。如果按照8位专家第三次判断的平均值计算,则预测这个新产品的平均销售量为

$$\frac{415+570+770}{3}=585。$$

结论二(由加权平均值预测得出):将最可能销售量、最低销售量和最高销售量分别按0.50、0.20和0.30的概率加权平均,则预测平均销售量为

$$570\times0.5+415\times0.2+770\times0.3=599。$$

结论三(由中位数预测得出):用中位数计算,可将第三次判断按预测值高低进行如下排列。

最低销售量:300,370,400,500,550。

最可能销售量：410，500，600，700，750。
最高销售量：600，610，650，750，800，900，1 250。
中间项的计算公式为$(n+1)/2$，其中 n 为项数。

最低销售量的中位数为第三项，即 400；最可能销售量的中位数为第三项，即 600；最高销售量的中位数为第四项，即 750。将最可能销售量、最低销售量和最高销售量分别按 0.50、0.20 和 0.30 的概率加权平均，则预测平均销售量为
$$600 \times 0.5 + 400 \times 0.2 + 750 \times 0.3 = 695。$$

10.2.3 主观概率法

相对来说，德尔菲法能够比较好地使专家们保持独立性，但是仍然有一些因素会对专家们的自主判断造成影响，其中最明显的一种即为"随大流"倾向。专家们会根据自己搜寻到的信息进行相应的判断，因此会有一种跟随主流进行判断的倾向。

为了进一步消除德尔菲法中"随大流"的倾向，可以不要求专家对某一事件的发生做出肯定或否定的回答，而只要求做出概率性的估计。每位专家对某一事件发生的程度做出的概率估计称为主观概率，也称个人概率。

主观概率法就是以若干专家的主观概率的平均值作为某事件发生的概率估计，用公式可表示为
$$\overline{p} = \frac{1}{N} \sum_{i=1}^{N} p_i,$$
其中，p_i 为第 i 个专家判断的主观概率，N 为专家的数量。

例 10.2 请 4 位专家根据目前的市场情况预测某地区来年对手表的需求量，甲预测为 15 万只，乙预测为 12 万只，丙预测为 8 万只，丁预测为 5 万只。一个最有经验并且最了解目前情况的人认为，各位专家的预测均有一定的根据，评定甲的概率为 0.5，乙和丙的概率均为 0.2，丁的概率为 0.1。按这个概率计算来年该地区手表的预测需求量为
$$15 \times 0.5 + 12 \times 0.2 + 8 \times 0.2 + 5 \times 0.1 = 12 \text{ 万只}。$$

10.3 定量预测法

在经营活动中，一些历史积累可以获得许多以往的事实和数据或者同行其他人的数据，利用这些已存在的数据，通过恰当的定量预测方法，就可以进行预测分析。本节将介绍几种简单常用的方法：算术平均法、移动平均法、加权平均法、指数平滑法及线性模型外推法。

10.3.1 算术平均法

算术平均法是一种比较简单的预测方法，其基本内涵在于：过去的平均情况即为未来的发展情况。用数学式表达如下：
$$x_{t+1} = \frac{1}{t} \sum_{i=1}^{t} x_i。$$

用算术平均法进行预测的特点是简单易行、处理方便。这种方法主要适用于对一些变动趋势对象变化不大，且无明显上升和下降趋势的近期预测。

10.3.2 加权平均法

加权平均法实质上是对算术平均法的改进。从算术平均法的表达式来看,算术平均法在对未来进行预测时,以往的各期历史数据的权重是相同的。加权平均法认为,不同时期的历史数据在预测中的权重是不同的,将权重值纳入对未来的预测中,其表达式如下:

$$x_{t+1} = \frac{\sum_{i=1}^{t} x_i \omega_i}{\sum \omega_i},$$

其中,ω_i 为各期历史数据的权重。

从表达式可以看出,不同的权重值分配会对预测的结果产生影响,因此,合理地确定历史数据的权重是加权平均法预测的关键。同时可以看出,预测者对于权重的主观判断会影响预测的结果。

例 10.3 为分析市场占有份额,获得的某竞争对手逐年施工产值如表 10.5 所示,由专家确定各期的权数分别为 1、2、3、4、5。

表 10.5 施工产值历史数据

观察期	第一年	第二年	第三年	第四年	第五年
施工产值/万元	9 100	9 300	9 400	9 700	9 900
预测权数	1	2	3	4	5

根据加权平均法的表达式有

$$X = \frac{9\,100 \times 1 + 9\,300 \times 2 + 9\,400 \times 3 + 9\,700 \times 4 + 9\,900 \times 5}{1+2+3+4+5} = 9\,613.3 \text{ 万元}。$$

10.3.3 移动平均法

移动平均法将预测对象之前 n 期数值的未做加权的算术平均作为预测值,其数学表达式为

$$x_{t+1} = \frac{1}{n} \sum_{i=t-n+1}^{t} x_i。$$

例 10.4 已知某公司在以往的十二年内的销售额,需要预测第十三年的销售额。对历史数据进行移动平均($n=3$),得到的数据如表 10.6 所示,预测值即为最近期的移动平均值。

表 10.6 销售额移动平均预测表

观察期	销售额/万元	移动平均($n=3$)
第一年	100	
第二年	120	133.4
第三年	180	163.3
第四年	190	193.3
第五年	210	200
第六年	200	193.3

续表

观察期	销售额/万元	移动平均($n=3$)
第七年	170	183.3
第八年	180	186.7
第九年	210	206.7
第十年	230	216.7
第十一年	210	223.3
第十二年	230	
第十三年(预测)	223.3	

10.3.4 指数平滑法及其 SPSS 实现

指数平滑法是布朗(Robert G. Brown)提出的,布朗认为时间序列的态势具有稳定性或规则性,所以时间序列可被合理地顺势推延。布朗认为最近的过去态势在某种程度上会持续到最近的未来,所以将较大的权数放在最近的资料。

指数平滑法是生产预测中常用的一种方法,也用于中短期经济发展趋势预测,在所有预测方法中,指数平滑法是用得最多的一种。简单的全期平均法是对时间序列的过去数据全部加以同等利用,移动平均法则不考虑较远期的数据,而指数平滑法兼容了全期平均和移动平均的优点,不舍弃过去的数据,但是仅给予逐渐减弱的影响程度,即随着数据对应时间的远离,赋予逐渐收敛为零的权数。

指数平滑法是在移动平均法的基础上发展起来的一种时间序列分析预测法,它是通过计算指数平滑值,配合一定的时间序列预测模型对现象的未来进行预测。指数平滑法的原理是:任一期的指数平滑值都是本期实际观察值与前一期指数平滑值的加权平均。

指数平滑法的基本原理相对复杂,本节不做赘述,有兴趣的读者可以查阅相关资料。下面介绍指数平滑法的 SPSS 操作。

例 10.5 某公司 2009—2013 年的销售额按季度显示如表 10.7 所示,请用指数平滑法预测 2014 年每个季度的销售额。

表 10.7 销售额的指数平滑预测表　　　　　　　　单位:万元

年份	2009 年	2010 年	2011 年	2012 年	2013 年	2014 年
第 1 季度	254	291.1	304.6	319.5	332.6	?
第 2 季度	292.4	327.6	348.4	361.5	383.5	?
第 3 季度	297.8	321.2	350.8	369.4	383.8	?
第 4 季度	330.3	354.3	374.2	395.2	407.4	?

SPSS 软件实现需要分成 3 步(这很重要,也是与其他操作的不同之处)。

1. 定义变量为时间序列

在 SPSS 软件中打开创建的数据表,把变量定义为时间序列:单击"数据→定义日期",打开定义日期对话框,如图 10.2 和图 10.3 所示,选择"年份、季度",并将年份设为"2009",季度设为"1",单击"确定",此时,输出中只有一个简单的说明,数据已存在数据文件中。

图 10.2 指数平滑法 SPSS 演示图(一)

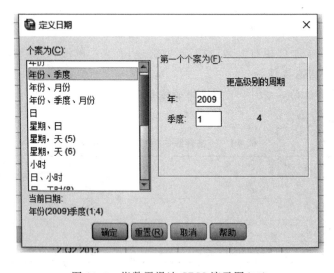

图 10.3 指数平滑法 SPSS 演示图(二)

2. 画趋势图

单击"分析→预测→序列图",打开序列图对话框,如图 10.4 和图 10.5 所示,把变量选入变量框中,单击"确定"即可。

第 10 章　预测分析

图 10.4　指数平滑法 SPSS 演示图（三）

图 10.5　指数平滑法 SPSS 演示图（四）

10.3.5　线性模型外推预测及其 SPSS 实现

线性模型外推预测的原理在于：认为预测对象的变动趋势是线性变动趋势。利用线性模

型来模拟预测对象的趋势,其数学表达式为

$$Y_t = a + bt, \quad t = 1, 2, \cdots, n。$$

下面通过例 10.6 介绍线性模型外推预测的 SPSS 实现。

例 10.6 某公司近几年的销售额如表 10.8 所示,现需要了解销售额变动的线性趋势。

表 10.8 销售额表

年份	销售额/万元
1	510
2	605
3	643
4	712
5	756
6	801
7	850
8	922

创建数据文件,先定义数据,单击"数据→定义日期",选择"年份",在年对应的框内输入"1",如图 10.6 所示;单击"分析→回归→线性",操作如图 10.7 所示,单击"确定"即可得到输出结果。

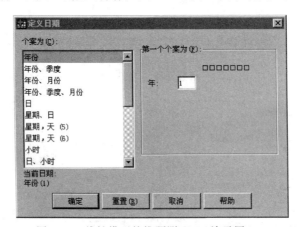

图 10.6 线性模型外推预测 SPSS 演示图(一)

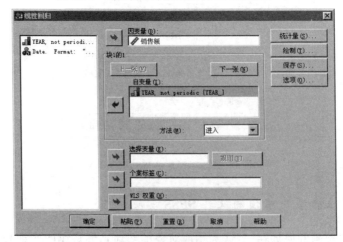

图 10.7 线性模型外推预测 SPSS 演示图(二)

输出结果如表 10.9 所示。

表 10.9 线性模型外推预测输出结果

模型	非标准系数		标准系数(试用版)	t	Sig.
	B	标准误差			
(常量)	477.000	11.263		42.352	.000
年(无周期)	55.083	2.230	.995	24.697	.000

由表 10.9 可以得出该公司销售额的线性预测模型为
$$y = 55t + 477。$$
根据此模型进行趋势外推,预测未来的产品销售额,当 $t=9$ 时,
$$y = 55 \times 9 + 477 = 972 \text{ 万元},$$
从而达到预测的目的。

第3篇 决策与对策篇

  决策在人们的生活中十分常见,每个人每一天都会进行决策。从狭义上讲,决策就是"决定",在日常生活中,人们经常需要做出各种决定,如出门是否需要带雨具,选什么课程,到商店买衣服时,买不买、买什么样式、买什么颜色等问题,都需要及时决定。决策的思想在我国古代已经被很好地应用于战术战略上,能够找出许多"运筹帷幄之中,决胜千里之外"的成功决策案例:三十六计中的"围魏救赵"等策略;战国时的"田忌赛马"中就有了博弈论的思想;宋朝丁渭的"一举三得"修城方案;都江堰的修建者李冰父子提出的"深淘沙,低作堰"的治河方案,至今仍有参考价值。

  管理理论中的决策是广义的。一般来讲,决策(decision making)是一种对已知目标和方案的选择过程,是人们已知需要实现的目标,根据一定的决策准则,在可供选择的方案中做出决策的过程。诺贝尔经济学奖获得者西蒙认为,管理就是决策,他认为决策是对稀有资源备选分配方案进行选择排序的过程。决策的正确与否会给国家、企业、个人带来利益或损失。在企业的经营活动中,经营管理者的决策失误会给企业带来重大的经济损失甚至导致破产。在国际市场的竞争中,一个错误的决策可能会造成严重的损失。随着当代生产和科学技术的不断发展,决策者面对的决策问题越来越复杂,这就要求对不同类型的决策问题,要有一套科学的决策原则、程序和方法,使决策者能够准确、快速地做出判断,完成决策过程。

第11章　确定型决策与不确定型决策

本章在厘清决策基本问题的基础上，对确定型决策与不确定型决策的基本概念和求解方法进行重点讨论，进而通过案例分析，帮助读者更好地掌握该理论的应用技巧。

11.1　决策的基本问题

决策的基本概念及构成要素、决策的基本分类、决策的过程是决策理论的三大基本问题。本节将依次从以上三个方面对决策的基本问题进行阐述。

11.1.1　决策的基本概念及构成要素

所谓决策，是指决策者为了实现预定的目标，根据一定的条件提出各种行动方案，并针对每一种方案在实施中可能面临的客观状态，运用适当的决策准则与方法，比较各方案的优劣，从中选出最优方案或较令人满意的方案加以实施。

由此可见，决策是一个过程，这个过程包括7个要素：决策者、决策目标、决策条件、行动方案、客观状态、决策准则与方法、后果指标，其解释如下所述。

① 决策者：可以是一个人，也可以是若干人（集体）。
② 决策目标：决策者必须有一个预期的、明确的、可量化的目标，目标可以是一个（单目标决策），也可以是多个（多目标决策）。
③ 决策条件：受现实条件的制约。
④ 行动方案：决策者可以控制的行动，至少有两种以上互斥的可行方案。
⑤ 客观状态：决策者所面临的自然条件或客观情况。
⑥ 决策准则与方法：用于比较各个方案及判别其优劣。
⑦ 后果指标：能定量比较各方案优劣的具体尺度。

11.1.2　决策的基本分类

决策问题已经有许多不同的分类方法，本书主要按照决策内容的重要性、决策的结构、决策的性质、对决策对象信息的了解程度这4个标准对决策进行分类。

1. 按决策内容的重要性分类

按内容的重要性可以将决策分为战略决策、战术决策和执行决策。
战略决策是关系着某个组织生存发展的全局性、方向性和根本性的决策。战略决策产生的影响是深远的，对决策系统的各个方面都在较长时间范围内产生影响，如新产品和新市场的开发方向、工厂厂址的选择、科教兴国战略的确立等。

战术决策是为了保证完成战略决策规定的目标而进行的决策,如企业产品规格的选择、工艺方案的制定、厂区的合理布置等。

执行决策是按照战术决策的要求对执行方案的选择,是局部性的、暂时性的决策,如产品合格标准的选择制定、日常生产调度等。

2. 按决策的结构分类

按结构可以将决策分为程序性决策、非程序性决策和半程序性决策。

程序性决策是反复出现、有章可循、有明确判别准则和目标、按一定制度可以反复进行的决策。

非程序性决策一般是无章可循的,没有固定的程序与方法,凭借经验和直觉等进行决策。

半程序性决策介于程序性决策与非程序性决策之间,用于解决一些灰色或模糊管理问题。

3. 按决策的性质分类

按性质可以将决策分为定性决策和定量决策。

当决策对象的有关指标可以量化时,可以采用数学模型来表示的决策称为**定量决策**,反之,则为**定性决策**。定量决策与定性决策均不可少,互为补充。在实际工作中,人们越来越倾向于将定性问题定量化。

4. 按对决策对象信息的了解程度分类

按对决策对象信息的了解程度可以将决策分为确定型决策、不确定型决策和风险型决策。

确定型决策是指对决策对象的信息完全了解,决策环境完全确定,问题的未来发展只有一种确定的结果,决策者可以通过分析各种可行方案所得到的结果,从中选择一个最佳方案。

不确定型决策是指决策问题可能出现若干种情况,但对各种情况发生的概率无法确定或者一无所知,只能凭借主观意向进行决策。例如,开发的新产品可能畅销,也可能滞销,但是并不知道畅销、滞销的概率,需要对是否应该开发新产品进行决策。

风险型决策是指决策问题可能出现若干种情况,但是其发生的概率可以推算或者已知的决策。

将以上分类综合在表 11.1 中,如下所示。

表 11.1 决策的基本分类

标准	具体分类
按决策内容的重要性	战略决策、战术决策、执行决策
按决策的结构	程序性决策、非程序性决策、半程序性决策
按决策的性质	定性决策、定量决策
按对决策对象信息的了解程度	确定型决策、不确定型决策、风险型决策

11.1.3 决策的过程

决策的过程一般分为 4 个步骤,即确定目标、拟订方案、优选方案、执行决策。

① 确定目标。即确定决策的目标,这是决策的首要步骤。此阶段主要包括发现问题、现状调查和制定目标。问题是实际状态与标准或期望状态之间的差距,发现问题则是构成决策

内部动力的前提条件。现状调查是指通过认真细致的调查研究,充分认识问题产生的原因、规律和解决的方法。通过发现问题和现状调查,为决策目标的制定提供充分的客观依据。

② 拟订方案。即建立可行方案,这一过程是科学决策的基础。此阶段主要包括轮廓设想、方案预测和详细设计。轮廓设想是要保证可行方案的齐全与多样性,要求从各种不同的角度和途径,大胆设想各种可行方案。方案预测的任务是对轮廓设想提出的方案进行环境条件、可行性、有效性等方面的预测。详细设计是对可行方案的充实和完善。

③ 优选方案。即方案的评价和选择,这是决策过程的关键步骤。此阶段主要包括方案论证、方案选择和模拟检验。方案论证是对各个决策方案进行可行性研究。方案选择是整个决策过程的中心环节,选择的方法主要有定性分析、经验方法、数学方法和试验方法等,也可以采取集体决策的形式,如投票或打分等形式。模拟检验对于一些缺乏经验又不便运用数学方法进行分析的决策问题显得尤为重要。

④ 执行决策。即方案的实施,这是决策过程的最终阶段。这个过程解决的主要有追踪协调和反馈控制问题。追踪协调在决策方案的实施偏离决策目标时要进行根本性修正,并对目标之间、系统之间、方案之间的不一致现象给予协调和调整。反馈控制是指根据方案实施中主客观情况的变化,及时对决策方案和行为进行修正,以保证决策目标的顺利实现。

11.2 确定型决策

当某一决策者对决策对象的各类信息完全了解,对决策环境完全确定,且该问题的未来发展只有一种确定的结果时,该决策者即可运用确定型决策理论,分析各种可行方案所得到的结果,并从中选择一个最佳方案。

11.2.1 基本概念

在决策论中,广泛采用的决策模型的基本结构是:
$$a_{ij} = G(k_i, \eta_j), \quad i=1,2,\cdots,m; j=1,2,\cdots,n。$$
其中,k_i 为决策者可以控制的因素,称为决策方案;η_j 为决策者不可以控制的因素,称为自然状态;a_{ij} 称为损益值,是 k_i 和 η_j 的函数,三者的关系通常可以用表 11.2 所示的决策表进行表示。

表 11.2 决策表

决策方案	自然状态			
	η_1	η_2	⋯	η_n
k_1	a_{11}	a_{12}	⋯	a_{1n}
k_2	a_{21}	a_{22}	⋯	a_{2n}
⋯	⋯	⋯	⋯	⋯
k_m	a_{m1}	a_{m2}	⋯	a_{mn}

11.2.2 求解方法

下面通过一个案例来介绍确定型决策的求解方法。

例 11.1 某高新科技企业为了更好地研发产品,需要购置一台数控机床,有以下 3 种备选方案。

甲方案:引进国外进口设备,固定成本为 1 000 万元,产品每件可变成本为 12 元。
乙方案:采用较高级的国产设备,固定成本为 800 万元,产品每件可变成本为 15 元。
丙方案:采用一般的国产设备,固定成本为 600 万元,产品每件可变成本为 20 元。
试确定在不同生产规模情况下购置数控机床的最优方案。

解 在一定的生产规模下,各种方案的总成本可以确定。此问题的最优决策就是在不同的生产规模下,选择总成本较低的方案。各方案的总成本线如图 11.1 所示。

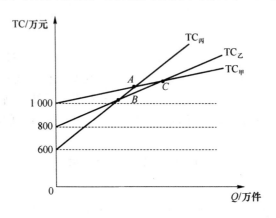

图 11.1 总成本线

$$TC_甲 = F_甲 + Cv_甲 Q = 1\,000 + 12Q,$$
$$TC_乙 = F_乙 + Cv_乙 Q = 800 + 15Q,$$
$$TC_丙 = F_丙 + Cv_丙 Q = 600 + 20Q。$$

图 11.1 中出现了 A、B、C 三个交点,其中 A 点的经济意义是:在 A 点采用甲方案与采用丙方案成本相同,则有

$$TC_甲 = TC_丙,$$
$$F_甲 + Cv_甲 Q_A = F_丙 + Cv_丙 Q_A,$$
$$Q_A = \frac{F_甲 - F_丙}{Cv_丙 - Cv_甲} = \frac{1\,000 - 600}{20 - 12} = 50 \text{ 万件},$$

即当生产规模为 50 万件时,采用甲方案与采用丙方案成本相同。同理,

$$Q_B = \frac{F_乙 - F_丙}{Cv_丙 - Cv_乙} = 40 \text{ 万件},$$
$$Q_C = \frac{F_甲 - F_乙}{Cv_乙 - Cv_甲} = \frac{200}{3} \text{ 万件}。$$

B 点的经济意义是:当生产规模为 40 万件时,采用乙方案和采用丙方案成本相同。C 点的经济意义是:当生产规模为 $\frac{200}{3}$ 万件时,采用甲方案和采用乙方案成本相同。

由图 11.1 可知,当生产规模小于等于 Q_B 时,采用丙方案;当生产规模大于 Q_B 且小于 Q_C 时,采用乙方案;当生产规模大于 Q_C 时,采用甲方案。得到生产规模最优决策方案为:当生产

规模产量小于 40 万件时,采用丙方案;当生产规模产量大于 40 万件且小于 $\frac{200}{3}$ 万件时,采用乙方案;当生产规模产量大于 $\frac{200}{3}$ 万件时,采用甲方案。

通过例 11.1 可以得出:确定型决策是指那些自然状态的集合唯一确定的决策。确定型决策问题应具有以下几个条件:

① 具有决策者希望的一个明确目标(收益最大或者损失最小);
② 只有一个确定的自然状态;
③ 具有两个以上的决策方案;
④ 不同决策方案在确定自然状态下的损益值可以推算出来。

确定型决策看似简单,但在实际工作中当可选择的方案很多时,往往十分复杂。例如,在第 7 章中提到的有 m 个产地和 n 个销地寻求总运费最小的运输问题就是这类问题,有时必须借助于计算机才能解决。

确定型决策的求解方法有很多,如线性规划、动态规划、网络模型等。

11.3 不确定型决策

在不确定型决策中,各种决策环境是不确定的,对于同一个决策问题,用不同的方法求值将得到不同的结论。在现实生活中,对于同一个决策问题,决策者的偏好不同会使得处理问题的方法或准则不同。

不确定型决策问题应具有以下几个条件:

① 具有决策者希望的一个明确目标;
② 具有两个以上不以决策者的意志为转移的自然状态;
③ 具有两个以上的决策方案;
④ 不同决策方案在不同自然状态下的损益值可以推算出来。

解决不确定型决策问题的准则大致可以分为以下 5 种:乐观主义准则、悲观主义准则、折中主义准则、等可能准则、后悔值准则。

11.3.1 乐观主义准则

乐观主义准则也叫作大中取大(max max)准则,持这种准则思想的决策者对事物总抱有乐观和冒险的态度,决策者绝不放弃任何获得最好结果的机会,总是争取以好中之好的态度来选择决策方案。决策时,决策者会依次比较各个方案对各个状态的影响结果,选出其中的最大者,将其记在决策表的最右列,并再次从中选出最大者。

如表 11.3 所示,不同方案收益值的最大值为
$$\max \max(k_i, \eta_j) = \max(7,9,7,8,5) = 9,$$
结果选择方案 k_2。

表 11.3 乐观主义准则决策表

决策方案	自然状态				$\max(k_i, \eta_j)$
	η_1	η_2	η_3	η_4	
k_1	4	5	6	7	7
k_2	2	4	6	9	9*
k_3	5	7	3	5	7
k_4	3	5	6	8	8
k_5	3	5	5	5	5

11.3.2 悲观主义准则

悲观主义准则也叫作小中取大(max min)准则,这种决策方法的思想是对事物抱有悲观和保守的态度,在各种最坏的可能结果中选择最好的。决策时,决策者会选出决策表中各方案对各个状态的结果的最小者,并将其记在表的最右列,再从中选出最大者。

如表 11.4 所示,每个方案最小收益的最大值为

$$\max \min(k_i, \eta_j) = \max(4, 2, 3, 3, 3) = 4,$$

结果选择方案 k_1。

表 11.4 悲观主义准则决策表

决策方案	自然状态				$\max(k_i, \eta_j)$
	η_1	η_2	η_3	η_4	
k_1	4	5	6	7	4*
k_2	2	4	6	9	2
k_3	5	7	3	5	3
k_4	3	5	6	8	3
k_5	3	5	5	5	3

11.3.3 折中主义准则

由于悲观主义准则和乐观主义准则过于极端,因此可采用折中的方法。

折中主义准则也叫作赫尔威斯准则(Harwicz Decision Criterion),这种决策方法的特点是对事物既不乐观冒险,也不悲观保守,而是从中折中平衡,用一个被称为折中系数的 α 来表示,并规定 α∈[0,1],α 为乐观系数,而 1−α 为悲观系数,计算公式如下:

$$CV_i = \alpha \max a_{ij} + (1-\alpha) \min a_{ij}, \quad i=1,2,\cdots,m; j=1,2,\cdots,n.$$

公式的进一步解释:用每个决策方案在各个自然状态下的最大效益值乘以乐观系数 α,再加上最小效益值乘以悲观系数 1−α,然后比较 CV_i,从中选择最大者。

如表 11.5 所示,这里令 α=0.8,则

$$CV_1 = 0.8 \times 7 + 0.2 \times 4 = 6.4,$$
$$CV_2 = 0.8 \times 9 + 0.2 \times 2 = 7.6,$$
$$CV_3 = 0.8 \times 7 + 0.2 \times 3 = 6.2,$$
$$CV_4 = 0.8 \times 8 + 0.2 \times 3 = 7,$$
$$CV_5 = 0.8 \times 5 + 0.2 \times 3 = 4.6,$$
$$\max CV_i = \max(6.4, 7.6, 6.2, 7, 4.6) = 7.6,$$

因此选择方案 k_2。很明显,如果 α 取值不同,则可以得到不同的结果。当情况比较乐观时,α 的取值应大一些;反之,α 的取值应小一些。

表 11.5 折中主义准则决策表

决策方案	自然状态				CV_i
	η_1	η_2	η_3	η_4	
k_1	4	5	6	7	6.4
k_2	2	4	6	9	7.6*
k_3	5	7	3	5	6.2
k_4	3	5	6	8	7
k_5	3	5	5	5	4.6

11.3.4 等可能准则

等可能准则也叫作拉普拉斯准则,它是在 19 世纪由数学家拉普拉斯提出来的。拉普拉斯认为,当决策者无法事先确定每个自然状态出现的概率时,可以把每个状态出现的概率定为 $\frac{1}{n}$,n 是自然状态数,然后按照最大期望值准则进行决策。

如表 11.6 所示,各方案的期望值分别为

$$E(k_1) = \frac{1}{4} \times 4 + \frac{1}{4} \times 5 + \frac{1}{4} \times 6 + \frac{1}{4} \times 7 = 5.5,$$
$$E(k_2) = \frac{1}{4} \times 2 + \frac{1}{4} \times 4 + \frac{1}{4} \times 6 + \frac{1}{4} \times 9 = 5.25,$$
$$E(k_3) = \frac{1}{4} \times 5 + \frac{1}{4} \times 7 + \frac{1}{4} \times 3 + \frac{1}{4} \times 5 = 5,$$
$$E(k_4) = \frac{1}{4} \times 3 + \frac{1}{4} \times 5 + \frac{1}{4} \times 6 + \frac{1}{4} \times 8 = 5.5,$$
$$E(k_5) = \frac{1}{4} \times 3 + \frac{1}{4} \times 5 + \frac{1}{4} \times 5 + \frac{1}{4} \times 5 = 4.5,$$

然后按照最大期望值准则取最优方案。

但是,因为 $E(k_1) = E(k_4) = 5.5$,所以需要再次比较 $D(k_1)$ 和 $D(k_4)$ 的大小,最后取其中较小的,使后悔值尽可能小,则有

$$D(k_1) = E(k_1) - \min a_{1j} = 5.5 - \min(4,5,6,7) = 5.5 - 4 = 1.5,$$
$$D(k_4) = E(k_4) - \min a_{4j} = 5.5 - \min(3,5,6,8) = 5.5 - 3 = 2.5,$$

由于 $D(k_1) < D(k_4)$,因此选择方案 k_1。

表 11.6 等可能准则决策表 ($n=4$)

决策方案	自然状态				$E(k_i)$	$D(k_i)$
	η_1	η_2	η_3	η_4		
	1/4	1/4	1/4	1/4		
k_1	4	5	6	7	<u>5.5</u>	1.5
k_2	2	4	6	9	5.25	
k_3	5	7	3	5	5	
k_4	3	5	6	8	<u>5.5</u>	2.5
k_5	3	5	5	5	4.5	

11.3.5 后悔值准则

后悔值准则也叫作最小机会损失法或 Savage 准则。决策者在制定决策后，如果决策不能符合理想情况，必然有后悔的感觉。这种方法的特点是将每个自然状态 η_j 下的最大收益值（损失矩阵则取最小值）作为该自然状态下的理想目标，并将该状态下的其他值与这个最大收益值相减，所得的差作为未达到理想目标的后悔值，组成后悔值矩阵。

对表 11.7 所示的收益矩阵计算得到表 11.8 所示的后悔矩阵的方法是：在自然状态 η_1 下，最大收益值为 $\max(4,2,5,3,3)=5$，于是 $k_1,k_2,\cdots,k_5$ 的后悔值分别为 $5-4=1,5-2=3,5-5=0,5-3=2,5-3=2$。以此类推，可以得出自然状态 η_2,η_3,η_4 下的后悔值。

在后悔矩阵中把决策方案 $k_1,k_2,\cdots,k_5$ 的最大后悔值找出，并在这些最大后悔值中选择最小值，$\min(2,3,4,2,4)=2$，因此，选择 k_1 或者 k_4。

表 11.7 后悔值准则决策表

决策方案	自然状态			
	η_1	η_2	η_3	η_4
k_1	4	5	<u>6</u>	7
k_2	2	4	6	<u>9</u>
k_3	<u>5</u>	<u>7</u>	3	5
k_4	3	5	6	8
k_5	3	5	5	5

表 11.8 后悔矩阵

决策方案	自然状态			
	η_1	η_2	η_3	η_4
k_1	1	<u>2</u>*	0	2
k_2	<u>3</u>	3	0	0
k_3	0	0	3	<u>4</u>
k_4	<u>2</u>*	2	0	1
k_5	2	2	1	<u>4</u>

11.4 案　　例

在企业的经营实践中,运用确定型决策与不确定型决策理论解决实际问题的成功案例较多。在很多实际问题中,决策者需要通过多种方法收集数据,并对收集到的数据进行整理分析,得到多种备选方案,继而在对备选方案的可行性、成本价值进行求解评估的基础上,确定最终的决策方案。本节将以投标问题为例,介绍理论在实践中的具体应用过程。

在投标问题中,待决策的问题往往有多种可供选择的方案策略;评标的准则是衡量选择方案,包括目的、目标、属性的正确性标准;事件是不为投标者所控制的且客观存在的将要发生的状态;每一事件的发生将会产生某种结果,并获得收益或损失;投标者的价值观会在其中得到充分的体现。因此,投标的方案选择同时具备了不确定性、动态性、多目标性、模糊性、群体性等特征。具体案例如下所述。

某公司是一家自动化系统公司。最近,该公司参与了某地区一家电厂的自动化系统建设项目的招标活动。按照电厂的要求,投标的厂商必须严格按照招标文件中所规定的内容进行投标。在该电厂提供的技术规格书中,只列出了技术指标,没有给出详细的商务预算,也没有明确具体使用的系统,只是推荐使用进口品牌。

本次投标为公开开标,收到招标邀请并通过初审的单位即可进入评标阶段。评标的顺序是:先技术标,后商务标。若技术标没有通过,则直接废标。商务标的评审将在前期技术评审结果的基础上,综合考虑报价和付款条件等因素,从而决定最终中标的公司。

电厂的综合评议评标记分标准由投标设备情况(43分)、投标报价(40分)和投标人综合实力(17分)三部分组成,具体内容如表11.9所示。

表11.9　综合评议评标记分标准

组成部分	标准分	评分项目	评分标准	得分
投标设备情况	43分	系统整体(4分)	系统总体设计合理,系统功能满足标书要求,层次分类清楚(0~4分)	
		系统硬件(22分)	控制系统配置合理,性能先进,技术参数满足标书要求情况(0~5分)	
			CPU模块配置合理,性能先进,技术参数满足标书要求情况(0~13分)	
			I/O配置合理,性能先进,技术参数满足标书要求情况(0~4分)	
		系统软件(7分)	编程方便,语言清晰,技术参数满足标书要求情况(0~3分)	
			系统软件配置合理,性能先进(0~4分)	
		系统网络及通信系统可靠性强、通信速率高(10分)	操作站层面标准、通信速率、冗余配置(0~5分)	
			网络通信情况(0~3分)	
			总线情况(0~2分)	

续 表

组成部分	标准分	评分项目	评分标准	得分
投标报价	40分	投标报价	投标报价等于基础价,得标准分;每高于基础价一个百分点,减0.5分;每低于基础价一个百分点,加0.5分。最大减(加)分为5分	
投标人综合实力	17分	竞争与资源(8分)	同类装置的业绩(0~3分)	
			投标人与制造厂商关系(0~5分)	
		服务与优惠(9分)	工程服务、安装、调试、培训(0~5分)	
			售后服务和承诺(0~2分)	
			优惠条件(0~1分)	
			其他付款方式(0~1分)	

注:投标设备情况中各项标准评定依据以投标人投标文件为准。

对评分标准进行分析可以发现,虽然该评分标准涉及多项细节,但是大体可归为三大组成部分,即技术、商务、投标人实力。从技术角度来看,投标商都是工程公司,可以有几种品牌的设备选择,投标单位和招标单位都有自己的产品偏好和技术偏好,但招标人为了便于日后的运行与管理,希望尽可能地使用可靠的大品牌。从商务角度来看,不同的产品价格不同,且价格与产品的品质是正相关的,因此,需要平衡报价和利润的关系,即需要在保证中标的前提下获得一定的利润,但报价又不能太高,而招标方总是希望能够用到价格实惠又好用的产品。从投标人实力来看,第一项"同类装置的业绩"是不确定的,因为投标人可以利用厂商在此行业的业绩和自身在此行业的业绩,在业绩上各有优势,分值的差别不会很大;而"投标人与制造厂商关系"是一个模糊的概念,是较难判定的。

通过对评分标准的分析可以看出,技术和价格大约各占40%的权重,投标人综合实力约占20%的权重。但从参与竞标的几家公司的状况看,投标人的综合实力的评分应该是差不多的,所以,应从技术和价格的均衡情况来确定方案,这是能够中标的关键因素。公司的技术部门看过技术规格书后,提供了3套可选厂商的设备,且从商务部门获悉,参加投标的外聘评委是在专家库中随机选择的,评委对一套系统的可用性拥有各自的不同见解,有些评委更加注重技术的先进性,有些则更加注重投资的经济性。

由此,使用不确定型决策方法,设决策矩阵中的元素 a_{ij} 为收益值,构造如下数学模型。

方案:A_1=最佳的国产厂商设备;A_2=某日本厂商高端设备;A_3=某德国厂商中端设备。

状态:S_1=评委团更偏重技术方面的要求;S_2=评委团对技术和价格两方面的要求平均;S_3=评委团更偏重价格方面的要求。

投标企业针对方案 A_1,A_2,A_3 和状态 S_1,S_2,S_3 组织了自己的评价小组,对不同状态下的方案进行了评价,如表 11.10 所示。

表 11.10 评委评分表(乐观系数 $\alpha=0.7$)

方案	状态			悲观主义准则	乐观主义准则	折中主义准则	等可能准则
	S_1	S_2	S_3				
A_1	85	90	96	85	96	92.7	90.3
A_2	90	92	94	90	94	92.8	92
A_3	93	94	95	93	95	93.6	94

由状态 S_1, S_2, S_3 和方案 A_1, A_2, A_3 构成矩阵,继而用不确定型决策方法来选择最有利的结果。

悲观主义准则:$u(A_i^*) = \max \min a_{ij} = 93$,应选择方案 A_3。

乐观主义准则:$u(A_i^*) = \max \max a_{ij} = 96$,应选择方案 A_1。

折中主义准则:$u(A_i^*) = \max[\alpha \max a_{ij} + (1-\alpha) \min a_{ij}] = 93.6$,应选择方案 A_3。

等可能准则:$u(A_i^*) = \max u(A_i) = 94$,应选择方案 A_3。

由以上计算结果可以看出,在所运用的 4 种不确定型决策分析方法中,有 3 个分析结果都指向了方案 A_3,所以,该公司使用德国厂商的产品投标会有更大的胜算。

第 12 章　风险型决策及效用理论

本章将对风险型决策与效用理论进行重点讨论,介绍决策的准则和方法,并在系统阐述效用理论的基础上,对决策与效用的关系进行深入探讨。

12.1　风险型决策

风险型决策是指决策者在目标明确的前提下,对客观情况并不完全了解,即存在着决策者无法控制的两种以上的自然状态,但可以对每一种自然状态出现的概率进行大体估计,并可计算出在不同状态下的效益值。

风险型决策问题应具有以下几个条件:
① 具有决策者希望的一个明确目标;
② 具有两个以上不以决策者的意志为转移的自然状态;
③ 具有两个以上的决策方案可供决策者选择;
④ 不同决策方案在不同自然状态下的损益值可以推算出来;
⑤ 不同自然状态出现的概率(即可能性)可以事先计算或者估计出来。

对于风险型决策问题,常用的有三种准则或求解方法:最大可能准则、最大期望值准则、决策树法。

12.1.1　最大可能准则

根据概率论的原理,一个事件的概率越大,其发生的可能性就越大。基于这种想法,在进行风险型决策时,选择一个概率最大的(即可能性最大的)自然状态进行分析,这样就变成了一个确定型决策问题。

例 12.1　某工厂要制订下年度的产品生产批量计划,根据市场调查和市场预测的结果,得到产品市场销路好、中、差 3 种自然状态的概率分别为 0.3、0.5、0.2,工厂采用大批生产、中批生产、小批生产可能得到的收益值也可以计算出来,如表 12.1 所示。现在要求通过决策分析合理地确定生产批量,使企业获得的收益最大。

表 12.1　决策表(最大可能准则)

决策方案	市场销路		
	η_1(好) $p_1=0.3$	η_2(中) $p_1=0.5$	η_3(差) $p_1=0.2$
k_1(大批生产)	20	12	8
k_2(中批生产)	16	16	10
k_3(小批生产)	12	12	12

解 从表 12.1 中可以看出,自然状态的概率中 $p_2=0.5$ 最大,因此产品的市场销路中(η_2)的可能性最大。所以,考虑按照这种市场销路状态进行决策。通过比较可知,企业采取中批生产收益最大,此时收益为 16,故 k_2 是最优决策方案。

最大可能准则有着十分广泛的应用范围,特别是当自然状态中某个状态的概率非常突出,比其他状态的概率大许多时,基于这种准则的决策效果是比较理想的。但是,当自然状态的发生概率很接近且变化不明显时,基于这种准则得到的决策效果往往不太理想,甚至会出现较为严重的错误,此时应采用其他的决策方法,以便做出正确、有效的决策。

12.1.2 最大期望值准则

这里所指的期望值就是概率论中离散型随机变量的数学期望。若随机变量 V 取值为 v_1,$v_2,\cdots,v_n$,其对应的概率为 $p_1,p_2,\cdots,p_n$,则期望值为

$$E(V)=v_1p_1+v_2p_2+\cdots+v_np_n=\sum_{i=1}^{n}v_ip_i。$$

最大期望值准则是把每一个决策方案看作离散型随机变量,然后把对应的数学期望算出来,再予以比较。如果决策目标是收益最大,那么选择 m 个方案中数学期望值最大的方案,即 $E(V^*)=\max E(k_i)(i=1,2,\cdots,m)$,反之,选择数学期望值最小的方案。以例 12.1 来进行说明,计算出每一个决策方案的数学期望值:

$$E(k_1)=0.3\times20+0.5\times12+0.2\times8=13.6,$$
$$E(k_2)=0.3\times16+0.5\times16+0.2\times10=14.8,$$
$$E(k_3)=0.3\times12+0.5\times12+0.2\times12=12,$$

如表 12.2 最后一列所示。

表 12.2 决策表(最大期望值准则)

决策方案	市场销路			$E(k_i)$
	η_1(好)	η_2(中)	η_3(差)	
	$p_1=0.3$	$p_1=0.5$	$p_1=0.2$	
k_1(大批生产)	20	12	8	13.6
k_2(中批生产)	16	16	10	14.8*
k_3(小批生产)	12	12	12	12

通过比较可知,$E(k_2)=14.8$ 为最大,所以选择决策方案 k_2,采用中批生产。

从风险型决策过程中可以看到,风险型决策利用了事件的概率和数学期望进行决策。概率是指一个事件发生可能性的大小,但不一定必然要发生,因此,这种决策准则是要承担一定的风险的。那么,是不是说要对这个决策准则产生怀疑呢? 答案是否定的。因为我们引用了概率统计的原理:在多次进行这种决策的前提下,成功依然是占大多数的。这比直观感觉和主观想象要科学合理得多,因此,最大期望值准则是一种科学有效且常用的决策标准。

12.1.3 决策树法

决策树是决策局面的一种图解表示,决策树的形态类似于树形结构。决策树是由决策点、策略点(事件点)及结果构成的树形图,一般应用于序列决策中,通常以最大收益期望值或者最

低期望成本作为决策准则,通过图解方式,求解在不同条件下各类方案的效益值,然后通过比较做出决策。

决策树法的步骤如下所述。

① 画决策树。对某个风险型决策问题的未来可能情况和可能结果所做的预测,用树形图的形式反映出来。画决策树的过程是从左向右,对未来可能情况进行周密思考和预测,对决策问题逐步进行深入探讨的过程。

② 预测事件发生的概率。概率值的确定可以凭借决策人员的估计或者历史统计资料的推断。估计或推断的准确性十分重要,如果误差较大,就会引起决策失误,从而导致损失。但是要得到一个比较准确的概率数据又可能会支出相应的人力和费用,所以对概率值的确定应根据实际情况来定。

③ 计算损益值。在决策树中由末梢开始从右向左顺序推算,根据损益值和相应的概率值算出每个决策方案的数学期望。如果决策目标是收益最大,那么取数学期望的最大值;如果决策目标是成本最小,那么取数学期望的最小值。

决策树中的符号规范如下所述。

□:决策点,也称树根。从决策点引出的分支叫作方案分支,方案分支即为树枝,n 条分支表示 n 种供选方案。

○:策略点。从策略点引出的分支叫作概率支,每条概率支上注明自然状态和概率,节点上面的数字是该方案的数学期望值。

▽:末梢。末梢旁边的数字是每个方案在相应自然状态下的损益值。

╫:表示经过比较选择此方案被否决,称为剪枝。

例 12.2 某邮电局根据业务预测今后 10 年业务将有所扩展,提出新建、扩建和维持现状 3 个方案。新建方案需投资 500 万元,扩建需投资 200 万元,维持现状则不需要投资。根据预测,在今后 10 年内,业务量大、一般和小的概率及每年的损益情况如表 12.3 所示。试分析应采用哪一种方案。

表 12.3 某邮电局的每年损益情况表   单位:万元

业务量 θ	概率 $p(\theta)$	a_1 对应的损益 $u(a_1,\theta)$	a_2 对应的损益 $u(a_2,\theta)$	a_3 对应的损益 $u(a_3,\theta)$
大	0.6	200	100	20
中	0.2	10	15	20
小	0.2	−100	−50	20

解 设 a_1 为新建,a_2 为扩建,a_3 为维持现状。10 年内某一方案期望纯收入为

$$u(a) = 10 \sum u(a,\theta) p(\theta)。$$

$$u(a_1) = 10 \times (200 \times 0.6 + 10 \times 0.2 - 100 \times 0.2) - 500 = 520 \text{ 万元},$$
$$u(a_2) = 10 \times (100 \times 0.6 + 15 \times 0.2 - 50 \times 0.2) - 200 = 330 \text{ 万元},$$
$$u(a_3) = 10 \times (20 \times 0.6 + 20 \times 0.2 + 20 \times 0.2) = 200 \text{ 万元},$$

因此,应采用 a_1(新建)方案。

决策树方法如图 12.1 所示。

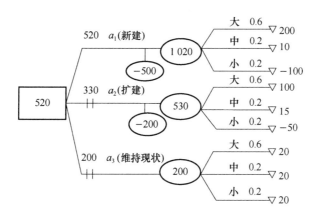

图 12.1 某邮电局决策树

12.1.4 多级决策

例 12.2 中只包括一级决策,通常称为单级决策问题。在许多决策问题中,常常需要根据阶段的不同做出不同的多次决策,这些决策又是相互关联、不可分割的,把包括两级或两级以上的决策的问题称为多级决策问题。下面用案例来说明多级决策问题。

例 12.3 某工厂由于生产工艺落后,产品成本偏高,在产品销售价格高时才能盈利,在产品价格中等时持平,企业无利可图,在产品价格低时,企业要亏损。现在工厂的高级管理人员准备将这项工艺加以改造,用新的生产工艺来代替。新工艺的取得有两条途径:一是自行研制,成功的概率是 0.6;二是购买专利技术,预计谈判成功的概率是 0.8。但不论是研制成功还是谈判成功,企业的生产规模都有两种方案,一是产量不变,二是增加产量。如果研制和谈判均失败,则按照原工艺进行生产,并保持产量不变。

按照市场调查和预测的结果,预计今后几年这种产品价格上涨的概率是 0.4,价格中等的概率是 0.5,价格下跌的概率是 0.1。通过计算得到各种价格对应的收益值,如表 12.4 所示。要求通过决策分析,确定企业选择何种决策方案最为有利。

表 12.4 收益值 单位:百万元

自然状态	方案				
	原工艺生产	购买专利成功		自行研制成功	
		产量不变	增加产量	产量不变	增加产量
价格下跌	−100	−200	−300	−200	−300
价格中等	0	50	50	0	−250
价格上涨	100	150	250	200	600

解 ① 画决策树,如图 12.2 所示。
② 各个节点的收益期望值如下所示。
节点 4 和节点 7:$0.1×(−100)+0.5×0+0.4×100=30$。
节点 8:$0.1×(−200)+0.5×50+0.4×150=65$。
节点 9:$0.1×(−300)+0.5×50+0.4×250=95$。
节点 10:$0.1×(−200)+0.5×0+0.4×200=60$。

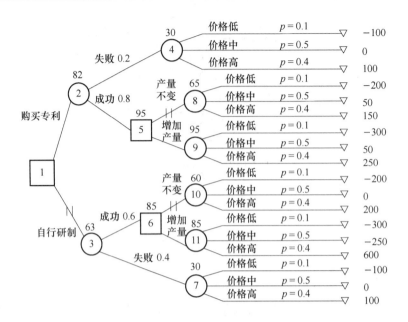

图 12.2 多级决策树

节点 11：$0.1\times(-300)+0.5\times(-250)+0.4\times600=85$。

因为在节点 8 和节点 9 处的损益值有 65＜95，所以节点 5 的产量不变是剪枝方案，即此时的决策是增加产量，从而将节点 9 的损益值移到节点 5。

同理，在节点 10 和节点 11 处的损益值有 60＜85，即此时的决策是增加产量，从而将节点 11 的损益值移到节点 6。

③ 计算节点 2 与节点 3 的损益值。

节点 2：$0.2\times30+0.8\times95=82$。

节点 3：$0.4\times30+0.6\times85=63$。

④ 确定决策方案。由于节点 2 的期望值比节点 3 的大，因此最优决策应是购买专利。

由此，最终可得该多级决策问题的解：购买专利并增加产量（当购买专利成功时），或购买专利并产量不变（当购买专利失败时）。

12.2 效用与决策

效用的概念由贝努利（D. Berneulli）首次提出。凭借自身巨大的理论研究价值与实际应用价值，效用理论得到了国内外学者与实践者的普遍重视。

12.2.1 效用的概念

效用是一种相对的指标值，它的大小表示决策者对风险的态度，对某事物的倾向、偏差等主观因素的强弱程度。

在不同程度的风险下，不同的效益值可能具有相同的价值；在相同程度的风险下，不同决策者的态度可能不同，即相同的效益值在不同决策者心目中的价值可能不同。而效益值在人们心目中的价值被称为这个效益值的效用，用于度量决策者对风险的态度。

一般来说,效用值的取值范围是[0,1]。决策者最看好、最倾向的事物(事件)的效用值可取 1;反之,效用值取 0。当各方案期望值相同时,一般用最大效用值决策准则选择效用值最大的方案。

12.2.2 效用曲线的绘制

在直角坐标系内,以横坐标 x 表示决策方案的效益值,以纵坐标 y 表示效用值,表示某决策者对风险的态度的变化关系的曲线,称为决策者的效用曲线。

确定效用曲线的基本方法有两种:一是直接提问法,需要决策者回答提问,主观衡量,应用较少;二是对比提问法,此法使用较多。

设现有 A_0,A_1 两种方案供选。A_0 表示决策者不需要花费任何风险可获益 x_0,而 A_1 有两种自然状态,以概率 p 获得收益 x_1,以概率 $1-p$ 获得收益 x_2,且 $x_1 > x_0 > x_2$。

用对比提问法来测定决策者的风险效用曲线,有以下提问方式。

① x_0,x_1,x_2 不变,改变 p,问"当 p 为何值时,A_0,A_1 等价"?
② p,x_1,x_2 不变,改变 x_0,问"当 x_0 为何值时,A_0,A_1 等价"?
③ p,x_0,x_2(或 x_1)不变,改变 x_1(或 x_2),问"当 x_1(或 x_2)为何值时,A_0,A_1 等价"?

一般采用改进 V-M 方法,固定 $p=0.5$、x_1 和 x_2,改变 x_0 三次,得出相应的 y 值,确定三点,作效用曲线。

12.2.3 效用曲线的类型

不同决策者对待风险的态度不同,因而会得到不同形状的效用曲线。效用曲线一般可以分为中间型、保守型、风险型、渴望型,其中渴望型又分为保守-冒险型和冒险-保守型两类,如图 12.3 所示。

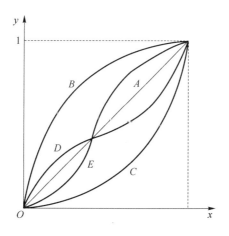

图 12.3 不同类型的效用曲线图

图 12.3 中 A 为中间型,其特点是:收益值和效用值成正比。表明决策者完全按机遇办事,心平气和。

图 12.3 中 B 为保守型,其特点是:当收益值较小时,效用值增加较快,随着收益值的增大,效用值增加速度变慢。表明决策者不求大利、谨慎小心、保守。

图 12.3 中 C 为风险型,其特点是:当收益值较小时,效用值增加缓慢,随着收益值的增

大,效用值增加速度变快。表明决策者对增加收益反应敏感,愿意冒较大风险,谋求大利,不怕冒险。

图 12.3 中 D 和 E 分别为保守-冒险型和冒险-保守型,在这里不再过多解释。

12.2.4 效用决策的应用

运用效用理论进行决策,就是以效用值的大小作为决策标准,效用值最大的方案为最优决策方案。

例 12.4 若某生产决策问题的决策树如图 12.4 所示,其决策者的效用期望值附在效益期望值后,请做出决策。

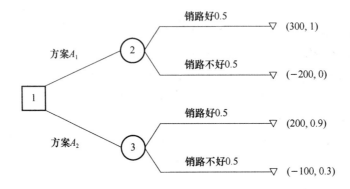

图 12.4 生产决策树

解 效益期望值分别为

$$E(2)=0.5\times300+0.5\times(-200)=50,$$
$$E(3)=0.5\times200+0.5\times(-100)=50,$$

根据最大效益期望值准则,无法判断优劣。

效用值分别为

$$y_1=0.5\times1+0.5\times0=0.5,$$
$$y_2=0.5\times0.9+0.5\times0.3=0.6,$$

方案 A_2 的效用值大于方案 A_1 的效用值,因此选择方案 A_2 为决策方案。

绘制的效用曲线图如图 12.5 所示,由此可知,该决策者偏向于保守型,不求大利,谨慎小心。

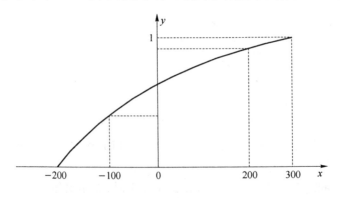

图 12.5 效用曲线图

第 13 章 博弈论初步

当代博弈论涵盖的内容非常广泛,尽管"博弈"一词一般用来指室内游戏,但在博弈论中,应理解为明智的、理性的个人或群体间冲突与合作的情形。特别是在经济环境中,参与者可以以某些方式相互对抗,在另一些方面,参与者也可以通力合作,达到某一同样的结果。本章首先从博弈论的基本概念入手,使读者对博弈分析有一定的定性认识,然后结合案例研究完全信息静态博弈,使读者对博弈论有一个初步的了解。

13.1 博弈论概述

在英语中,"博弈"一词就是"game"(游戏)。说起游戏当然读者都非常熟悉,日常生活中的下棋、打牌,以及田径、球类等各种体育比赛都是游戏,是不同种类、不同形式的游戏。不过,仔细观察就能发现,很多游戏都有一个共同特征,就是所有游戏的参与者都试图"智胜"对手,要智胜对手就需要随机应变,最为重要的是能够预见对手可能采取的行动,事先有所准备,也就是说,游戏参与者彼此的策略是相互依存的。为了说明这一点,以下给出两个示例。

13.1.1 两个示例

1. 石头、剪刀、布

孙悟空和猪八戒护送唐僧去西天取经,一日来到火焰山,方圆百里酷热难当,孙悟空和猪八戒二人必须有一人去寻找淡水,否则唐僧师徒将命丧火焰山。但唐僧师徒经过长途跋涉已非常劳累,在火焰山找水更是难上加难,因而寻找淡水是份苦差事,孙悟空和猪八戒谁都不想承担这份工作,唐僧命令谁去都会引来"凭什么让我去"这样的诘问。一个较好的解决办法就是让唐僧当裁判,孙悟空和猪八戒通过"石头、剪刀、布"来决定胜负,谁输谁去寻找淡水。由于双方赢的概率一样,因此无论谁输,都输得心服口服(不存在耍赖这种情况)。游戏规则如下:孙悟空和猪八戒必须同时出招,谁后出算谁输;石头胜剪刀,剪刀胜布,布胜石头;如果一样,不算输也不算赢,重新来一次。例如,孙悟空出剪刀,猪八戒出布,则孙悟空赢;如果孙悟空和猪八戒都出剪刀,则重新开始游戏。根据以上信息,可以把孙悟空和猪八戒两人可能的策略和输赢列成矩阵形式,如图 13.1 所示。

		猪八戒	
	石头	剪刀	布
孙悟空 石头	未定,未定	休息,找水	找水,休息
剪刀	找水,休息	未定,未定	休息,找水
布	休息,找水	找水,休息	未定,未定

图 13.1 石头、剪刀、布

从这个游戏可以看出,无论孙悟空和猪八戒出什么招,关键都在于他们对对手可能出什么招的"猜测"上。如果孙悟空"猜测"猪八戒可能出石头,孙悟空的最优策略是出布,其他招都属不智;如果孙悟空"猜测"猪八戒可能出剪刀,孙悟空的最优策略是出石头,其他招都属不智;如果孙悟空"猜测"猪八戒可能出布,孙悟空的最优策略是出剪刀,其他招都属不智。同理,对猪八戒而言也是一样的。可以看到,孙悟空采取什么策略关键取决于猪八戒的策略,而猪八戒采取什么策略反过来又取决于孙悟空的策略。对这种情况正规的表述是孙悟空和猪八戒的策略具有相互依存性。

策略依存现象广泛存在于人类社会的方方面面,最极端的情景就是以命相搏的战争,这就是为什么博弈论思想最早产生于战争,并最早运用于战争。从这点(策略依存)来看,战争、阶级冲突、政治斗争、经济竞争甚至生物界的优胜劣汰都与游戏并无二致,这就是博弈论不仅被运用于经济学的研究,还被广泛运用于其他社会科学和自然科学的原因。

2. 鸽派和鹰派

苏联和美国是冷战时期的两个超级军事大国,并长期处于对抗状态。从历史来看,苏联和美国很少出现公开的直接冲突,通常情况下,如果美国强硬,苏联就会采取暂时回避的策略,如果苏联强硬,美国就会主动回避。像古巴导弹危机那样的紧张局面极少出现,即使出现双方都会采取妥协的策略。苏联和美国之间的这种现象可以用一个简单的博弈模型来概括。显然,如果苏联和美国之间发生直接冲突,后果有可能是"同归于尽",因此妥协比一味强硬结果要好。在政治术语中,鸽派通常代表妥协路线,而鹰派通常代表强硬路线。苏联和美国之间的博弈如图 13.2 所示。

图 13.2 鸽派政策和鹰派政策

图 13.2 表明,如果苏联和美国都采取鸽派政策(避免冲突),那么双方得到的利益为零,表示双方相安无事。如果双方都采取鹰派政策,那么必然导致冲突的发生,后果是双方"同归于尽",得到的利益为负的无穷大。如果一方采取鹰派政策,而另一方采取鸽派政策,那么实行鹰派政策的一方可威胁对方从而获得较多的利益,用"+1"表示,实行鸽派政策的一方则失去一部分利益,用"−1"表示。因此,苏联和美国到底采取什么政策,主要取决于彼此认为对方可能采取的政策。如果美国采取鸽派政策,那么苏联的最优反应是表现出强硬立场。如果美国采取鹰派政策,那么苏联的最优策略是退避三舍,采取鸽派政策。上述模型虽然简单,但却真实地反映了冷战时期的本质特征。在图 13.2 中,存在着两个博弈均衡解,它们分别是"苏联鸽派政策,美国鹰派政策"和"苏联鹰派政策,美国鸽派政策",这就为冷战时期美苏两个超级大国主动避免冲突的行为提供了有说服力的解释。

通过以上说明,下面给出博弈论的一个非技术性定义。

博弈论用于研究决策主体的行为发生直接相互作用时的决策以及这种决策的均衡问题,也就是当一个主体,如一个人或一个企业的选择受到其他人、其他企业选择的影响,并且反过来影响其他人、其他企业选择时的决策问题和均衡问题。从这个意义上说,博弈论又称为"对策论"。

从上述定义中可以看出,规定或定义一个博弈需要设定的基本概念包括:参与人、行动、局中人、战略、信息、支付函数、结果、均衡。

① 参与人:博弈中选择行动以最大化自己效用的决策主体(可能是个人,也可能是团体,如国家、企业)。

② 行动:参与人的决策变量。

③ 局中人:在一场竞赛或博弈中,每一个有决策权的参与人都是局中人。只有两个局中人的博弈现象称为"两人博弈",而局中人多于两个的博弈称为"多人博弈"。

④ 战略:参与人选择行动的规则。战略告诉参与人在什么时候选择什么行动(如"人不犯我,我不犯人;人若犯我,我必犯人"是一种战略,其中"犯"与"不犯"是两种不同的行动,战略规定了什么时候选择"犯",什么时候选择"不犯")。

⑤ 信息:指的是参与人在博弈中的知识,特别是有关其他参与人(对手)的特征和行动的知识。

⑥ 支付函数:参与人从博弈中获得的效用水平。支付函数是所有参与人战略或行动的函数,是每个参与人真正关心的部分。

⑦ 结果:博弈分析者感兴趣的要素集合。

⑧ 均衡:所有参与人的最优战略或行动的组合。

上述概念中参与人、行动、结果统称为博弈规则,博弈分析的目的是使用博弈规则决定均衡。

下面再用数学方式表示博弈的定义:

在一个 n 人博弈的标准式表述中,参与者的战略空间为 $S_1, S_2, \cdots, S_n$,收益函数为 $u_1, u_2, \cdots, u_n$,用 $G=\{S_1, S_2, \cdots, S_n; u_1, u_2, \cdots, u_n\}$ 表示此博弈。

13.1.2 博弈论的分类

对博弈论的分类,可以分 3 个角度进行。

第一个角度是博弈者选择的战略,从这个角度可以将博弈分为合作博弈(cooperative game)与非合作博弈(non-cooperative game)。合作博弈与非合作博弈的区别主要在于博弈的当事人之间能否达成一个有约束力的协议。如果有,就是合作博弈;反之,就是非合作博弈。

在非合作博弈中,参与人根据可觉察的自我利益来决策,因为前提假定了他们不能表达自己的意图,包括协议、威胁、许诺等,但一些情况下,他们却能表现出合作的行为,可能达成内生的合作。值得注意的是,在非合作博弈中,强调的重点在于个人行为:每个博弈的参与人会做出什么样的决策,实际上是怎样选择行动的,博弈最可能出现的结果是什么等。

相比之下,合作博弈假定了参与人之间的协议是有完全约束力并能实施的,即合作是外生的,参与人之间是一场无冲突的串谋。相应地,合作博弈中摆在参与人面前的是不同的问题,这时强调的重点在于参与人集体或参与人联盟:参与人会形成什么样的联盟,如何瓜分合作的收益等。在这种环境下,为了证明博弈的某一具体结果是正当的,必须在关于更改的观点中加入一些有关于公平的观点,以使所有参与人都感到公平。简言之,在一定程度上,合作博弈是非合作博弈的一种特例,即串谋和约束过程可以从外部植入博弈规则(或结构)中的情况。

第二个角度是参与人行动的先后顺序,从这个角度可以将博弈分为静态博弈(static game)与动态博弈(dynamic game)。静态博弈是指博弈中参与人同时选择行动,或者虽非同时行动,但行动在后者并不知道行动在先者采取了什么具体行动。动态博弈是指参与人的行动有先后顺序,而且行动在后者可以观察到行动在先者的选择,并据此做出相应的选择。

第三个角度是参与人对其他参与人的了解程度,从这个角度可以将博弈分为完全信息博弈(game of complete information)和不完全信息博弈(game of incomplete information)。完全信息博弈是指,在每个参与人对所有其他参与人(对手)的特征、战略和支付函数都有精确了解的情况下所进行的博弈。如果了解得不够精确,或者不是对所有的参与人都有精确的了解,在这种情况下进行的博弈就是不完全信息博弈。

将后两个角度结合起来就可以得到 4 种不同类型的博弈,以及与这 4 类博弈相对应的 4 个均衡概念,这些反映了 3 位诺贝尔经济学奖得主纳什、泽尔腾和海萨尼在非合作博弈论中的地位,4 种不同类型的博弈如表 13.1 所示。

表 13.1 4 种不同类型的博弈

信息	行动顺序	
	静态	动态
完全信息	完全信息静态博弈 纳什均衡 纳什(1950 年,1951 年)	完全信息动态博弈 子博弈精练纳什均衡 泽尔腾(1965 年)
不完全信息	不完全信息静态博弈 贝叶斯纳什均衡 海萨尼(1967—1968 年)	不完全信息动态博弈 精练贝叶斯纳什均衡 泽尔腾(1975 年)

13.2 完全信息静态博弈的几个经典案例及其应用

在现实生活中,往往会遇到一些具有相互冲突局势的决策问题,此时参与同一决策的决策人有两个或两个以上,他们的利益彼此冲突,通常把这一类含冲突局势的决策问题称为博弈问题。为了解博弈问题,首先举几个博弈问题的例子,观察其特点及共同性质。

纳什1950年确定了非合作博弈的基本解法,即所谓的"均衡点",如今这一概念以"纳什均衡"著称,并解决了以下疑问:是否存在让每个人都认为该结果比其他结果更有可能出现的结果?如果存在,那么这个结果必定是所有人针对其他人预期的行为的最佳反应。

13.2.1 囚徒困境

1950 年,就职于兰德公司的梅里尔·弗拉德(Merrill Flood)和梅尔文·德雷希尔(Melvin Dresher)拟定出相关困境的理论,后来由顾问阿尔伯特·塔克(Albert Tucker)以囚徒方式阐述,并将其命名为"囚徒困境"。

经典的囚徒困境的示例如下所述。警察抓住了两个合伙犯罪的罪犯,但缺乏足够的证据指证他们所犯的罪行,如果其中至少有一人供认犯罪,就能确认罪名成立。为了得到所需的口供,警察将这两名罪犯分别关押以防止他们串供或结成攻守同盟,并给他们同样的选择机会:如果两人都拒不认罪,则他们会被以较轻的妨碍公务罪各判 1 年徒刑;如果两人中有一人坦白认罪,则坦白者从轻处理,立即释放,另一人则将被重判 8 年徒刑;如果两人都坦白认罪,则他们将被各判 5 年徒刑。

如果分别用 -1、-5 和 -8 表示罪犯被判刑 1 年、5 年和 8 年的得益，用 0 表示罪犯被立即释放的得益，则可以用一个特殊的矩阵将这个博弈表示出来，这种矩阵称为得益矩阵，如图 13.3 所示。

		囚徒 2	
		坦白	不坦白
囚徒 1	坦白	$-5,-5$	$0,-8$
	不坦白	$-8,0$	$-1,-1$

图 13.3　囚徒困境

"囚徒 1""囚徒 2"代表本博弈中的两个博弈方，也就是两名罪犯，他们都有"不坦白"和"坦白"两种可选择的策略。因为两个囚徒被隔离开，其中任何一人在选择策略时都不可能知道另一人的选择是什么，因此不管他们决策的时间是否真正相同，都可以把他们的决策看作是同时做出的。矩阵中的每个元素都是由两个数字组成的数组，表示所处行、列代表的两博弈方所选策略的组合下双方的得益，其中第一个数字为选择行策略的囚徒 1 的得益，第二个数字为选择列策略的囚徒 2 的得益。这是一个两博弈方同时有两种相同的可选策略，策略和得益都对称的两博弈方之间的博弈。

现在对该博弈进行一些直接分析。对该博弈中的两个博弈方来讲，各自都有 2 种可选择的策略，因此该博弈共有 4 种可能的结果。在这些结果中，每个博弈方可能取得的最好得益是 0，最坏得益是 -8。根据个体理性行为准则，两个博弈方的目标都是要实现自身的最大利益。那么他们该怎样选择策略？博弈的结果又会如何呢？

首先可以肯定的是，在这个博弈中，两个博弈方各自的利益不仅取决于他们自己的策略选择，还取决于对方的策略选择，是有策略和利益依存关系的典型博弈问题。因此每个博弈方在选择自己的策略时，即使无法知道另一方的实际选择，也不能忽视另一方的选择对自己得益的影响，必须在考虑另一方有两种可能的选择，而且不同的选择对自己的利益影响不同的情况下，做出自己的最佳策略选择。

例如，对囚徒 1 来说，囚徒 2 有"坦白"和"不坦白"两种可能的选择，假设囚徒 2 选择的是"不坦白"，则对于囚徒 1，"不坦白"得益为 -1，"坦白"得益为 0，囚徒 1 应该选择"坦白"（注意根据个体理性的原则，囚徒 1 只是根据自身利益最大的原则行事，不会关心此时另一方会被重判 8 年的问题）；假设囚徒 2 选择的是"坦白"，则囚徒 1"不坦白"得益为 -8，"坦白"得益为 -5，他还是应该选择"坦白"。在本博弈中，无论囚徒 2 采用何种策略，只考虑自身利益的囚徒 1 的选择是唯一的，那就是"坦白"，因为在另一方的两种可能选择对应的情况下，"坦白"给囚徒 1 带来的得益都是最大的，我们可以说"坦白"是囚徒 1 的一个"上策"。

同样地，由于囚徒 2 的情况与囚徒 1 的完全相同，因此囚徒 2 的决策思路和选择也与囚徒 1 的完全相同，囚徒 2 在这个博弈中唯一合理的选择也是"坦白"，或者说"坦白"也是囚徒 2 的"上策"。所以该博弈的最终结果必然是两博弈方同时选择"坦白"策略，同获得益 -5，即都被判 5 年徒刑。

值得注意的是，在这个博弈中，无论是对这两个囚徒的总体来讲，还是对他们各自来讲，最佳的结果都不是同时"坦白"各得到 -5，因为都"不坦白"各得 -1 显然比"坦白"各得 -5 好得多。但是，由于这两个囚徒之间不能串通，并且各人都追求自己的最大利益而不会顾及同伙的利益，双方又都不敢相信或者指望对方有合作精神，因此只能实现对他们都不理想的结果。

由于这种结果具有必然性,很难摆脱,因此这个博弈被称为"囚徒困境"。当然,囚徒困境从社会利益的角度来说是非常理想的结果,因为罪犯都受到了应有的惩罚。但从博弈中两个决策者的立场来说,则是很不理想的结局,因为两决策者从各自的利益最大化出发选择行为,结果既没有实现两人总体的利益最大化,又没有真正实现自身的个体利益最大化。该博弈揭示了个体理性与团体理性之间的矛盾——从个体利益出发的行为往往不能实现团体的最大利益,也揭示了个体理性本身的内在矛盾——从个体利益出发的行为最终不一定能真正实现个体的最大利益,甚至可能得到相当差的结果。

囚徒困境博弈的重要意义在于,类似的情况在社会经济活动中具有很大的普遍性,在市场竞争的各个领域和方面,在资源利用和环境保护以及政治、军事和法律等领域的问题中,都存在类似于囚徒困境的现象。

13.2.2 囚徒困境应用案例

下面以中国市场上国产车企对跨国车企在车型外观上的模仿为例,阐明囚徒困境现象的存在。

跨国汽车厂商 A 为创新厂商,其他厂商为国内模仿厂商,如表 13.2 所示。

表 13.2 车企外观模仿

其他厂商的选择	厂商 A 的选择	
	不进行研发	进行研发
不进行研发	$R_{其他}, R_{厂商A}$	厂商 A 收益:$R_{厂商A}+(1-a)Y_{厂商A}-C_{厂商A}$ 其他厂商收益:$R_{其他}+aY_{厂商A}$
进行研发	厂商 A 收益:$R_{厂商A}+aY_{其他}$ 其他厂商收益:$R_{其他}+(1-a)Y_{其他}-C_{其他}$	厂商 A 收益:$R_{厂商A}+(1-a)Y_{厂商A}-C_{厂商A}+aY_{其他}$ 其他厂商收益:$R_{其他}+(1-a)Y_{其他}-C_{其他}+nY_{厂商A}$

厂商 A 与其他厂商研发与否形成了 4 种组合。

左上组合中,其他厂商和厂商 A 都不进行研发,收益分别为 $R_{其他}$ 和 $R_{厂商A}$。

右上组合中,厂商 A 选择研发,获得了收益 $R_{厂商A}+(1-a)Y_{厂商A}-C_{厂商A}$,其中 $C_{厂商A}$ 为厂商 A 的研发成本,$Y_{厂商A}$ 为厂商 A 研发总收益,$1-a$ 为研发总收益中厂商 A 的占比。而不进行研发的其他厂商却获得收益 $R_{其他}+aY_{厂商A}$,其中 $aY_{厂商A}$ 是厂商 A 的研发被其他厂商"借鉴"带来的收益。

左下组合与右上组合的情况相反。

右下组合中,厂商 A 和其他厂商都进行研发,且相互"借鉴"对方的成果,这时双方收益均为最大。

正常情况下 $0<a<1$,当汽车研发带来的外部性很小时,a 几乎等于 0,那么进行汽车研发的企业将获得研发带来的全部收益,而不进行研发的企业不能获得竞争对手研发带来的收益。

为方便计算,假设 $R_{厂商A}=R_{其他}$,$Y_{厂商A}=Y_{其他}$,$C_{厂商A}=C_{其他}$,则
$$R_{厂商A}+(1-a_1)Y_{厂商A}-C_{厂商A}=R_{其他}+a_1Y_{厂商A},$$
得出结果:$a_1=0.5-C/(2Y)$。

若汽车研发的外部性增大,研发与否的收益没有区别,甚至 $a>0.5-C/(2Y)$,企业就可能放弃研发而单纯"借鉴"竞争对手的成果,博弈的结果只能是支付矩阵左上角的情况,就陷入了"囚徒困境"。此时,"借鉴者"不用在汽车产品外观设计等环节花费太多成本和时间,就能迅速地制造出相似的产品,并利用自己在其他方面的优势压制创新企业。长此以往,创新企业收益亏损,研发能力下降,不愿承担新品研发的风险,最终不仅会使国产市场上汽车同质化和创新匮乏,还会导致国际上针对中国不尊重知识产权的指责增多。

13.2.3 破解囚徒困境的对策分析

在市场经济环境下,这种"囚徒困境"的例子随处可见,为了解开囚徒困境,达到帕累托最优,可以尝试如下改进策略。

合作:将两囚徒的不合作博弈变为合作博弈。如果双方了解得足够,并且合作关系比较牢固,深知对方在任何情况下都不会出卖自己,而且自己也愿意为双方的整体利益承担更大的风险,这时,两人都会选择"不坦白",从而达到帕累托改进的效果。

采用二元收益模型:囚徒困境中将关押时间作为唯一影响决策的变量,可以考虑增加一个变量——经济利益。在合作的情况下,双方的经济利益将得到最大保障,这时,收益函数变为二元的,从而改变了原来的收益矩阵。

变一次性博弈为重复性博弈:当博弈进行多次,并且双方都很清楚地知道还有多次博弈时,双方就会采取合作的态度。当然,如果是有限次博弈,我们不清楚双方将于何时改变合作的态度,变为不合作博弈。当博弈次数不定时,实验结果表明,对博弈者最有利的策略是简单的"针锋相对"策略,即第一回合采取合作策略,后面则视对方策略而改变。如果对方合作,则在下一回合中合作;如果对方背叛,则在下一回合中背叛。

加上赏罚因素:这与道德的形成类似,如果有一个外部监督机制,对采取合作的囚徒给予奖励,对不合作而坦白的囚徒给予惩罚,就能够有效改变收益矩阵的数值。当这种奖励或惩罚达到一定程度时,双方都会选择"不坦白"这一策略,在现实生活中经常会看到这种现象。在社会制度或道德的制约下,企业约束自己的行为从而达到合作博弈的结果。

双方之间能够进行沟通显然是一个改变双方纳什均衡策略的机会,但沟通的结果能否实现还要取决于双方的信任程度。

13.2.4 智猪博弈

在经济博弈论中,"智猪博弈"是一个著名的纳什均衡的例子。假设猪圈里有两头猪,一头大猪,一头小猪,猪圈很长,一端有一踏板,另一端是饲料的出口和食槽。猪每踩一下踏板,另一端就会有相当于10份的猪食进槽,但是踩踏板以后跑到食槽所需要付出的"劳动",加起来要消耗相当于2份的猪食。

问题在于踏板和食槽分置在猪圈的两端,如果有一头猪去踩踏板,另一头猪就有机会抢先吃到另一端落下的食物,踩踏板的猪付出劳动跑到食槽的时候,坐享其成的另一头猪早已吃了不少。

"智猪博弈"的具体情况如下所述。如果两头猪同时踩踏板,同时跑向食槽,大猪吃进7份,得益5份,小猪吃进3份,实得1份;如果大猪踩踏板后跑向食槽,这时小猪抢先,吃进4份,实得4份,大猪吃进6份,付出2份,得益4份;如果大猪等待,小猪踩踏板,大猪先吃,吃进9份,得益9份,小猪吃进1份,但是付出了2份,实得－1份;如果双方都懒得动,所得都是0,如图13.4所示。

		小猪	
		踩踏板	等待
大猪	踩踏板	5,1	4,4
	等待	9,-1	0,0

图 13.4 智猪博弈

利益分配格局决定两头猪的理性选择。小猪踩踏板只能吃到1份,不踩踏板反而能吃到4份,对小猪而言,无论大猪是否踩动踏板,小猪都将选择"搭便车"策略,也就是等在食槽边,这是最好的选择。对大猪而言,由于小猪有"等待"这个优势策略,大猪只剩下两个选择:等待,所得为0;踩踏板,得到4份。所以"等待"就变成了大猪的劣势策略。

在小企业经营中,学会如何"搭便车"是一个精明的职业经理人最为基本的素质。在某些时候,能够注意等待,让其他大企业首先开发市场,是一种明智的选择。

高明的管理者善于利用各种有利的条件来为自己服务。"搭便车"实际上是提供给职业经理人面对每一项花费的另一种选择,对它的留意和研究可以为企业节省很多不必要的费用,从而使企业的管理和发展走上一个新的台阶。这种现象在经济生活中十分常见,却很少为小企业的经理人所熟识。

13.2.5 智猪博弈的应用

微信自2011年1月推出以来,经过爆炸式增长,已成为重要的手机通信软件和人们生活的必备工具。同时,微信对运营商的传统语音、短信和彩信等业务产生了极大的冲击,运营商如何面对成为重要问题。

首先要了解一下OTT。OTT(Over the Top)是通信行业非常流行的一个词语,这个词语来源于篮球等体育运动,是"过顶传球"之意,指的是球类运动员将球在他们的头之上来回传送而到达目的地。在通信行业,OTT指互联网公司越过运营商,发展基于开放互联网的各种视频及数据服务业务,强调服务与物理网络的无关性。互联网企业利用运营商的宽带网络发展自己的业务,如国外的谷歌、苹果、Skype、Netflix,国内的QQ。Netflix网络视频以及各种移动应用商店里的应用都是OTT。不少OTT服务商直接面向用户提供服务和计费,使运营商沦为单纯的"传输管道",根本无法触及管道中传输的巨大价值。

微信是腾讯公司推出的一种OTT,是利用运营商的移动网络或WiFi提供免费即时通信服务的聊天软件。用户可以通过手机、平板计算机、网页快速发送语音、视频、图片和文字。

随着微信在2012年的快速崛起,电信运营商注意到了微信对运营商的传统语音、短信、彩信业务的冲击和信令风暴两方面。

用户通过微信只需少量流量就可实现语音、文字和图片的点对点传送,侵蚀了运营商的传统语音、短信和彩信业务。工业和信息化部数据显示,2015年1—2月国内点对点短信业务量同比下降10.6%,语音每用户平均收入(ARPU)值从2014年同期的33.8元下降到31.1元,这主要是受微信等移动通信服务的替代作用影响。中国移动2014年年报也显示,其语音业务通话分钟的增幅已经下降到7.8%,而短信业务的增幅更是下降到不足3%,除了中国联通和中国电信等竞争对手的抢夺外,这与微信的快速崛起不无关系。

更致命的问题在于,微信因其技术机制要求频繁发出信令,占用大量信令资源,超过了运营商网络的处理能力,引发网络堵塞甚至崩溃,造成无线通话掉线,影响通信安全,从而导致"信令风暴"。微信对信令资源的占用更多地体现在 2G 和 2.5G 网络,中国移动内部数据显示,微信业务为中国移动带来 10% 的数据流量业务,却占用了中国移动 60% 的信令资源。

运营商是否向微信收费的问题,可以利用智猪博弈模型进行分析。

运营商向微信收费之争,其实就是运营商和腾讯之间关于微信收费问题的博弈。运营商可以选择向腾讯收费或不收费,腾讯也可以选择向运营商支付费用或不支付费用。假设在双方维持现有不收费的情况下,运营商收益为 a,腾讯收益为 b;如果运营商不要求腾讯支付费用,而腾讯愿意主动支付费用 c,则运营商收益为 $a+c$,腾讯收益为 $b-c$;如果运营商要求腾讯支付费用 d,但腾讯不愿意支付,则微信无法正常使用,运营商收益为 e,腾讯收益为 f;如果运营商要求腾讯支付费用 d,且腾讯也愿意支付,则运营商收益为 $a+d$,腾讯收益为 $b-d$,如图 13.5 所示。

		腾讯	
		支付费用	不支付费用
运营商	不收费	$a+c, b-c$	a, b
	收费	$a+d, b-d$	e, f

图 13.5　收费模型

在以上模型中,如果运营商要求腾讯支付费用而腾讯不支付,则微信无法正常使用,双方总体收益均小于现状,即 $e<a, f<b$。同时可以认为,运营商要求腾讯支付的费用 d 大于腾讯主动支付的费用,即 $d>c$。另外,在微信商业模式仍不清晰的前提下,运营商要求腾讯支付费用 d,腾讯选择支付费用后的收益小于选择不支付费用的收益,即 $b-d<f$。由此可见,该模型即智猪博弈模型,运营商是移动网络的运营者,是大猪,腾讯是 OTT 企业,是小猪,不论运营商收不收费,腾讯都选择不支付费用。于是,不支付费用是腾讯的占优策略,如果腾讯选择不支付费用,则运营商会选择不收费。因此,(不收费,不支付费用)就是该博弈的纳什均衡。

通过上述分析,在微信是否收费的问题上,腾讯和运营商之间达成了均衡,即运营商不向腾讯收费,腾讯也不向运营商支付费用。运营商(尤其是中国移动)必须承担大猪的角色,负责通信网络的建设与运营,一方面不断发展自身业务,另一方面带动腾讯等 OTT 企业相关业务的发展。腾讯作为小猪,可以大胆利用运营商的网络"搭便车"发展微信等 OTT 业务。

13.2.6　智猪博弈带给企业的启示

在生产实战中,大企业可看作大猪,中小企业可看作小猪,控制按钮可以比作技术创新,能够给企业带来收益。大企业资金雄厚,生产力大,有更多的能力进行技术创新,推出新产品后可以迅速占领市场获得高额利润,而中小企业的最优选择就是等待,等大企业技术创新后,跟在大企业后抢占市场份额,从这种创新中获得利益。

员工和企业之间也是一个"智猪博弈"过程。员工可看作大猪,员工有两种选择,努力工作或者消磨时间,如果员工努力工作,那么企业和员工都受益,如果员工敷衍工作,那么最终会被企业辞退。员工只有行动才会受益,不行动则不受益或者受损。而企业可以选择物质奖励,也可以选择说教等待,若选择物质奖励企业必先拿出部分资金作为奖励品,显然收益为负,选择说教等待则不受损,即使辞退员工也有人填补空缺,让员工有危机感反而会促进员工的积极性。所以,聪明的员工会选择努力工作引起领导注意而得到加薪。

当然,也不要觉得做"小猪"没有发展,"智猪博弈"是给竞争中的弱者以等待为最佳策略的启发。

13.3 纳什均衡

通过 13.1 节和 13.2 节的示例和分析可以看出,各示例中都存在一个或多个博弈双方能自觉遵守的策略组合(strategy profile),这个策略组合在没有外界督促下能自行选择,直到外界条件发生变化,这个策略组合通常就是纳什均衡(Nash equilibrium),又称非合作博弈均衡,是博弈论中的一个重要术语。

13.3.1 纳什均衡的定义

纳什均衡是一种策略组合,使得每个参与人的策略是对其他参与人策略的最优反应。

一个技术而非数学的定义是:假设有 n 个局中人参与博弈,如果某情况下无一参与者可以独自行动而增加收益(即为了自身利益的最大化,没有任何单独的一方愿意改变其策略),则此策略组合被称为纳什均衡。所有局中人的策略构成一个策略组合。从实质上说,纳什均衡是一种非合作博弈状态。

纳什均衡达成时,并不意味着博弈双方都处于不动的状态,在顺序博弈中这个均衡是在博弈者连续的动作与反应中达成的。纳什均衡也不意味着博弈双方达到了一个整体的最优状态,需要注意的是,只有最优策略才可以达成纳什均衡,严格劣势策略不可能成为最佳对策,而弱优势和弱劣势策略是有可能达成纳什均衡的。在一个博弈中可能有一个以上的纳什均衡,而囚徒困境中有且只有一个纳什均衡。

在数学上,纳什均衡的定义为:在博弈 $G=\{S_1,\cdots,S_n:u_1,\cdots,u_n\}$ 中,如果在由各个博弈方的某个策略组成的某个策略组合 $(s_1^*,\cdots,s_n^*)$ 中,任一博弈方 i 的策略 s_i^* 都是对其余博弈方策略的组合 $(s_1^*,\cdots,s_{i-1}^*,s_{i+1}^*,\cdots,s_n^*)$ 的最佳对策,即 $u_i(s_1^*,\cdots,s_{i-1}^*,s_i^*,s_{i+1}^*,\cdots,s_n^*) \geqslant u_i(s_1^*,\cdots,s_{i-1}^*,s_{ij},s_{i+1}^*,\cdots,s_n^*)$ 对任意 $s_{ij}\in S_i$ 都成立,则称 $(s_1^*,\cdots,s_n^*)$ 为 G 的一个纳什均衡。

13.3.2 纳什均衡里的哲学思想分析

在经济上,所谓纳什均衡,指的是参与人的这样一种策略组合:在该策略组合中,任何参与人单独改变策略都不会得到好处。换句话说,如果在一个策略组合中,当所有其他人都不改变策略时,没有人会改变自己的策略,则该策略组合是一个纳什均衡。

纳什均衡也可以从另一个角度来理解。假设博弈中的所有参与人事先达成一项协议,规定每个人的行为规则,那么,在没有外在的强制力约束时,当事人是否会自觉地遵守这个协议?或者说,这个协议是否可以自动实施?若当事人会自觉遵守这个协议,则说明这个协议构成一个纳什均衡,在别人遵守协议的情况下,没有人有积极性偏离协议规定的自己的行为规则。换句话说,如果一个协议不构成纳什均衡,它就不可能自动实施,因为至少有一个参与人会违背这个协议,不满足纳什均衡要求的协议是没有意义的。这就是纳什均衡的哲学思想。

13.3.3 求纳什均衡解的划线法

求纳什均衡解通常有以下几种方法：上策均衡、严格下策反复消去法、箭头法、划线法。本节重点讲解划线法，其他的方法读者可参考博弈论相关书籍。

下面以囚徒困境为例对划线法进行应用。

通过在每个博弈方对其他博弈方每个策略或策略组合的最佳对策对应的得益下划线，分析博弈的方法称为"划线法"。如果对囚徒困境博弈运用划线法，则可以在囚徒 1 针对囚徒 2 坦白、不坦白两种策略的最佳对策（都是坦白）分别给囚徒 1 带来的得益 -5 和 0 下划短线，同样在囚徒 2 针对囚徒 1 坦白、不坦白两种策略的最佳对策（也都是坦白）给囚徒 2 带来的得益 -5 和 0 下划短线，从而得到图 13.6。

		囚徒 2	
		坦白	不坦白
囚徒 1	坦白	$\underline{-5},\underline{-5}$	$\underline{0},-8$
	不坦白	$-8,\underline{0}$	$-1,-1$

图 13.6　用划线法分析囚徒困境

在图 13.6 所示的得益矩阵的 4 个得益数组中，只有策略组合（坦白，坦白）对应的得益数组 $(-5,-5)$ 的两数字下都划有短线，其他 3 个策略组合的得益数组中最多只有一个数字下有短线，意味着只有（坦白，坦白）满足"双方的策略互相是对对方策略的最佳对策"，而且是唯一具有这种性质的策略组合。因此，（坦白，坦白）是该博弈唯一具有稳定性的策略组合，基本上就是该博弈的结果。这也与以前的分析结论相同。

划线法是一种非常简便的博弈分析方法，由于划线法以策略之间的相对优劣关系为基础，因此在分析用得益矩阵表示的博弈问题时具有普遍适用性。当然，这并不意味着每个用得益矩阵表示的博弈都可以用划线法求出确定性的博弈结果，是否能得到确定性的结论依赖于具体的博弈是否存在上述博弈中那种唯一的每个数字下都划有短线的得益数组。

13.4　无限策略博弈分析和反应函数

古诺（Cournot）1838 年提出的寡头市场模型是博弈论的经典例子。古诺模型是寡头的产量决策模型，对该模型的博弈研究是产业组织理论的重要基础。

13.4.1　古诺模型

为了便于分析，这里以两厂商连续变量的古诺模型为例，讨论无限策略博弈的纳什均衡求解方法。

设一市场有厂商 1、厂商 2 两家厂商，它们生产同样的产品。如果厂商 1 的产量为 q_1，厂商 2 的产量为 q_2，则市场总产量为 $Q=q_1+q_2$。设市场出清价格 P（可以将产品全部卖出去的价格）是市场总产量的函数：$P=P(Q)=8-Q$。再设两厂商的生产都无固定成本，且每增加一单位产量的边际成本相等，$c_1=c_2=2$，即它们分别生产 q_1 和 q_2 单位产品的总成本分别为 $2q_1$ 和 $2q_2$。最后强调两厂商同时决定各自的产量，即二者在决策之前都不知道另一方的产量。

在上述问题构成的博弈中,博弈方为厂商 1 和厂商 2,两博弈方的策略空间就是其可以选择的产量。由于假设产量是连续可分的,因此两厂商都有无限多种可选策略,即便受生产能力的限制二者的产量都是有上限的。该博弈中两博弈方的得益自然是两厂商各自的利润,即各自的销售收益减去各自的成本,根据设定的情况,两厂商的利润分别为

$$u_1 = q_1 P - c_1 q_1 = q_1 [8 - (q_1 + q_2)] - 2q_1 = 6q_1 - q_1 q_2 - q_1^2$$

和

$$u_2 = q_2 P - c_2 q_2 = q_2 [8 - (q_1 + q_2)] - 2q_2 = 6q_2 - q_1 q_2 - q_2^2,$$

容易看出,两博弈方的得益(利润)都取决于双方的策略(产量)。

虽然本博弈中两博弈方都有无限多种可选策略,无法用得益矩阵表示该博弈,但纳什均衡的概念还是适用的,即只要两博弈方的一个策略组合(q_1^*, q_2^*)满足"q_1^* 和 q_2^* 互相是对对方策略的最佳对策",就构成一个纳什均衡。如果可证实该策略组合是该博弈唯一的纳什均衡,则它一般也是博弈的结果,即可以预言理性的博弈方(厂商)分别将选择的产量。

怎样才能找出这个博弈的纳什均衡策略组合呢?事实上,在这个博弈中可以直接根据纳什均衡的定义求纳什均衡策略组合。根据纳什均衡的定义可知,纳什均衡就是具有互相是最优对策性质的各博弈方策略组成的策略组合,因此,如果假设策略组合(q_1^*, q_2^*)是本博弈的纳什均衡,那么(q_1^*, q_2^*)必须是最大值问题

$$\begin{cases} \max(6q_1 - q_1 q_2 - q_1^2) \\ \max(6q_2 - q_1 q_2 - q_2^2) \end{cases}$$

的解。

上述求最大值的两个式子都是各自变量的二次式,且二次项的系数都小于 0,因此 q_1^*, q_2^* 只要能使两式各自对 q_1, q_2 的导数为 0,就一定能实现两式的最大值。设 $u_1 = 6q_1 - q_1 q_2 - q_1^2$, $u_2 = 6q_2 - q_1 q_2 - q_2^2$,则 $\frac{\partial u_1}{\partial q_1} = 6 - q_2 - 2q_1$, $\frac{\partial u_2}{\partial q_2} = 6 - q_1 - 2q_2$。令

$$\begin{cases} 6 - q_2^* - 2q_1^* = 0, \\ 6 - q_1^* - 2q_2^* = 0, \end{cases}$$

解得该方程组的唯一一组解为 $q_1^* = q_2^* = 2$,因此,策略组合(2,2)是本博弈唯一的纳什均衡,也是本博弈的结果。根据上述分析,模型中同时独立做出产量决策且以自身最大利益为目标的两厂商,都会选择生产 2 单位产量,最终市场总产量为 $2+2=4$,市场价格为 $8-4=4$,双方各自得益(利润)$2\times(8-4)-2\times2=4$,两厂商利润总和为 $4+4=8$。至此,古诺模型给出了两个厂商各自选择的最佳组合策略。

13.4.2 纳什均衡不是整体效率最高

如果想对上述博弈结果进行效率评价,可以再从两厂商总体利益最大化的角度做一次产量选择。首先根据市场条件求实现总得益(总利润)最大的总产量。

设总产量为 Q,则整个市场总得益为

$$U = QP - CQ = Q(8-Q) - 2Q = 6Q - Q^2,$$

求导得

$$\frac{dU}{dQ} = 6 - 2Q,$$

令 $\dfrac{\mathrm{d}U}{\mathrm{d}Q}=0$,得 $Q^*=3$,代入总得益函数得 $Q^*=P$。

因此,使得总得益最大的总产量 $Q^*=3$,最大总得益 $U^*=9$。

将此结果与两厂商独立决策,追求自身利益而不是共同利益最大化时的博弈结果进行对比,不难发现此时总产量较小,而总利润却较高。因此从两厂商的总体来看,根据总体利益最大化确定产量效率更高。

换句话说,如果两厂商更多地考虑合作,联合起来决定产量,先确定使总利益最大的产量,再各自生产一半(1.5 单位产量),则各自可分享到的利益为 4.5,这时,产量可适当减少,而利益却增加,比只考虑自身利益的独立决策行为得到的利益要高。然而,这个策略组合不是纳什均衡,即它不被任何一家企业接受。

在独立决策、缺乏协调机制的两个企业之间,上述合作的结果并不容易实现,即使实现了也往往是不稳定的。合作难以实现或维持的原因主要在于,各生产一半实现最大总利润的总产量的策略组合(1.5,1.5)不是该博弈的纳什均衡策略组合。

究其原因,在这个策略组合下,双方都可以通过独自改变(增加)自己的产量而得到更高的利润,双方都有突破 1.5 单位产量的冲动。在缺乏有强制作用的协议等保障手段的情况下,这种冲动使得维持上述较低水平的产量组合是不可能的,两厂商早晚都会增产,只有达到纳什均衡的产量水平(2,2)时才会稳定下来,因为只有这时候任一厂商单独改变产量才不利于自己。这实际上也是一种典型的"囚徒困境"。

具体分析如下:如果将不突破限额和突破限额作为厂商面临的选择,则将构成图 13.7 中得益矩阵表示的博弈。不难看出图 13.7 所示的博弈是一个囚徒困境博弈。

		厂商 2	
		不突破	突破
厂商 1	不突破	4.5,4.5	3.75,5
	突破	5,3.75	4,4

图 13.7 两寡头间的囚徒困境

根据划线法可知,此博弈的纳什均衡策略组合是(2,2)。上述两寡头产量博弈只是古诺模型中比较简单的一个特例,更一般的古诺模型可以是包括 n 个寡头的寡占市场产量决策,市场出清价格与市场总产量的函数关系 $P=P(Q)$ 也可以更复杂,每个厂商的成本也可以变化或不同,但不论这些因素如何变化,分析的思路与上述两寡头古诺模型都是相似的,只不过是纳什均衡的产量组合将变成 n 个偏微分为 0 的联立方程组的解。一般的古诺模型是一种多个博弈方之间的囚徒困境,纳什均衡策略组合不是能真正使各厂商实现最大利润的产量组合。

产量博弈的古诺模型是一种囚徒困境,无法实现博弈方总体和各个博弈方各自最大利益的结论,对于市场经济的组织、管理,产业组织和社会经济制度的效率判断都具有非常重要的意义。此类博弈说明了自由竞争的经济同样存在低效率问题,放任自流也不是最好的政策,此后遇到的其他博弈模型也能证明这一点。这些结论说明了对市场的管理、政府对市场的调控和监管都是必须的。

古诺模型在现实经济中最好的案例之一是 20 世纪八九十年代国际经济中石油输出国组织的限额和突破问题。石油输出国组织成员国已知各自为政、自定产量的博弈结果肯定是使油价下跌、利润受损,因此有共同磋商制定产量限额以维持油价的意愿。但一旦规定各国的生产限额且按照这个限额生产时,每个成员国都会发现,如果其他国家都遵守限额而只有自己超产,则自己将获得更多的利润,并且当只有一国超产时,油价不会下跌很多,所以其他国家只是普遍受少量损失;反过来,如果其他国家都超产而只有自己遵守限额,那么自己会受很大的损失。因此各个成员国在本位利益的驱使下,都会希望利用其他国家遵守限额的机会自己偷偷超产,独享较多的利益,最终的结果是各国普遍突破限额,限产计划破产,油价严重下跌,各国都只能得到不是最满意的纳什均衡的利润。这是石油输出国组织成员国曾经遇到的实际情况。当然,现在由于产油国、产油地区政治、军事方面的不稳定因素以及石油需求的变化等,情况已经发生了变化,油价已经涨得过高。

我国也有许多古诺模型的例子。例如,我国钢铁企业竞相突破政府制定的产量限额的竞争,其实也是类似于上述模型的博弈规律在起作用。

13.4.3 反应函数

古诺模型的纳什均衡也可以通过对划线法思路的推广来求。划线法的思路是先找出每个博弈方针对其他博弈方所有策略(或策略组合)的最佳对策,再找出相互构成最佳对策的各博弈方策略组成的策略组合,也就是博弈的纳什均衡。在无限策略的古诺模型中,这样的思路实际上也是可行的,只是其他博弈方的策略有无限多种,因此各个博弈方的最佳对策也有无限多种,它们之间往往构成一种连续函数关系。

在两寡头古诺模型中,针对厂商 2 的任意产量 q_2,厂商 1 的最佳对策产量 q_1 就是使自己在厂商 2 生产 q_2 的情况下利润最大化的产量,即 q_1 是最大化问题

$$\max u_1 = \max(6q_1 - q_1 q_2 - q_2^2)$$

的解。

令 u_1 对 q_1 的导数等于 0,不难求出 $q_1 = R_1(q_2) = 0.5(6 - q_2)$,这样便得到了对于厂商 2 的每一个可能的产量,厂商 1 的最佳对策产量的计算公式,它是关于厂商 2 产量的一个连续函数,称这个连续函数为厂商 1 对厂商 2 产量的"反应函数"(reaction function)。

利用同样的方法,可再求出厂商 2 对厂商 1 产量 q_1 的反应函数:

$$q_2 = R_2(q_1) = 0.5(6 - q_1)。$$

由于这两个反应函数都是连续的线性函数,因此可以用坐标平面上的两条直线表示,如图 13.8 所示。

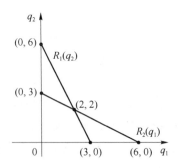

图 13.8 古诺模型的反应函数

从图 13.8 中可以看出,当一方的产量为 0 时,另一方的最佳反应为 3,这正是实现市场总利益最大的产量,因为这时候相当于由一家厂商垄断市场,市场总体利益就是该厂商的利益。

当一方的产量达到 6 时,另一方被迫选择 0,因为这时后者坚持生产已经无利可图。在两个反应函数对应的两条直线上,只有古诺模型的反应函数的交点(2,2)代表的产量组合才是由相互对对方的最佳反应产量构成的,$R_1(q_2)$ 上的其他所有点 (q_1,q_2) 只有 q_1 是对 q_2 的最佳反应,q_2 不是对 q_1 的最佳反应,而 $R_2(q_1)$ 上的点则刚好相反。根据纳什均衡的定义,(2,2)是该古诺模型的纳什均衡,并且由于它是唯一的一个,因此应该是该博弈的结果。这个结论与前面直接根据纳什均衡定义得到的完全一样。

对于一个一般的博弈,只要得益是策略的多元连续函数,就可以求每个博弈方针对其他博弈方策略的最佳反应构成的函数,也就是反应函数,而解出的各个博弈方反应函数的交点就是纳什均衡。这种利用反应函数求博弈的纳什均衡的方法就是"反应函数法"。

反应函数法的概念和思路非常简洁明了,它解决了分析一般的具有无限多种策略,有连续策略空间的博弈模型,或者有离散的大量策略,可以看作有连续策略空间的博弈模型的问题,因此反应函数法在博弈分析中非常有用。但这并不是说有了反应函数的概念,就可以解决所有博弈的分析,或者分析出所有博弈的最终结果。因为在许多博弈中,博弈方的策略是很有限的,更不是连续的,博弈方的得益函数并不是连续的可导函数,所以无法用先求导数找出各个博弈方的反应函数再解联立方程组的方法求纳什均衡,到目前为止,所介绍的反应函数法在分析这样的博弈时不能发挥作用。此外,即使讨论的博弈问题中各博弈方的得益函数可以求导,可以得出各个博弈方的反应函数,也并不意味着反应函数法一定能完全解决这些博弈,因为在有些博弈问题中,各个博弈方的得益函数比较复杂,因而各自的反应函数也比较复杂,并不总是能够保证各个博弈方的反应函数对应的曲线有交点,特别是不能保证有唯一的交点。

第 14 章 动态博弈分析

在静态博弈中,所有参与人同时行动(或行动虽有先后,但没有人在自己行动之前观察到别人的行动)。现实中的许多决策活动往往是依次选择行为而不是同时选择行为,而且后选择行为者能够看到先选择行为者的选择内容,如商业活动中的讨价还价、拍卖活动中的轮流竞价、资本市场上的收购兼并和反收购兼并。依次选择与一次性同时选择有很大的差异,因此这种决策问题构成的博弈与静态博弈有很大的不同,通常称其为"动态博弈"。

14.1 动态博弈的基本特点

动态博弈在许多方面都有不同于静态博弈的特点,而且这些特点对于动态博弈的分析有相当重要的影响。

14.1.1 动态博弈的策略与结果

在静态博弈中,博弈方一次性同时选择的行为就是博弈方的策略,这些策略的策略组合以及所对应的各方得益就是博弈的结果。但是在动态博弈中,不但各个博弈方的选择和行为有先后之分,而且一个博弈方的选择很可能不是只有一次,而是有几次甚至多次,并且不同阶段的多次行为之间有内在联系,是不能分割的整体。因此在动态博弈中,研究某个博弈方某个阶段的行为,或者将各个阶段的行为割裂开来研究意义是不大的。动态博弈中,博弈方决策的内容也是决定博弈结果的关键,不是博弈方在单个阶段的行为,而是各博弈方在整个博弈中轮到选择的每个阶段针对前面阶段的各种情况做出相应选择和行为的完整计划,以及由不同博弈方的这种计划构成的组合。这种计划就是动态博弈中博弈方的"策略"。

在仿冒和反仿冒博弈中,仿冒企业甲在第一阶段仿冒,如果第二阶段被仿冒企业乙制止,第三阶段甲就不仿冒,否则第三阶段甲继续仿冒,被仿冒企业乙在第二阶段不制止,若第三阶段甲继续仿冒则在第四阶段制止,以上分别是该动态博弈中两博弈方的一个策略。在动态博弈中,各博弈方的决策内容就是选择、确定这样的策略,人们主要分析的也是这样的策略。

当人们把动态博弈理解成各博弈方之间以这样的策略进行博弈、对抗时,在形式上似乎与第 13 章讨论的静态博弈一致,两博弈方之间的动态博弈也可以用得益矩阵表示(矩阵行列分别代表两博弈方上述意义上的策略,元素同样是相应策略组合得益的二元数组),称为动态博弈的"得益矩阵形"或"策略形"。不过,得益矩阵在表示动态博弈时总体上还是不如扩展形好,因为得益矩阵无法反映动态博弈的次序关系,以及不同阶段之间的内在影响和联系。

首先,动态博弈的结果是指各博弈方上述类型的策略构成的策略组合。例如,在仿冒和反仿冒博弈中,仿冒企业甲与被仿冒企业乙采用的策略构成的策略组合。其次,动态博弈的结果是各博弈方的策略组合形成的一条连接各个阶段的"路径"。在仿冒和反仿冒博弈中可以看到,"第一阶段甲仿冒,第二阶段乙不制止,第三阶段甲仿冒,第四阶段乙制止"在该博弈的扩展形图上形成了一条连接每个阶段的路径,如图14.1所示。最后,实施上述策略组合的最终结果落实到给甲和乙各带来的得益,就是上述路径终端处得益数组中的数字。因此,在一个动态博弈中,博弈的结果包括双方(或多方)采用的策略组合、实现的博弈路径和各博弈方的得益。

动态博弈在策略和博弈结果方面的特点以及与静态博弈的差异很重要,因为它们会对博弈方之间的利益关系和行为方式产生很大影响,在分析动态博弈时必须重视这些特点。

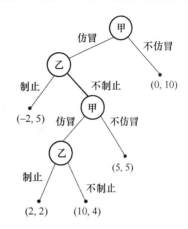

图 14.1　仿冒和反仿冒的扩展形图

14.1.2　动态博弈的非对称性

由于动态博弈中各个博弈方的选择行为有先后次序,且后行为者能观察到此前选择行为的博弈方的行为选择,因此动态博弈中各博弈方的地位是不对称的。这一点与所有博弈方一次性同时选择的静态博弈也明显不同。

一般来说,由于后行为的博弈方有更多的信息帮助自己选择行为,可减少决策的盲目性,能有针对性地进行选择,因此处于较有利的地位。然而,后行为和具有较多信息一定较有利、一定能得到较好的结果的结论并不总是成立的。对单人博弈,即个人最优化决策问题来说,可以断言信息越多越有利是成立的;而对两人以上的博弈问题来说,有时却可能出现相反的情形,信息较多的博弈方并不一定能得到更大的利益。

14.2　动态博弈的可信性

由第13章的分析已经知道,静态博弈可用纳什均衡分析,但静态博弈的纳什均衡分析并不能直接套用到动态博弈中。纳什均衡分析在动态博弈中的失效与动态博弈各博弈方策略中选择行为的可信性问题是联系在一起的。为此,需要讨论在动态博弈分析中非常重要的可信性问题。

14.2.1　相机选择和策略中的可信性问题

动态博弈中博弈方的策略是他们自己预先设定的,在各个博弈阶段针对各种情况的相应行为选择的计划。这些策略实际上并没有强制力,而且实施起来有一个过程,因此只要符合博弈方自己的利益,博弈方完全可以在博弈过程中改变计划。这种问题称为动态博弈中的"相机选择"问题。相机选择的存在使得博弈方的策略中所设定的各个阶段、各种情况下会采取行为的可信性有了疑问,也就是说,不确定各个博弈方是会真正、始终按照自己的策略所设定的方案行为,还是会临时改变自己的行动方案。

下面通过一些具体例子来说明动态博弈中的可信性问题及其重要性。注意许诺或威胁都是不必直接讲出来的,我们以"开金矿博弈"问题及其几个不同的版本为例进行一些分析。

14.2.2 开金矿问题

开金矿博弈的基本问题是这样的:甲在开采一价值4万元的金矿时缺1万元资金,而乙恰好有1万元资金可以投资,假设甲想说服乙将这1万元资金借给自己用于开矿,并许诺在采到金子后与乙对半分成,乙是否应该将钱借给甲呢?假设金矿的价值是经过权威部门探测确认的,没必要怀疑,则乙最需要关心的就是甲采到金子后是否会履行诺言与自己平分,因为万一甲采到金子后不仅不跟乙平分,还赖账或卷款潜逃,乙会连自己的本钱都收不回来。图14.2所示的扩展形表示了这个博弈问题。

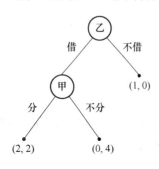

图 14.2 开金矿博弈

图14.2中最上方的圆圈表示乙的选择信息集(或称选择节点),乙在此处有"借"和"不借"两种可能的行为选择。如果乙选择"不借"则博弈结束,乙能保住1万元本钱,而甲得不到开矿的利润;如果乙选择"借"则到达甲的选择信息集,轮到甲进行选择。由于开采过程不需要考虑,因此在甲的选择节点,甲的两种可选择的行为是"分"与"不分"。无论甲选择"分"还是"不分",博弈都告结束,"分"则皆大欢喜,甲得2万元开矿利润,而乙的1万元本钱也增值成2万元,若甲选择"不分"则能得到4万元,乙则血本无归。图14.2中3个终端黑点处的数组表示由各博弈方各阶段行为依次构成的到达这些终端的"路径"所实现的各博弈方得益,其中第一个数字是先行为方乙的得益,第二个数字是后行为方甲的得益。

现在乙的处境很清楚,选择"不借"虽然能保住本钱但也不会有更多的收益;选择"借"时,若甲信守诺言则不仅能保住本钱,还能获得100%的利润,但如果甲食言则会血本无归。因此,乙决策的关键是要判断甲的许诺是否可信。这里需要注意,一般假设博弈方都是以自身利益(得益)最大化为目标的,即不考虑道德因素,除非能把道德因素折算成数量化的效用综合于得益中。在这样的原则下,甲选择的行为必然是"不分",即甲独吞采到的金子,实现自己的最大利益4万元。乙当然清楚甲的行为准则,因此乙不可能被甲的不会信守的许诺蛊惑,知道一旦借钱给甲,甲采到金子后绝对不会跟自己平分,因此乙最合理的选择是"不借",而不是"借",以保住自己的本钱为上。对乙来说,本博弈中甲有一个不可信的许诺。

有不可信的许诺使得甲、乙的合作最终成为不可能,这当然不是开金矿问题的最佳结局,因为开金矿的3万元社会净利益(金矿的价值减去开采成本,或者是甲的2万元开矿利润和乙的1万元资本增值)没有实现。那么,有没有办法能使甲的许诺变成可信的,从而使乙愿意选择"借",然后甲遵守诺言选择"分",最终增加双方的利益呢?事实上这是完全可能的,关键在于必须增加一些对甲行为的制约。

14.2.3 开金矿的法律保障问题

在图14.2所示的开金矿博弈中,当甲选择"不分"而独吞4万元时,乙完全无可奈何,没有保护自己利益的任何手段,这正是造成乙面对甲的不可信的诺言只能采用消极方法避免被骗的关键原因。如果乙在甲违约时可以用法律武器,即"打官司"保护自己的利益,则情况会有所不同。由于正义在乙这边,而法律是支持正义的,因此乙与甲打官司应该能够获胜,这样乙的合法权益就有了保障,不用害怕会被甲非法侵占。这时双方的选择以及相关的对对方选择的判断都会发生变化,博弈的结果就会不同。

我们认为乙能打赢这场官司,但打官司要消耗财力物力,故假设打官司的结果是乙恰好能收回本钱1万元,甲则会失去全部采金收入,这样博弈就成为图14.3中扩展形所示的两博弈方之间的三阶段动态博弈,与图14.2中的博弈相比增加了乙选择是否打官司的第三阶段。

加与不加第三阶段,博弈的结果大不相同。现在,当博弈进行到第二阶段,甲选择"不分"时,乙可以选择"打"官司来讨回公道。如果乙选择"不打"官司,则甲独吞4万元,乙什么好处也没有,仍然是血本无归,但当乙选择"打"官司时,则能收回自己的1万元本钱,乙"打"官司的得益比"不打"官司的得益大,因此即使不考虑惩罚见利忘义的甲的心理快慰,乙的唯一选择也是"打"官司。对甲来说,他完全清楚乙的上述思路,知道乙"打"官司的威胁是可信的,知道如果自己在第二阶段选择"不分",等待他的必然是一场官司和失去所有的收入,因此甲符合个体理性的选择是"分"而不是"不分",双方共享利益,各得2万元,也就是说,这时甲的"分"的许诺成了可信的诺言。换个角度说,在乙的利益受到法律保障(虽然还不十分充分)的情况下,甲的"分"钱许诺变成可信

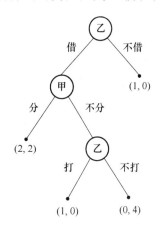

图 14.3 有法律保障的开金矿博弈

的、会信守的许诺,这样,乙第一阶段选择"借"就成了合理的选择。最终结果是乙在第一阶段选择"借",甲在第二阶段选择"分",从而结束博弈,双方各得到得益2万元,皆大欢喜。此时,乙的完整策略是"第一阶段选择'借',若第二阶段甲选择'不分',第三阶段选择'打'官司",甲的完整策略就是"第二阶段选择'分'"。这就是这个三阶段动态博弈的解。

14.2.4 开金矿的法律保障不足时的问题

上述分析告诉我们,在一个由都有私心、都更重视自身利益的成员组成的社会中,完善公正的法律制度不但能保障社会的公平,而且能提高社会经济活动的效率,是实现最有效率的社会分工合作的重要保障。当然,为充分保障社会公平和经济活动的效率,法律制度必须满足两方面的要求:一是对人们正当权益的保护力度足够大;二是对侵害他人利益者有足够的震慑作用。如果达不到这种水平,法律制度的作用就是很有限的甚至是完全无效的。只要把上述博弈第三阶段乙选择"打"官司以后的双方得益改成图14.4所示的情况就可以论证上述观点。

图14.4中得益的意义是,在第三阶段乙选择"打"官司并不能收回自己的本钱,而且要进一步承受1万元的损失。这种得益情况的现实意义是,法律诉讼非常劳民伤财,有时

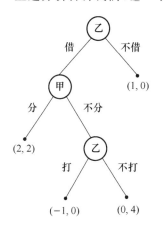

图 14.4 法律保障不足的开金矿博弈

可能打赢官司只是让被告"破财"受一点惩罚,在经济上并不一定合算。在某些时候,由于法制建设还不够完善严密,司法机构执法能力也存在问题,以及存在司法腐败和"执行难"等问题,因此有理不一定能打赢官司,赢了官司却反而输了钱的事情也是存在的。

如果开金矿博弈中各博弈方的得益,特别是第三阶段乙选择"打"官司以后的得益确实如图14.4所示,那么这时候乙在第三阶段"打"官司的威胁就不再是可信的,而是一种"不可信的"的"空头威胁"。因为这时候乙"打"官司不仅不能改善自己的经济状况,还会使自己的经济状况更加恶化,理性的乙是不可能选择"打"官司的。甲清楚乙的这种思路,虽然甲在第二阶段选择时会考虑如果第三阶段乙"打"官司会对自己不利,从而对乙第三阶段"打"官司的威胁或潜在威胁有所顾忌,但最终甲仍然会选择"不分",因为甲知道乙第三阶段"打"官司的威胁并不是可信的,这样甲在第二阶段"分"钱的许诺自然也就不可信了。再回到第一阶段乙的选择,乙现在很清楚,只有选择"不借"才是保险的,因为一旦借给对方,那么基本上可以肯定甲不会遵守诺言,而且自己到时候只能"哑巴吃黄连",不可能真正实施损人不利己的法律行动。

通过对几个不同版本的开金矿博弈的分析,我们清楚了在动态博弈问题中,各个博弈方的选择和博弈的结果与各个博弈方在各个博弈阶段选择各种行为的可信程度有很大关系。有时候虽然有些博弈方很想或声称要采取特定的行动,以影响和制约对方的行为,但如果这些行动缺乏以经济利益为基础的可信性,那么这些想法或声明最终不会有真正的效力,只能落空。因此,可信性问题是动态博弈分析的一个中心问题,需要对它十分重视。

14.3 动态博弈的纳什均衡

以上通过开金矿博弈的几个不同版本说明了动态博弈问题的相机选择引出的可信性问题,以及可信性在动态博弈分析中的关键意义。但实际上可信性问题最重要的意义在于它对纳什均衡在动态博弈分析中的有效性提出了质疑。

我们用图14.4所示的开金矿博弈来阐明这种质疑的内涵。把静态博弈的策略概念扩展到动态博弈的策略以后,理论上完全可以用静态博弈的纳什均衡概念分析这个博弈。根据纳什均衡的定义不难判断,由乙的策略"第一阶段'借',当甲第二阶段选择'不分'时,第三阶段选择'打'"以及甲的策略"第二阶段无条件'分'"构成的策略组合是一个纳什均衡,因为给定对方的策略,双方的策略都是符合自己最大利益的最佳策略,单独偏离对自己都是不利的。例如,给定乙在第一、第三阶段的选择,甲在第二阶段选择"分"是最好的,"不分"导致法律纠纷得不偿失;而给定甲在第二阶段选择"分",乙第一阶段选择"借",第三阶段选择"打",也是符合自己利益的。这里需要注意的是,在双方的策略下,乙第三阶段选择的"打"并不需要真正实施,但由于它是保证第二阶段甲会选择"分"的关键,因此乙的策略中必须包含这个选择,即使单独改变这个选择不会影响利益(给定甲没有想到也改变策略),乙也不能随便改变该选择。既然双方的上述策略构成一个纳什均衡,那么按照第13章中对纳什均衡的讨论,可知这个策略组合应该是具有稳定性的,可以成为预测博弈结果的基础。由于该纳什均衡实现的结果是一种合作的、较好的结果,因此我们似乎应该判断两个博弈方会这样选择,没有理由不采用这种策略组合。

但事实上,前面对这个博弈的直接分析已经得出结论,那就是在这个博弈中乙在第一阶段不会选择"借",甲在第二阶段不会选择"分",乙在第三阶段也不会选择"打",与上述纳什均衡指示的结果完全相反。为什么会出现这种明显的矛盾呢?

其实,如果对这个博弈进行进一步的深入分析,不难发现上述矛盾的根源所在,那就是上述纳什均衡具有一种内在不稳定性,并不是真正稳定的。而上述纳什均衡不稳定的原因主要在于,如果甲在第二阶段选择了"不分"而不是"分",则乙的策略中设定的第三阶段选择"打"是不可信的,不可能真正实施,因为该行为对乙自身也是不利的,追求自身利益最大化的乙的理性不允许乙这么做。甲只要稍作分析就可以掌握乙的这个弱点,因此不可能理睬乙策略中的"打"官司威胁,在第二阶段不会选择"分"。反过来,乙也不会愚蠢到想靠一个明显不可信的威胁撑腰,冒险将资金借给甲,因此乙在第一阶段也不可能"借"。

纳什均衡在动态博弈中可能缺乏稳定性的根源,正是在于它不能排除博弈方策略中所包含的不可信的行为设定,不能解决动态博弈的相机选择引起的可信性问题。纳什均衡概念的这种缺陷,使得它在分析动态博弈时往往不能做出可靠的判断和预测,作用和价值受到很大限制,也使得我们必须考虑引进更有效的分析动态博弈的概念和方法。实际上,由以上分析可知,动态博弈的有效分析概念除了要符合纳什均衡的基本要求以外,还必须满足另一个关键的要求,那就是必须能够排除博弈方策略中不可信的行为设定,即各种不可信的威胁和承诺。只有满足以上要求的均衡概念在动态博弈分析中才有真正的稳定性,才能对动态博弈做出有效的分析和预测。这个基本判断为今后对动态博弈的进一步分析指明了方向。

14.4 动态博弈求纳什均衡的逆推归纳法

首先值得注意的是,对几种版本的开金矿博弈的分析结论都是正确的,对博弈方的选择和博弈结果都做出了正确的判断,都排除了博弈方不可信的行为选择。以上分析能做到这一点的根本原因是采用了一种分析动态博弈的有效方法,即从动态博弈的最后一个阶段博弈方的行为开始分析,逐步倒推回前一个阶段相应的博弈方的行为选择,直到第一个阶段的分析方法。这种分析方法称为"逆推归纳法"。

逆推归纳法的逻辑基础是:动态博弈中先行为的理性博弈方在前面的阶段选择行为时,必然会先考虑后行为博弈方在后面的阶段中将怎样选择行为,只有在博弈的最后一个阶段选择的、不再有后续阶段牵制的博弈方,才能直接做出明确选择,而当后面的阶段博弈方的选择确定以后,前一个阶段博弈方的行为也就容易确定了。

逆推归纳法的一般方法是:从动态博弈的最后一个阶段开始分析,每一次确定出所分析阶段博弈方的选择和路径,然后确定前一个阶段博弈方的选择和路径。逆推归纳到某个阶段,那么这个阶段及以后的博弈结果就可以确定下来,该阶段的选择节点等于一个结束终端,甚至可以用不包括该阶段与其后所有阶段博弈的等价博弈来代替原来的博弈。

在 14.2.4 节所述的法律保障不足的开金矿博弈中,初始图是图 14.4。对法律保障不足的开金矿博弈来说,逆推归纳法的第一步是分析第三阶段乙的选择,由于"打"官司比"不打"官司损失更大,乙必然会选择"不打"官司,因此一旦博弈进行到这个阶段,结果必然是乙选择"不打"官司,双方得益为(0,4)。所以在分析前两个阶段的博弈时,上述三阶段博弈与图 14.5 所示的两阶段博弈是完全等价的。如果对图 14.5 所示的两阶段博弈继续运用逆推归纳法,则可知甲在第二阶段的选择必然是"不分",因此该博弈可进一步化为图14.6所示的等价博弈。最后得到的这个等价博弈是一个单人博弈,分析这个单人博弈非常简单,乙选择"不借"是很显然的。

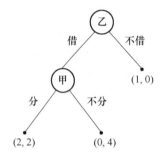

图14.5 法律保障不足的开金矿博弈的等价博弈(一)

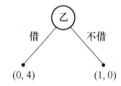

图14.6 法律保障不足的开金矿博弈的等价博弈(二)

根据上述分析可知,逆推归纳法实际上就是把多阶段动态博弈化为一系列的单人博弈,通过对一系列单人博弈的分析,确定各博弈方在各选择阶段的选择,最终对动态博弈结果(包括博弈的路径和各博弈方的得益等)做出判断,归纳各博弈方在各阶段的选择则可以得到各博弈方在整个动态博弈中的策略。

特别重要的是,由于逆推归纳法确定的各博弈方在各阶段的选择都是建立在后续阶段各博弈方理性选择的基础上的,自然排除了包含不可信的威胁或承诺的可能性,因此得出的结论是比较可靠的,确定的各博弈方的策略组合是有稳定性的,这正是在对开金矿博弈的分析中,用这种分析方法得出的结论比纳什均衡分析的结论更加正确的原因。事实上,逆推归纳法是在动态博弈分析中使用得最普遍的方法,在分析完全且完美信息动态博弈中非常有用。这一方法在第15章中还会用到。

第 15 章 委托-代理理论

委托人和代理人之间的博弈关系是现代经济学研究的重要内容,通常称其为"委托人-代理人理论"或"委托-代理理论"。委托人-代理人关系的核心内容是两人动态博弈。本章作为动态博弈理论的应用,对委托-代理理论进行一些介绍。

15.1 委托人-代理人关系概述

经济社会活动中有大量一方委托另一方完成特定工作的情况,如企业雇佣工人进行生产、店主雇佣店员销售商品、企业主聘请经理管理企业、业主请物业公司管理物业、人们聘请律师为他们辩护等。这些关系的关键特征是委托方的利益与被委托方的行为有密切的关系,但委托方不能直接控制被委托方的行为,甚至对被委托方工作的监督也有困难,只能通过报酬等间接影响被委托方的行为。除了有书面合同、协议或至少有口头委托的明显委托关系以外,大量经济社会关系虽然没有明显的委托关系,但也存在一方的利益与另一方的行为有关,但不能控制另一方行为且可能有监督困难,只能通过间接手段影响另一方行为的特征,如市民与市政府官员的关系、基金购买者与基金管理者的关系、人民与军队的关系等。所有这些关系在经济学中都被称为"委托人-代理人关系",是委托-代理理论研究的内容,其中明显或隐蔽的委托方称为"委托人",明显或隐蔽的被委托方称为"代理人"。

根据松散程度、委托内容、监督难易等的不同,委托人-代理人关系有多种不同的情况,其中最关键的差异是监督的难易,例如,流水线装配工的工作比较容易监督,但外派采购员、保险推销员的工作就很难监督。如果代理人的工作情况在成果中会完全反映出来,即工作成果完全取决于工作情况,就不存在监督问题,因为根据成果完全可以判定代理人的工作情况。但工作成果往往并不完全取决于代理人的工作情况,例如,律师努力工作并不能保证打赢官司,商店的销售额也不止取决于店员的工作态度,在这种情况下监督问题就无法避免。

正是因为监督困难的存在,委托人如何促使代理人的行为符合委托人的利益就成为委托-代理理论中最重要的一个课题。由于委托人可以利用的手段主要是委托合同的设计,因此这种问题也称为"激励机制设计"或"机制设计"。此外,由于委托合同的核心条款主要是工资、奖金或股权等薪酬制度内容,因此委托人-代理人关系常常是工资制度选择的博弈。

15.2 无不确定性的委托-代理模型

为了便于理解,不妨从最简单的模型开始讨论。假设代理人的工作成果没有不确定性,即代理人的产出是关于努力程度的确定性函数,因此委托人可以根据成果掌握代理人的工作情况,不存在监督问题。此外,假设委托关系基于一种标准合同,委托人的选择是提供或不提供这份合同,不选择支付给代理人的报酬或报酬函数,代理人的选择首先是是否接受合同,其次是是否努力工作,也就是只有努力和偷懒两种努力水平。这是一个在两个博弈方之间的、每个阶段都有两种选择的三阶段动态博弈模型,如图15.1所示。

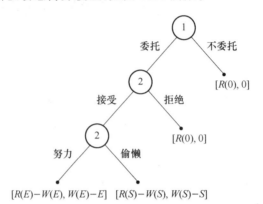

图 15.1　无不确定性的委托-代理模型

图15.1所示的扩展形中博弈方1代表委托人,博弈方2代表代理人。第一阶段是委托人的选择阶段,选择内容为是否委托,即是否向对方提出一个委托合同,如果委托人选择不委托,当然得不到代理人的服务,$R(0)$ 表示没有代理人的服务时委托人的利益。在实际问题中,$R(0)$ 有不同的情况,当代理人的服务对委托人至关紧要时 $R(0)$ 可能是 0 甚至是负值,当代理人的服务对委托人来说并不关键时 $R(0)$ 也可以是正值。委托人选择不委托,代理人就没有利益,该终端得益数组中的 0 即反映这种情况。如果委托人选择委托,则由代理人进行选择。

代理人先在第二阶段选择是否接受委托。若代理人选择不接受委托,结果与委托人不委托没有区别,双方得益与第一阶段委托人不委托对应的得益完全相同。如果代理人选择接受委托,那么代理人还需要在第三阶段选择是否努力。

代理人在第三阶段选择努力(高努力水平)还是偷懒(低努力水平)。如果代理人选择努力,那么委托人将得到较高的产出 $R(E)$,但要支付较高的报酬 $W(E)$ 给代理人,代理人得到较高的报酬 $W(E)$,但有较高的负效用 $-E$,因此委托人和代理人的得益分别是 $R(E)-W(E)$ 和 $W(E)-E$。如果代理人选择偷懒,那么委托人将得到较低的产出 $R(S)$,给代理人支付较低的报酬 $W(S)$,代理人得到较低的报酬 $W(S)$,但只有较低的负效用 $-S$,此时双方得益分别为 $R(S)-W(S)$ 和 $W(S)-S$。

由于在此博弈中,博弈双方都清楚自己和对方的得益情况,也都能观察到对方的选择(虽然委托人无法观察代理人第三阶段的选择,但由于委托人能观察代理人的工作成果,而工作成果与努力程度有确定性对应,因此委托人仍然可以完全清楚代理人的选择),因此本博弈是一个完全且完美信息的动态博弈,适合用逆推归纳法进行分析。

首先,讨论代理人第三阶段对是否努力的选择,也就是在给定委托人第一阶段选择委托,代理人第二阶段选择接受委托的情况下,代理人第三阶段选择努力还是偷懒。根据理性博弈方的决策原则不难知道,如果 $W(E)-E>W(S)-S$,即 $W(E)>W(S)-S+E$,代理人会选择努力。上述不等式也称为代理人努力的"激励相容约束",也就是委托人在自己提出委托和代理人接受委托的前提下,促使代理人努力工作必须满足的条件。上述第二个不等式的经济意义是:只有当努力工作的代理人得到的报酬满足除了偷懒的代理人能得到的基本报酬以外,还有一个至少能补偿努力工作比偷懒更大负效用的增加额时,代理人才可能自觉选择努力工作。

反过来,如果 $W(E)-E<W(S)-S$,那么代理人肯定会选择偷懒,此不等式是代理人偷懒的"激励相容约束"。从该激励相容约束中可以得到一个直接推论:由于偷懒的负效用肯定小于努力工作的负效用,因此如果偷懒和努力得到的报酬相同,即 $W(E)=W(S)$,那么偷懒的激励相容约束自动满足,代理人必然选择偷懒。

其次,讨论第二阶段代理人对是否接受委托的选择。由于对应的具体得益情况不同,第三阶段代理人的选择有努力和偷懒两种可能,因此必须分两种情况讨论第二阶段的选择。图 15.2(a)反映的是代理人第三阶段选择努力的情况,图 15.2(b)反映的则是代理人第三阶段选择偷懒的情况。

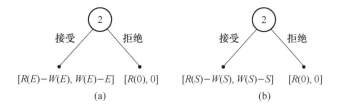

图 15.2　第二阶段代理人的选择

根据图 15.2 可知,在两种情况下代理人选择接受而不是拒绝的条件分别是 $W(E)-E>0$ 和 $W(S)-S>0$。这两个不等式分别称为两种情况下的"参与约束",也就是代理人愿意接受委托人委托的基本条件。值得说明的是,如果考虑代理人有接受其他委托的可能性,上述参与约束不等式就不是要求大于 0,而是要求大于代理人放弃的其他机会的利益,即代理人的机会成本。

最后,讨论第一阶段委托人的选择。如果代理人第二阶段选择的是拒绝,那么委托人的选择其实是无关紧要的,因为委托和不委托的结果一样。如果代理人第二阶段选择接受,那么仍然有两种不同的情况,也就是第三阶段代理人选择努力和偷懒的两种情况。由于委托人清楚代理人的选择,因此可以针对两种情况分别选择。委托人面临的两种选择情况如图 15.3 所示,其中图 15.3(a)对应第三阶段代理人选择努力的情况,图 15.3(b)对应第三阶段代理人选择偷懒的情况。

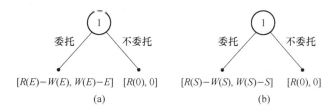

图 15.3　第一阶段委托人的选择

很显然,在图 15.3(a)所示的情况下,如果 $R(E)-W(E)>R(0)$,则委托人会选择委托,如果 $R(E)-W(E)<R(0)$,则委托人会选择不委托。在图 15.3(b)所示的情况下,当 $R(S)-W(S)>R(0)$ 时委托人会选择委托,当 $R(S)-W(S)<R(0)$ 时委托人会选择不委托。

归纳三个阶段两博弈方的选择,就得到了本博弈的子博弈完美纳什均衡。需要注意的是,在上述分析中都只考虑了严格不等式的情况而回避了等式的情况,这一点正是博弈分析的困难之一,因为当两种选择的利益相同时很难肯定博弈方的选择。为了对上述分析的认识更深刻,下面用一个数值例子进行进一步的说明。

例15.1 假设努力的投入产出函数为 $R(e)=10e-e^2$,代理人努力即努力水平为2单位,偷懒即努力水平为1单位,且努力的负效用等于努力水平的数值,也就是 $E=2,S=1$,因此 $R(0)=0,R(E)=16,R(S)=9$。再假设 $W(E)=4,W(S)=2$,则该博弈的得益结构如图15.4所示。

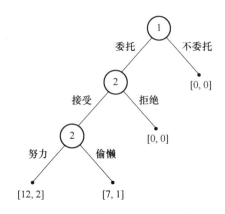

图15.4 无不确定性的委托-代理模型的数值例子

根据上述分析及结论不难看出,由于 $W(E)-E=2>W(S)-S=1$ 满足促使代理人努力的激励相容约束,$W(E)-E=2>0$ 满足代理人接受委托的参与约束,$R(E)-W(E)=12>R(0)=0$ 也满足委托人提出委托的条件,因此这个数值例子的子博弈完美纳什均衡是:委托人选择委托,代理人接受委托并努力工作。这也是本博弈唯一的子博弈完美纳什均衡。由于这是逆推归纳法得到的结果,因此是该博弈可以预测的结果。

15.3 有不确定性但可监督的委托-代理模型

本节讨论一种代理人的努力成果虽然有不确定性,但是委托人对代理人有完全监督的委托-代理模型。

首先,由于代理人的努力和成果不再完全一致,因此存在一个根据工作情况还是成果支付报酬的问题。在委托人对代理人的工作有完全监督的情况下,通常是根据代理人的工作情况而不是工作成果支付报酬。这意味着产出不确定性的风险完全由委托人承担,因为风险主要来源于环境或随机因素,与代理人的行为无关。委托人根据代理人的工作情况而不是工作成果支付报酬,也意味着代理人工作成果的不确定性直接影响的只有委托人的选择,不会影响代理人的选择,但会通过委托人的选择对代理人的利益产生间接影响。

例15.2 为了简单起见,假设模型中的不确定性表现为:有20单位和10单位两种可能的产出,代理人努力时产出20的概率是0.9,产出10的概率是0.1,代理人偷懒时产出20的概率是0.1,产出10的概率是0.9。再假设 $R(0)=0$,其他则与15.2节的模型一样。这里引进一个"自然"博弈方0反映不确定性,则该博弈可以用图15.5所示的扩展形表示。

由图15.5所示的扩展形可知,在引进了一个根据概率分布选择的自然博弈方以后,这个博弈仍是一个完全且完美信息的动态博弈,仍然可以用逆推归纳法进行分析。由于博弈方0

是按照概率分布随机选择,因此不需要对它进行分析,我们的分析从第三阶段代理人的选择开始。

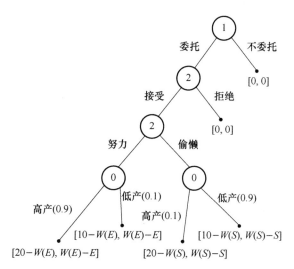

图 15.5 有不确定性但可监督的委托-代理模型

对代理人的选择来说,这个博弈模型与 15.2 节的模型其实并没有差别,因为代理人的报酬和努力的负效用都与工作成果没有关系,"自然"对高产、低产的选择并不直接影响代理人的利益。因此,代理人在本模型中的努力或偷懒的激励相容约束和参与约束条件与在 15.2 节的模型中完全相同,即当 $W(E)-E>W(S)-S$ 时选择努力,当 $W(E)-E<W(S)-S$ 时选择偷懒,在两种情况下分别满足 $W(E)-E>0$ 和 $W(S)-S>0$ 时会接受委托,否则不接受委托。

现在分析委托人第一阶段的选择,也正是本模型与 15.2 节的模型的主要不同之处。由于本模型中委托人对代理人的工作有完全的监督,也完全清楚代理人的选择,因此仍然根据两种不同的情况分别进行选择。

如果代理人选择接受委托并努力工作,那么委托人有 0.9 的可能性获得对应高产出的得益,有 0.1 的可能性得到的是对应低产出的得益。因此,对风险中性的委托人来说,如果选择委托的期望得益大于选择不委托的,即 $0.9[20-W(E)]+0.1[10-W(E)]>0$,那么委托人应该选择委托;如果选择委托的期望得益小于选择不委托的,即 $0.9[20-W(E)]+0.1[10-W(E)]<0$,则委托人应该选择不委托。

如果代理人选择接受委托并偷懒,那么委托人有 0.1 的可能性获得对应高产出的得益,有 0.9 的可能性得到的是对应低产出的得益。因此,如果选择委托的期望得益大于选择不委托的,即 $0.1[20-W(S)]+0.9[10-W(S)]>0$,那么委托人应该选择委托;如果选择委托的期望得益小于选择不委托的,即 $0.1[20-W(S)]+0.9[10-W(S)]<0$,则委托人应该选择不委托。

上述双方的选择就是对应两种不同情况的子博弈完美纳什均衡。如果代理人不会接受委托,委托人是否委托无差异,给出上述模型中相应的数值,则可以得出具体的结论。

更复杂的讨论可参见其他相关书籍,这里不再赘述。

第4篇 系统篇

系统科学方法首先注重的是整体性和综合性。本书前面的内容以统计分析、模型化和最优化形成了数据分析的基本内容,在此基础上,需要更进一步地学习和掌握整体性和综合性问题,本篇就是为此而设计的。

本篇共包括4章内容,其中模糊系统和灰色系统是20世纪中后期发展起来的,被许多学者称为"第三代数学"的一些基本内容,模糊系统包括模糊集、模糊综合评价、模糊聚类等,灰色系统则包括灰色系统的概念、灰色系统的累加生成等以及灰色关联和灰色预测。为了避免冗长的理论介绍,以及降低阅读难度,多数内容是以案例的形式给出的。此外,本篇还给出了20世纪初发展起来的随机服务系统(也称排队论)的一些基本内容,以及更早期(19世纪)发展起来的图论和网络系统的初步。

给出这些知识体系是为了让读者对事物的整体性和综合性处理有一个概括性的认知,从而开拓读者在实际工作中处理具体事件的方法的多样性和灵活性。限于篇幅,这里给出的只是一些简单介绍。

第16章 模糊系统分析

在现实世界中,存在着大量的模糊概念和模糊现象,如"年轻"和"年老",人们无法划出一条严格的年龄界限来区分"年轻"和"年老",生活中类似的事例可以举出很多,"高与矮""胖与瘦""美与丑"等,这些没有确切界限的对立概念都是所谓的模糊概念,涉及模糊概念的现象被称为模糊现象。

根据集合论的要求,一个对象对应于一个集合,要么属于,要么不属于,二者必居其一,且仅居其一。这样的集合论本身无法处理具体的模糊概念,为处理这些模糊概念而进行的种种努力催生了模糊数学。模糊数学就是试图利用数学工具解决上述模糊事物方面的问题,模糊数学的产生把数学的应用范围从精确现象扩大到模糊现象的领域,用于处理复杂的系统问题。

模糊数学的理论基础是模糊集。模糊集是 1965 年美国自动控制专家查德(L. A. Zadeh)教授首先提出来的,这些年来无论是理论还是实际应用都发展得很快。

16.1 基本概念

对于一个普通的集合 A,空间中任一元素 x,要么 $x \in A$(表示 x 属于 A),要么 $x \notin A$(表示 x 不属于 A),二者必居其一。这一特征可用一个函数表示为

$$A(x) = \begin{cases} 1, & x \in A, \\ 0, & x \notin A, \end{cases}$$

$A(x)$ 即为集合 A 的特征函数。将特征函数推广到模糊集,在普通集合中只取 0、1 两值推广到模糊集合中为 $[0,1]$ 区间。

定义 16.1 设 X 为全域,若 A 为 X 上取值 $[0,1]$ 的一个函数,则称 A 为模糊集合(以下简称为模糊集)。

例 16.1 给 5 个同学的性格稳重程度打分,按百分制给分,再除以 100,这样便给定了一个从域 $X = \{x_1, x_2, x_3, x_4, x_5\}$ 到闭区间 $[0,1]$ 的映射。

$$x_1: 85 \text{ 分}, \quad A(x_1) = 0.85,$$
$$x_2: 75 \text{ 分}, \quad A(x_2) = 0.75,$$
$$x_3: 98 \text{ 分}, \quad A(x_3) = 0.98,$$
$$x_4: 30 \text{ 分}, \quad A(x_4) = 0.30,$$
$$x_5: 60 \text{ 分}, \quad A(x_5) = 0.60,$$

确定出一个模糊子集 $A = (0.85, 0.75, 0.98, 0.30, 0.60)$。

模糊数学的创始人查德将模糊子集 A 记为

$$A = \frac{\mu_1}{u_1} + \frac{\mu_2}{u_2} + \cdots + \frac{\mu_n}{u_n} \quad \text{或} \quad A = \sum_{i=1}^{n} \frac{\mu_i}{u_i},$$

对于任何有限或无限论域 U，查德统一将其模糊子集表示为

$$A = \int_{x \in U} \frac{A(x)}{x},$$

当然，这个式子不表示普通积分，$\frac{A(x)}{x}$ 表示 x 对 A 的隶属度为 $A(x)$。

例 16.2 取 $U=[0,100]$ 表示年龄，查德给出 O 表示"年老"与 Y 表示"年轻"两个模糊子集的隶属函数如下：

$$Y(x) = \begin{cases} 1, & 0 \leqslant x \leqslant 25, \\ \left[1 + \left(\frac{x-25}{5}\right)^2\right]^{-1}, & 25 < x \leqslant 100; \end{cases}$$

$$O(x) = \begin{cases} 0, & 0 \leqslant x \leqslant 50, \\ \left[1 + \left(\frac{x-25}{5}\right)^{-2}\right]^{-1}, & 50 < x \leqslant 100。 \end{cases}$$

隶属函数 $Y(x)$ 和 $O(x)$ 的图形分别如图 16.1 和图 16.2 所示。

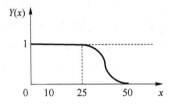

图 16.1　隶属函数 $Y(x)$

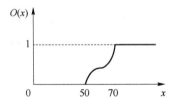

图 16.2　隶属函数 $O(x)$

16.2　模糊集的运算

定义 16.2　若 A,B 为 X 上的两个模糊集，它们的和集、交集和 A 的余集都是模糊集，其隶属函数分别定义为

$$(A \bigcup B)(x) = \max(A(x), B(x)),$$
$$(A \bigcap B)(x) = \min(A(x), B(x)),$$
$$A^c(x) = 1 - A(x)。$$

关于模糊集的和、交等运算，可以推广到任意多个模糊集中。

定义 16.3　若一个矩阵元素在 $[0,1]$ 内取值，则称该矩阵为模糊矩阵。同普通矩阵一样，有模糊单位阵，记为 I；模糊零矩阵记为 0；元素皆为 1 的矩阵用 J 表示。

定义 16.4　若 A 和 B 是 $n \times m$ 和 $m \times l$ 的模糊矩阵，则它们的乘积 $C = AB$ 为 $n \times l$ 阵，其

元素为

$$C_{ij} = \bigvee_{k=1}^{m} (a_{ik} \wedge b_{kj}), \quad i=1,2,\cdots,n; j=1,2,\cdots,l, \tag{16.1}$$

符号"$\vee$"和"$\wedge$"的定义为:$a \vee b = \max(a,b), a \wedge b = \min(a,b)$。

模糊矩阵的乘法性质包括：
① $(AB)C = A(BC)$；
② $AI = IA = A$；
③ $A0 = 0A = 0$；
④ $AJ = JA$；
⑤ 若 A,B 为模糊矩阵且 $a_{ij} \leqslant b_{ij}$（对于任意 i,j），则 $A \leqslant B$，又若 $A \leqslant B$，则 $AC \leqslant BC, CA \leqslant CB$。

例 16.3 设论域 $U = \{x_1, x_2, x_3, x_4, x_5\}$，

$$A = \frac{0.2}{x_1} + \frac{0.4}{x_2} + \frac{0.3}{x_3} + \frac{0.5}{x_5},$$

$$B = \frac{1}{x_1} + \frac{0.6}{x_3} + \frac{0.2}{x_5},$$

则

$$A \cup B = \frac{0.2 \vee 1}{x_1} + \frac{0.4 \vee 0}{x_2} + \frac{0.3 \vee 0.6}{x_3} + \frac{0 \vee 0}{x_4} + \frac{0.5 \vee 0.2}{x_5} = \frac{1}{x_1} + \frac{0.4}{x_2} + \frac{0.6}{x_3} + \frac{0.5}{x_5},$$

$$A \cap B = \frac{0.2}{x_1} + \frac{0.3}{x_3} + \frac{0.2}{x_5},$$

$$A^C = \frac{1-0.2}{x_1} + \frac{1-0.4}{x_2} + \frac{1-0.3}{x_3} + \frac{1-0}{x_4} + \frac{1-0.5}{x_5} = \frac{0.8}{x_1} + \frac{0.6}{x_2} + \frac{0.7}{x_3} + \frac{1}{x_4} + \frac{0.5}{x_5},$$

$$B^C = \frac{1}{x_2} + \frac{0.4}{x_3} + \frac{1}{x_4} + \frac{0.8}{x_5}。$$

16.3 模糊综合评价模型

模糊综合评价是借助于模糊数学的一些概念，对实际的综合评价问题提供一些评价的方法。具体地说，模糊综合评价就是以模糊数学为基础，应用模糊关系合成的原理，将一些边界不清、不易定量的因素定量化，从多个因素对被评价事物隶属等级状况进行综合性评价的一种方法。评价者从考虑问题的各因素出发，参照有关的数据和情况，根据判断对复杂问题分别做出"大、中、小""高、中、低""优、良、可、劣""好、较好、一般、较差、差"等程度的模糊评价，然后通过模糊数学提供的方法进行运算，就能得出定量的综合评价结果，从而为正确决策提供依据。模糊综合评价的模型已应用在许多方面，都取得了很好的经济效益和社会效益。

在对某一事物进行评价时经常会遇到这样一类问题：由于待评价事物是由多方面的因素所决定的，因此要对每一个因素都进行评价；在对每一个因素做出一个单独评语的基础上，如何考虑所有因素而做出一个综合评语。这就是一个综合评价问题。

例如，顾客在对某品牌的手机进行评价时，一般考虑的因素包括外观、性能、价格和质量等，评语标准包括很满意、满意和不满意。综合评价要解决的问题是：在对每一个因素做出评价后，如何综合各因素的评语及各因素在整个评价中所起的作用，对该品牌的手机做出一个完整的评价。

本节首先介绍模糊变换，然后介绍模糊综合评价的数学模型，并以几个经济管理领域中的

模糊综合评价应用为例，讨论多层次的综合评价问题。

16.3.1 模糊变换

模糊变换是模糊综合评价的理论基础。

定义 16.5 一个有限模糊集合 X 可以表示为 $X=(x_1,x_2,x_3,\cdots,x_n)$，$x_i$ 是各元素相应的隶属度，其中 $0 \leqslant x_i \leqslant 1 (i=1,2,\cdots,n)$。只有一行的模糊矩阵又可以看成模糊向量，如 $\boldsymbol{X}=(x_1,x_2,x_3,\cdots,x_n)$ 是一个模糊向量。

定义 16.6 设 $R \in F(U \times V)$ 是给定的模糊关系，则 R 唯一确定了一个从 U 到 V 的模糊变换：

$$T_R: F(U) \to F(V),$$
$$\underset{\sim}{A} \mapsto \underset{\sim}{A} \circ \underset{\sim}{R},$$

其中 $\underset{\sim}{A} \in F(U)$，这里

$$\mu_{\underset{\sim}{A} \circ \underset{\sim}{R}}(x) = \bigvee_{x \in U}(\mu_{\underset{\sim}{A}}(x) \wedge \mu_R(x,y)),$$

其意义是 U 上的一个模糊集 $\underset{\sim}{A}$ 与 $U \times V$ 上的一个模糊关系 $\underset{\sim}{R}$ 合成后，得到了 V 上的一个模糊集 $\underset{\sim}{A} \circ \underset{\sim}{R}$。

特别地，当 $U=\{x_1,x_2,x_3,\cdots,x_n\}$，$V=\{y_1,y_2,y_3,\cdots,y_m\}$ 为有限论域时，$\underset{\sim}{A}$ 是 U 上的一个模糊向量，$\underset{\sim}{R}$ 是 $U \times V$ 上的一个模糊矩阵，则 $\underset{\sim}{A} \circ \underset{\sim}{R}$ 是两个模糊矩阵的合成。

设 $\underset{\sim}{\boldsymbol{R}}=(r_{ij})_{n \times m}$ 是 $U \times V$ 上的一个模糊矩阵，又设 U 上的一个模糊向量 $\underset{\sim}{\boldsymbol{A}}=(a_1,\cdots,a_n)$，其中 $0 \leqslant r_{ij},a_j \leqslant 1 (i=1,2,\cdots,n;j=1,2,\cdots,m)$。把 $\underset{\sim}{A}$ 看作 $1 \times n$ 的模糊矩阵，按模糊矩阵的合成规则，得到一个 $1 \times m$ 的模糊矩阵 $\underset{\sim}{\boldsymbol{B}}=\underset{\sim}{\boldsymbol{A}} \circ \underset{\sim}{\boldsymbol{R}}$，其中 $\underset{\sim}{\boldsymbol{B}}=(b_1,b_2,\cdots,b_m)$，它是 V 上的模糊向量，$b_j=\bigvee_{k=1}^{n}(a_k \wedge r_{kj})(j=1,2,\cdots,m)$。

例 16.4 设 $\underset{\sim}{\boldsymbol{A}}=(0.2,0.5,0.3)$，$\underset{\sim}{\boldsymbol{R}}=\begin{pmatrix} 0.2 & 0.7 & 0.1 & 0 \\ 0 & 0.4 & 0.5 & 0.1 \\ 0.2 & 0.2 & 0.4 & 0.1 \end{pmatrix}$，则模糊变换

$$\underset{\sim}{\boldsymbol{B}}=\underset{\sim}{\boldsymbol{A}} \circ \underset{\sim}{\boldsymbol{R}}=(0.2,0.5,0.3) \circ \begin{pmatrix} 0.2 & 0.7 & 0.1 & 0 \\ 0 & 0.4 & 0.5 & 0.1 \\ 0.2 & 0.2 & 0.4 & 0.1 \end{pmatrix}=(0.2,0.4,0.5,0.1),$$

式中 b_j 各分量的计算如下：

$$b_1=(0.2 \wedge 0.2) \vee (0.5 \wedge 0) \vee (0.3 \wedge 0.2)=0.2 \vee 0 \vee 0.2=0.2,$$

其余类推。

归一化处理是指：由于 $\underset{\sim}{\boldsymbol{B}}$ 中各元素之和不等于 1，即 $\sum_{j=1}^{m} b_j \neq 1$，为了保证处理后 $\sum_{j=1}^{m} b_j = 1$，需要进行归一化处理，其方法是取 $b'_j = b_j / \sum_{j=1}^{m} b_j$，故有

$b'_1=0.2/1.2=0.167$，$b'_2=0.4/1.2=0.333$，$b'_3=0.5/1.2=0.417$，$b'_4=0.1/1.2=0.083$。

经归一化后的模糊变换结果为

$$\underset{\sim}{\boldsymbol{B}}=\underset{\sim}{\boldsymbol{A}} \circ \underset{\sim}{\boldsymbol{R}}=(0.167,0.333,0.417,0.083)。$$

模糊变换 $\underset{\sim}{\boldsymbol{B}}=\underset{\sim}{\boldsymbol{A}} \circ \underset{\sim}{\boldsymbol{R}}$ 可以看作一种模糊转换器，它把一个在论域 U 上表现为模糊向量 $\underset{\sim}{\boldsymbol{A}}$ 的

模糊概念转换为在论域 V 上表现为模糊向量 $\underset{\sim}{B}$ 的模糊概念,而这种转换是通过 U 和 V 之间的模糊关系矩阵 $\underset{\sim}{R}$ 来实现的。

16.3.2 模糊综合评价的步骤

模糊综合评价作为模糊数学的一种具体应用方法,最早是由我国学者汪培庄提出的。模糊综合评价主要分为两步:第一步按每个因素单独评价;第二步按所有因素综合评价。下面详细介绍模糊综合评价的步骤。

① 确定评价指标集合论域 U:

$$U=\{u_1,u_2,\cdots,u_m\}, \quad m \text{ 为指标项目数}。$$

例如,顾客对某品牌的手机进行评价时的集合论域为 $U=\{u_1,u_2,u_3,u_4\}$,其中 u_1,u_2,u_3,u_4 分别表示外观、性能、价格、质量。

② 确定评语集合论域 V:

$$V=\{v_1,v_2,\cdots,v_n\}, \quad n \text{ 为评语等级数}。$$

评语集的确定对多指标评价结果的影响是至关重要的,它也决定了评估方法的分辨性与稳定性。$V=\{v_1,v_2,\cdots,v_m\}$ 为等级集合,每一个等级可对应一个模糊子集。一般情况下,评语等级数 m 取 $[3,7]$ 中的整数,如果 m 过大,那么语言难以描述且不易判断等级归属,如果 m 太小又不符合模糊综合评价的质量要求。具体等级可以根据评价内容用适当的语言描述,一般取 $V=\{优,良,中,一般,差\}$ 或 $V=\{很好,好,一般,差\}$ 等。例如,评价手机的评语集为 $V=\{v_1,v_2,v_3\}$,其中 v_1,v_2,v_3 分别表示很满意、满意、不满意。

③ 确定权重分配模糊向量 $\underset{\sim}{A}$:

$$\underset{\sim}{A}=(a_1,a_2,\cdots,a_m), \quad m \text{ 为指标项目数}。$$

一般情况下,m 个评价因素对被评事物并非是同等重要的,各因素的表现对总体表现的影响也是不同的,因此在合成之前要确定权重。权重分配的原则是依各因素在评估中的地位重要性而定,地位越重要,权重越大。权重分配并非一成不变,随着各因素地位的变化,权重要进行相应的调整。确定权重的方法有很多,可根据经验或统计而定,也可采用专家法。由于各因素在综合评价中的作用不同,因此给出一个 U 的模糊集合 $\underset{\sim}{A}=\{a_1,a_2,\cdots,a_m\}$,满足条件 $\sum_{i=1}^{m}a_i=1$,其中元素 x_i 关于 $\underset{\sim}{A}$ 的隶属度 $\mu_A(x_i)=a_i$ 表示第 i 个元素 x_i 在综合评价中的作用。

④ 进行单因素模糊综合评价,形成评价模糊矩阵 $\underset{\sim}{R}$:

$$\underset{\sim}{R}=\begin{pmatrix} r_{11} & r_{12} & \cdots & r_{1n} \\ r_{21} & r_{22} & \cdots & r_{2n} \\ \vdots & \vdots & & \vdots \\ r_{m1} & r_{m2} & \cdots & r_{mn} \end{pmatrix},$$

$\underset{\sim}{R}$ 称为单因素评价矩阵。矩阵 $\underset{\sim}{R}$ 中第 i 行第 j 列元素 r_{ij} 表示某个被评事物从因素 u_i 来看对 v_j 等级模糊子集的隶属度。

⑤ 多因素模糊综合评价。利用合适的合成算子将模糊权向量 $\underset{\sim}{A}$ 与各被评事物的评价矩阵 $\underset{\sim}{R}$ 合成,得到被评事物的模糊综合评价结果向量 $\underset{\sim}{B}$。$\underset{\sim}{R}$ 中不同的行反映了某个被评事物从不同的单因素来看对各等级模糊子集的隶属程度。用模糊权向量 $\underset{\sim}{A}$ 将不同的行进行综合就

可得到该被评事物从总体来看对各等级模糊子集的隶属程度,即模糊综合评价结果向量 $\underset{\sim}{B}$。模糊综合评价的模型为

$$\underset{\sim}{B} = \underset{\sim}{A} \circ \underset{\sim}{R} = (a_1, a_2, \cdots, a_n) \begin{bmatrix} r_{11} & r_{12} & \cdots & r_{1m} \\ r_{21} & r_{22} & \cdots & r_{2m} \\ \vdots & \vdots & & \vdots \\ r_{n1} & r_{n2} & \cdots & r_{nm} \end{bmatrix} = (b_1, b_2, \cdots, b_m)。$$

其中 b_j 是由 $\underset{\sim}{A}$ 与 $\underset{\sim}{R}$ 的第 j 列运算得到的,它表示被评事物从整体来看对 v_j 等级模糊子集的隶属程度。

⑥ 归一化处理。归一化后的模糊变换结果 $\underset{\sim}{B}' = (b_1', b_2', \cdots, b_m')$,归一化的方法通常根据隶属度的大小判断。

⑦ 根据最大隶属度法,对 $\underset{\sim}{B}'$ 做出评价判断。

例 16.5 以购买手机为例,假设消费者购买某品牌的手机时考虑了 4 个方面的因素,即外观、性能、价格、质量,用论域 U 表示为

$$U = \{外观(u_1), 性能(u_2), 价格(u_3), 质量(u_4)\},$$

而评语论域 V 表示为

$$V = \{很好(v_1), 较好(v_2), 可以(v_3), 不好(v_4)\},$$

即分为 4 个等级,并用百分比或小数表示。进行单因素评价就是邀请一些专业人员或消费者就外观、性能、价格、质量分别表态。用人数的百分比来表示评价结果,如表 16.1 所示。

表 16.1 单因素评价结果

指标	评语			
	很好	较好	可以	不好
外观	50%	40%	10%	0
性能	40%	30%	20%	10%
价格	0	10%	30%	60%
质量	20%	40%	30%	10%

解 表 16.1 就构成单因素评价矩阵:

$$\underset{\sim}{R} = \begin{bmatrix} 0.5 & 0.4 & 0.1 & 0 \\ 0.4 & 0.3 & 0.2 & 0.1 \\ 0 & 0.1 & 0.3 & 0.6 \\ 0.2 & 0.4 & 0.3 & 0.1 \end{bmatrix}。$$

消费者看了这款手机,是欣然决定购买,还是犹豫不决,甚至是冷淡对之,这些都可以看作消费者对手机外观、性能、价格、质量等因素进行综合权衡之后的结果。不同的消费者有不同的"偏好",这种"偏好"就是消费者进行综合权衡的依据。将这种"偏好"定量化,若

$$\underset{\sim}{A} = (0.4, 0.1, 0.2, 0.3),$$

其含义就是该消费者对外观的重视程度为 40%,对性能的重视程度为 10%,对价格的重视程度为 20%,对质量的重视程度为 30%。

持权重 $\underset{\sim}{A}$ 的消费者对这款手机的态度可以通过综合评价的过程得到,即从 U 到 V 的模糊

变换：

$$\underset{\sim}{B}=\underset{\sim}{A}\circ\underset{\sim}{R}=(0.4,0.1,0.2,0.3)\circ\begin{pmatrix} 0.5 & 0.4 & 0.1 & 0 \\ 0.4 & 0.3 & 0.2 & 0.1 \\ 0 & 0.1 & 0.3 & 0.6 \\ 0.2 & 0.4 & 0.3 & 0.1 \end{pmatrix}=(0.4,0.4,0.3,0.2)。$$

为了明确地显示综合评价的结果，还需做归一化处理。归一化后的模糊变换结果为
$$B'=(0.31,0.31,0.23,0.15)。$$

上述结果表示，该消费者对手机的评价是："很好"的程度是 31%，"较好"的程度是 31%，"可以"的程度是 23%，"不好"的程度是 15%。可以发现评价模型计算出的综合评语对"很好"和"较好"都有很高的隶属度，但未能做出准确的划分。

模糊综合评价的核心在于"综合"。众所周知，对由单因素确定的事物进行评价是容易的，但是，当事物涉及多个因素时，就要考虑各个因素对事物的影响，做出一个接近于实际的评价，以避免仅从一个因素做出评价而带来的片面性，这就是综合评价的特点。

16.4 多级模糊综合评价模型

多级模糊综合评价就是：在已经做出模糊综合评价的基础上再做一次或多次模糊综合评价。前面的评价均属于一级模糊综合评价，是进行模糊综合评价的最基本步骤和初始的模型，根据一级模糊综合评价可对一些简单的问题进行评价，但是，由于被评价对象常常受各种各样的环境因素影响，如果用一级模糊综合评价，就不能满足实际情况，更不会得出正确的评价结果。所以，一定要采用多级模糊综合评价的方法。

实际使用综合评价模型时常会遇到两方面的问题：一是因素较多使得权重不易分配；二是即使确定了权重，每一权重都很小使得评价结果不易分辨。为了减少以上两类问题的影响，可以采用多层次模糊综合评价模型。现以二级模糊综合评价模型为例说明它的步骤。

第一步：将因素集 $U=\{u_1,u_2,\cdots,u_n\}$ 按某种属性分成 s 个因素集 $U_1,U_2,\cdots,U_s$，其中
$$U_1=\{u_{11},u_{12},\cdots,u_{1n_1}\},$$
$$U_2=\{u_{21},u_{22},\cdots,u_{2n_2}\},$$
$$\vdots$$
$$U_i=\{u_{i1},u_{i2},\cdots,u_{in_i}\},$$
$$\vdots$$
$$U_s=\{u_{s1},u_{s2},\cdots,u_{sn_s}\},$$

且满足

① $n_1+n_2+\cdots+n_s=n$；

② $U_1\cup U_2\cup\cdots\cup U_s=U$；

③ 对任意的 $i\neq j,U_i\cap U_j=\varnothing$。

第二步：对每一个子因素集 U_i 分别做出综合评价。设 $V=\{v_1,v_2,\cdots,v_m\}$ 为评语集，U_i 中各因素相对于 V 的权重分配是 $\underset{\sim}{A_i}=(a_{i1},a_{i2},\cdots,a_{in_i})$。若 $\underset{\sim}{R_i}$ 为单因素评价矩阵，则得到一级评价向量：

$$\underset{\sim}{B_i} = \underset{\sim}{A_i} \circ \underset{\sim}{R_i} = (b_{i1}, b_{i2}, \cdots, b_{im}), \quad i = 1, 2, \cdots, s_\circ$$

第三步：将每个 U_i 看作一个因素，记 $K = \{U_1, U_2, \cdots, U_s\}$。这样，$K$ 又是一个因素集，K 的单因素评价矩阵为

$$\underset{\sim}{R} = \begin{pmatrix} \underset{\sim}{B_1} \\ \underset{\sim}{B_2} \\ \vdots \\ \underset{\sim}{B_s} \end{pmatrix} = \begin{pmatrix} b_{11} & b_{12} & \cdots & b_{1m} \\ b_{21} & b_{22} & \cdots & b_{2m} \\ \vdots & \vdots & & \vdots \\ b_{s1} & b_{s2} & \cdots & b_{sn} \end{pmatrix}_\circ$$

每个 U_i 作为 U 的一部分，反映了 U 的某种属性，可以按其重要性给出权重分配 $\underset{\sim}{A} = (a_1, a_2, \cdots, a_s)$，于是得到二级评价向量

$$\underset{\sim}{B} = \underset{\sim}{A} \circ \underset{\sim}{R} = (b_1, b_2, \cdots, b_m)_\circ$$

如果每个子因素集 $U_i (i = 1, 2, \cdots, s)$ 含有较多的因素，可再将 U_i 进行划分，按照同样的程序还可以建立三级、四级和多级综合评价模型，以上统称为多层次评价模型。

二级综合评价模型可以用图形表示，如图 16.3 所示。

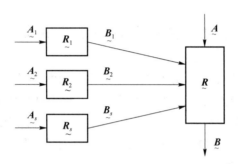

图 16.3 二级综合评价模型示意图

例 16.6 将评价一个商店经营条件的因素集定为

$$U = (u_1, u_2, u_3, u_4, u_5, u_6, u_7, u_8),$$

分别表示营业面积、环境卫生、商品货位与陈列、服务态度、职工素质、广告宣传、经营品种与花色、商品质量。评语集定为

$$V = (v_1, v_2, v_3, v_4),$$

分别表示很好、好、一般、不好。

根据各个因素的性质将 U 分为三大类。U_1 代表经营环境，包括营业面积、环境卫生、商品货位与陈列，即 $U_1 = (u_1, u_2, u_3)$；U_2 代表服务质量，包括服务态度、职工素质、广告宣传，即 $U_2 = (u_4, u_5, u_6)$；U_3 代表商品状况，包括经营品种与花色、商品质量，即 $U_3 = (u_7, u_8)$。从而有

$$U_1 = (u_1, u_2, u_3), \quad U_2 = (u_4, u_5, u_6), \quad U_3 = (u_7, u_8)_\circ$$

再根据顾客抽样调查的结果，得到关于 U_1, U_2, U_3 的单因素评价矩阵分别为

$$\underset{\sim}{R_1} = \begin{pmatrix} v_1 & v_2 & v_3 & v_4 \\ 0.1 & 0.3 & 0.5 & 0.1 \\ 0.2 & 0.4 & 0.3 & 0.1 \\ 0.2 & 0.3 & 0.3 & 0.2 \end{pmatrix},$$

$$\underset{\sim}{\boldsymbol{R}}_2 = \begin{pmatrix} 0.1 & 0.5 & 0.2 & 0.2 \\ 0.2 & 0.5 & 0.3 & 0 \\ 0.1 & 0.6 & 0.2 & 0.1 \end{pmatrix},$$

$$\underset{\sim}{\boldsymbol{R}}_3 = \begin{pmatrix} 0.3 & 0.5 & 0.1 & 0.1 \\ 0.2 & 0.5 & 0.3 & 0 \end{pmatrix}.$$

如果规定 U_1, U_2, U_3 中各因素的权重分别为 $\underset{\sim}{\boldsymbol{A}}_1 = (0.5, 0.3, 0.2)$, $\underset{\sim}{\boldsymbol{A}}_2 = (0.4, 0.4, 0.2)$, $\underset{\sim}{\boldsymbol{A}}_3 = (0.6, 0.4)$, 则得到关于 U_1, U_2, U_3 的综合评价向量分别为

$$\underset{\sim}{\boldsymbol{B}}_1 = \underset{\sim}{\boldsymbol{A}}_1 \circ \underset{\sim}{\boldsymbol{R}}_1 = (0.5, 0.3, 0.2) \circ \begin{pmatrix} 0.1 & 0.3 & 0.5 & 0.1 \\ 0.2 & 0.4 & 0.3 & 0.1 \\ 0.2 & 0.3 & 0.3 & 0.2 \end{pmatrix} = (0.2, 0.3, 0.5, 0.2),$$

$$\underset{\sim}{\boldsymbol{B}}_2 = (0.2, 0.4, 0.3, 0.2),$$

$$\underset{\sim}{\boldsymbol{B}}_3 = (0.3, 0.5, 0.3, 0.1).$$

标准化后可得 $\underset{\sim}{\boldsymbol{B}}_1' = (0.2/1.2, 0.3/1.2, 0.5/1.2, 0.2/1.2) \approx (0.17, 0.25, 0.41, 0.17)$, 同样可得 $\underset{\sim}{\boldsymbol{B}}_2' = (0.18, 0.37, 0.27, 0.18)$, $\underset{\sim}{\boldsymbol{B}}_3' = (0.25, 0.42, 0.25, 0.08)$.

以上为第一级综合评价, 再进行第二级综合评价, 此时因素集 $U = (U_1, U_2, U_3)$, 根据一级评价的结果得出单因素评价矩阵为

$$\underset{\sim}{\boldsymbol{R}} = \begin{pmatrix} 0.17 & 0.25 & 0.41 & 0.17 \\ 0.18 & 0.37 & 0.27 & 0.18 \\ 0.25 & 0.42 & 0.25 & 0.08 \end{pmatrix},$$

规定权重为 $\underset{\sim}{\boldsymbol{A}} = (0.2, 0.3, 0.5)$, 于是得到综合评价向量

$$\underset{\sim}{\boldsymbol{B}} = \underset{\sim}{\boldsymbol{A}} \circ \underset{\sim}{\boldsymbol{R}} = (0.2, 0.3, 0.5) \circ \begin{pmatrix} 0.17 & 0.25 & 0.41 & 0.17 \\ 0.18 & 0.37 & 0.27 & 0.18 \\ 0.25 & 0.42 & 0.25 & 0.08 \end{pmatrix} = (0.25, 0.42, 0.27, 0.18),$$

将评价结果标准化后得

$$\underset{\sim}{\boldsymbol{B}}' = (0.22, 0.38, 0.24, 0.16).$$

以上分析说明综合评价的结果中"很好""好""一般"和"差"所占比重依次为 22%、38%、24% 和 16%。

16.5 案例应用

随着全球化市场竞争加剧、信息科技高速发展,企业从单一的竞争模式转变为供应链间的竞争,供应链管理的重要性日益突出,因此必须从供应链整体的角度出发,将供应商、制造商、分销商等企业及最终用户整合为一个整体。而对供应链管理的绩效评价,是供应链运作和管理中至关重要的环节。

1. 建立评价因素集即供应链管理的绩效评价指标

采用由中国电子商务协会供应链管理委员会于 2003 年 10 月制定发布的 SCPR(Supply Chain Performance Metrics Reference)体系,该指标体系由 5 个一级指标、18 个二级指标构成一个递阶层次结构,如表 16.2 所示,分别从订单反应能力、客户满意度、业务标准协同、节点网络效应、系统适应性五大方面描述供应链管理绩效水平,并根据各指标的重要性分配相应的权

重,具有真实性、客观性、通用性和可操作性等特点。

表 16.2 评价指标体系及专家评分结果统计

评价指标及标重		等级				
		好	较好	中等	较差	差
订单反应能力指标 $U_1(0.35)$	反应速度 $u_1(40\%)$	3	4	3	0	0
	反应可靠性 $u_2(30\%)$	2	4	2	1	1
	反应适应性 $u_3(30\%)$	2	3	2	2	1
客户满意度指标 $U_2(0.15)$	产品质量 $u_4(5\%)$	5	3	2	0	0
	产品价格 $u_5(15\%)$	1	2	3	3	1
	客户服务水平 $u_6(50\%)$	2	2	3	1	2
	产品可靠性 $u_7(30\%)$	3	4	3	0	0
业务标准协同指标 $U_3(0.1)$	业务标准相关性 $u_8(25\%)$	2	4	2	1	1
	业务标准覆盖范围 $u_9(30\%)$	2	3	2	2	1
	业务标准灵活性 $u_{10}(25\%)$	5	3	2	0	0
	业务标准执行力 $u_{11}(20\%)$	3	3	1	2	1
节点网络效应指标 $U_4(0.25)$	系统覆盖率 $u_{12}(40\%)$	2	2	3	1	2
	节点互动性 $u_{13}(20\%)$	2	4	2	1	1
	系统依赖率 $u_{14}(40\%)$	2	3	2	2	1
系统适应性指标 $U_5(0.15)$	系统拥有成本 $u_{15}(35\%)$	2	2	3	1	2
	系统实现方式 $u_{16}(15\%)$	3	4	3	0	0
	系统扩展性 $u_{17}(30\%)$	1	2	3	3	1
	系统建设风险 $u_{18}(20\%)$	1	3	5	1	0

2. 确定评价因素权重

SCPR 根据各指标的重要性为其相应地分配了不同权重,如表 16.2 所示,因此可以得到所有子因素集中各因素的权向量:$\underset{\sim}{A_1} = (0.4, 0.3, 0.3)$,$\underset{\sim}{A_2} = (0.05, 0.15, 0.5, 0.3)$,$\underset{\sim}{A_3} = (0.25, 0.3, 0.25, 0.2)$,$\underset{\sim}{A_4} = (0.4, 0.2, 0.4)$,$\underset{\sim}{A_5} = (0.35, 0.15, 0.3, 0.2)$。一级指标的权重 $\underset{\sim}{A} = (0.35, 0.15, 0.1, 0.25, 0.15)$。

3. 建立单因素评价矩阵

针对某流通企业供应链管理,向包含供应链体系内企业管理人员和科研院校人员在内的 10 位不同领域的专家寄发指标评价表格,请他们根据对该供应链管理水平的认知和考核,对其管理绩效水平进行评议打分,最终统计评议的结果如表 16.2 所示。

根据专家评分结果,应用模糊统计的方法 $r_{ij} = \dfrac{P_{ij}}{\sum\limits_{j=1}^{m} P_{ij}} (i=1,2,\cdots,n; j=1,2,\cdots,m)$,得出每个一级评价指标的隶属度矩阵 $\underset{\sim}{R_i}(i=1,2,3,4,5)$ 分别为

$$\underset{\sim}{R}_1=\begin{pmatrix} 0.3 & 0.4 & 0.3 & 0 & 0 \\ 0.2 & 0.4 & 0.2 & 0.1 & 0.1 \\ 0.2 & 0.3 & 0.2 & 0.2 & 0.1 \end{pmatrix}, \quad \underset{\sim}{R}_2=\begin{pmatrix} 0.5 & 0.3 & 0.2 & 0 & 0 \\ 0.1 & 0.2 & 0.3 & 0.3 & 0.1 \\ 0.2 & 0.2 & 0.3 & 0.1 & 0.2 \\ 0.3 & 0.4 & 0.3 & 0 & 0 \end{pmatrix},$$

$$\underset{\sim}{R}_3=\begin{pmatrix} 0.2 & 0.4 & 0.2 & 0.1 & 0.1 \\ 0.2 & 0.3 & 0.2 & 0.2 & 0.1 \\ 0.5 & 0.3 & 0.2 & 0 & 0 \\ 0.3 & 0.3 & 0.1 & 0.2 & 0.1 \end{pmatrix}, \quad \underset{\sim}{R}_4=\begin{pmatrix} 0.2 & 0.2 & 0.3 & 0.1 & 0.2 \\ 0.2 & 0.4 & 0.2 & 0.1 & 0.1 \\ 0.2 & 0.3 & 0.2 & 0.2 & 0.1 \end{pmatrix},$$

$$\underset{\sim}{R}_5=\begin{pmatrix} 0.2 & 0.2 & 0.3 & 0.1 & 0.2 \\ 0.3 & 0.4 & 0.3 & 0 & 0 \\ 0.1 & 0.2 & 0.3 & 0.3 & 0.1 \\ 0.1 & 0.3 & 0.5 & 0.1 & 0 \end{pmatrix}。$$

4. 子因素集的一级综合评价

评价结果用模糊矩阵 $\underset{\sim}{B}$ 表示,则 $\underset{\sim}{B}_i=\underset{\sim}{A}_i \circ \underset{\sim}{R}_i (i=1,2,3,4,5)$,可得

$$\underset{\sim}{B}_1=(0.4,0.3,0.3)\circ\begin{pmatrix} 0.3 & 0.4 & 0.3 & 0 & 0 \\ 0.2 & 0.4 & 0.2 & 0.1 & 0.1 \\ 0.2 & 0.3 & 0.2 & 0.2 & 0.1 \end{pmatrix}=(0.3,0.4,0.3,0.2,0.1),$$

类似地,可以得到

$$\underset{\sim}{B}_2=(0.3,0.3,0.3,0.15,0.2), \quad \underset{\sim}{B}_3=(0.25,0.3,0.2,0.2,0.1),$$
$$\underset{\sim}{B}_4=(0.2,0.3,0.3,0.2,0.2), \quad \underset{\sim}{B}_5=(0.2,0.2,0.3,0.3,0.2)。$$

5. 二级模糊综合评价

以 U_1,U_2,U_3,U_4,U_5 为元素,用 $\underset{\sim}{B}_1,\underset{\sim}{B}_2,\underset{\sim}{B}_3,\underset{\sim}{B}_4,\underset{\sim}{B}_5$ 构造它们的单因素评价矩阵:

$$\underset{\sim}{R}=\begin{pmatrix} \underset{\sim}{B}_1 \\ \underset{\sim}{B}_2 \\ \underset{\sim}{B}_3 \\ \underset{\sim}{B}_4 \\ \underset{\sim}{B}_5 \end{pmatrix}=\begin{pmatrix} 0.3 & 0.4 & 0.3 & 0.2 & 0.1 \\ 0.3 & 0.3 & 0.3 & 0.15 & 0.2 \\ 0.25 & 0.3 & 0.2 & 0.2 & 0.1 \\ 0.2 & 0.3 & 0.3 & 0.2 & 0.2 \\ 0.2 & 0.2 & 0.3 & 0.3 & 0.2 \end{pmatrix},$$

一级指标的权重分配为 $\underset{\sim}{A}=(0.35,0.15,0.1,0.25,0.15)$,则二级综合评价为

$$\underset{\sim}{B}=\underset{\sim}{A}\circ\underset{\sim}{R}=(0.35,0.15,0.1,0.25,0.15)\circ\begin{pmatrix} 0.3 & 0.4 & 0.3 & 0.2 & 0.1 \\ 0.3 & 0.3 & 0.3 & 0.15 & 0.2 \\ 0.25 & 0.3 & 0.2 & 0.2 & 0.1 \\ 0.2 & 0.3 & 0.3 & 0.2 & 0.2 \\ 0.2 & 0.2 & 0.3 & 0.3 & 0.2 \end{pmatrix}$$

$$=(0.3,0.35,0.3,0.2,0.2),$$

进行归一化处理,得到 $\underset{\sim}{B}'=(0.22,0.26,0.22,0.15,0.15)$。

根据最大隶属原则,该供应链的管理绩效水平属于"较好"。但是,从最终评价结果来看,较差和差的比重之和达到了 30%,该供应链的管理绩效水平仍有很大的提升空间。

第 17 章 灰色系统理论

灰色系统理论是把一般系统论、信息论和控制论的观点和方法延伸到社会、经济、生态等抽象系统,并结合数学方法的一种理论和方法。本章将通过讲解最为常用的灰色关联分析和灰色预测方法,让读者了解实际工作中的更多决策方法。

17.1 灰色系统的概念

灰色系统理论(Grey Theory)以一般系统理论为基础,是系统科学思想发展的必然产物。灰色系统理论是研究小样本、少数据、不确定性的理论,以"部分信息已知、部分信息未知"的不确定性系统为研究对象,通过对仅有的已知信息的开发,实现对系统运行行为、潜在机制、演化规律的正确描述与认识,其特点是"少数据建模",最少只需要 4 个数据。

灰色系统理论认为任何随机过程都是在一定幅值范围和一定时区内变化的灰色量,并把随机过程看成灰色过程,因此,灰色过程普遍存在于日常生活中。运用灰色系统理论就是根据社会、经济、生态等系统的行为特征数据,寻找不同系统变量之间或某些系统变量自身的数学关系与变化规律,但大多数的客观系统表象复杂、数据离乱,怎么寻找规律?灰色系统理论是通过对原始数据的整理来寻求其变化规律的,这是一种通过数据寻找数据的现实规律的途径,称为**灰色序列生成**,一切灰色序列都能通过某种生成弱化其随机性,显现其规律性。为了更好地理解"通过数据寻找数据规律",下面举个简单的例子。

例 17.1 已知原始数据序列
$$X^{(0)}=(1,3,1.5,4,5),$$
此数列没有明显的规律性,起伏变化幅度较大,如图 17.1 所示。对原始数据进行一次累加生成,得一组新序列
$$X^{(1)}=(1,4,5.5,9.5,14.5),$$
此数列呈现明显的增长规律性,有利于更进一步的数学分析,如图 17.2 所示。

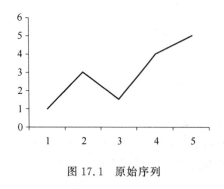

图 17.1 原始序列

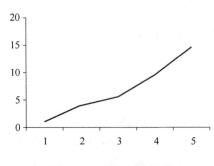

图 17.2 累加生成序列

17.1.1 基本原理

灰色系统理论的几大基本原理一方面解释了灰色系统的深层意义,另一方面也带有非常深刻的哲学内涵。

① 差异信息原理。"差异"是信息,凡信息必有差异。例如,"男人不同于女人"即告诉我们"男人"相对于"女人"之特殊性的有关信息。万事万物之间的"差异"为我们提供了认识世界的基本信息。

② 解的非唯一性原理。信息不完全、不确定的解是非唯一的。该原理在决策上的体现是灰靶思想,灰靶是目标非唯一性与目标可约束的统一体,也是信息可补充、认识可深化的体现。"非唯一性"的求解途径是定性分析与定量分析相结合。

③ 最少信息原理。灰色系统理论的特点是充分开发利用已占有的"最少信息",立足于"有限信息空间",其中"最少"是"多"与"少"的辩证统一。

④ 认知根据原理。信息是认知的根据,以不完全、不确定的信息为根据,只能得到不完全、不确定的灰认知。

⑤ 新信息优先原理。新信息对认知的作用大于老信息,这是灰色系统理论的信息观,赋予新信息较大的权重可以提高灰色系统分析的功效,这是信息时效性的一种体现。

⑥ 灰性不灭原理。"信息不完全"(灰)是绝对的,原有的不确定性消失,新的不确定性很快就会出现,人类对客观世界的认识,通过信息的不断补充而一次又一次地升华,信息无穷尽,认知无穷尽。

下面介绍灰色系统的特点,主要有不确定性、贫信息以及规律可循性。

① 不确定性。针对灰色系统中的不确定性,用灰色数学来处理,把不确定量看成灰数,并使之量化。例如,某创新技术未来的市场规模、五一假期的国内入境游客数量等均是不确定量。这是有别于模糊数学的,模糊数学研究的是没有清晰界限的事物,如语言、不精确推理等。

② 贫信息。灰色数学方法对少信息的问题即可进行数的生成,从而找出规律,因此对于某些贫信息系统,灰色系统理论是强有力的工具。例如,在历史数据较少的情况下对某地区的人口规模进行预测。这与时间序列分析、多元分析等概率统计方法不同,后者需要大量的统计数据。

③ 规律可循性。研究灰色系统的关键在于如何使灰色系统白化,这时可以运用时间序列数据,通过序列生成手段逐步使灰色量白化,充分利用已有信息来寻求系统的运动规律。

17.1.2 基本方法

灰色系统理论的基本方法包括:灰色系统分析、灰色系统建模、灰色预测、灰色决策、灰色控制。下面简单介绍不同方法的特点。

1. 灰色系统分析

灰色系统分析包含两种方法:灰色关联分析与灰色聚类分析。

(1) 灰色关联分析

灰色关联分析是根据序列曲线几何形状的相似程度来判断其联系是否紧密,曲线越接近,相应序列之间的关联度就越大,反之就越小。在关联分析过程中,需要选准系统行为特征的映射量,并进一步明确影响系统主行为的有效因素,如用国民平均受教育年数来反映教育发达程度、用医院挂号次数来反映国民的健康水平等。

(2) 灰色聚类分析

灰色聚类是根据灰色关联矩阵或灰数的白化权函数将一些观测指标或观测对象划分成若干个可定义类别的方法,可分为灰色关联聚类和灰色白化权函数聚类。前者是为了将许多因素归入一类因素中,使得此类因素能代表若干个因素而信息不受严重损失;后者主要用于检查观测对象是否属于事先设定的不同类别,以便区别对待,如日常生活中的"因材施教"、单位按需用人等。

2. 灰色系统建模

灰色模型通过灰色生成或序列算子的作用弱化随机性,挖掘潜在规律,经过灰色差分方程与灰色微分方程之间的互换来实现利用离散的数据序列建立连续的动态微分方程,一般有5个步骤。在经济研究过程中,一般经济系统模型是经济系统内部结构属性与经济系统要素关系的具体化与数量化,而灰色经济系统模型除了反映系统属性和数量关系以外,更注重经济要素之间的动态关系和过程研究。

3. 灰色预测

灰色预测是指基于人们对系统演化不确定性特征的认识,运用序列算子对原始数据进行生成、处理,挖掘系统演化规律,建立灰色系统模型(GM模型),对系统的未来状态做出科学的定量预测,按照其功能和特征可分为数列预测、区间预测、灾变预测、季节灾变预测、波形预测和系统预测等类型。

4. 灰色决策

灰色决策是在决策模型中含灰元或一般决策模型与灰色模型相结合的情况下进行的决策,重点研究方案选择问题,其分类主要包括灰靶决策、灰色关联决策、灰色统计、聚类决策、灰色局势决策和灰色层次决策等。

5. 灰色控制

灰色控制系统是指只掌握或只能获得部分控制信息的系统,其应用包括一般控制系统含有灰参数的情形,还包括运用灰色系统的分析、建模、预测、决策思路构造的控制,如灰色关联控制和 GM(1,1) 预测控制等。在控制过程中,首先要了解系统动态品质与含灰元的参数矩阵有何关系,系统的动态如何变化,特别是怎样得到一个白色控制函数来改变系统品质并控制系统的变化过程。

除了以上5种基本方法,还有与运筹学结合发展出的灰色优化技术,包括灰色线性规划、灰色非线性规划、灰色整数规划和灰色动态规划等。

17.2 灰色关联分析

系统分析方法有很多,如数理统计中的回归分析、方差分析、主成分分析等,但这些方法都无法用于数据量少、无明显概率分布的情况,且计算量大,可能出现量化结果与定性分析结果不符的现象。尤其是我国统计数据十分有限,而且现有数据灰度较大,无典型的分布规律,因此,采用数理统计方法往往难以奏效,灰色关联分析方法则弥补了以上缺点。本节将对灰色关联分析的基本思想和主要内容进行阐述,并通过案例分析展示其应用。

17.2.1 灰色关联分析的基本思想

灰色关联分析是根据序列曲线几何形状的相似程度来判断其联系是否紧密,曲线越接近,相应序列之间的关联度就越大,反之就越小,从这个角度来看,灰色关联分析属于几何处理的范畴。在对受多种因素影响的事物和现象从整体观念出发进行综合评价时,该方法是最常用的决策方法之一,具有简单、实用和可操作性强等优点。

灰色关联分析方法的适用范围很广,一般的抽象系统,如社会、经济、教育等系统的发展态势等由多种因素的共同作用决定的系统,都可以用灰色关联方法来分析。为了对一个抽象系统或现象进行分析,通常抽取其中影响力较大的因素进行分析,即选准反映系统行为特征的数据序列来间接地表征系统行为,例如,用国民平均受教育年数来反映教育发达程度,用植树面积来反映某城市的绿化程度等。具体地,灰色关联分析方法的应用功能还有很多,例如,可以探讨分析因子与行为的影响、判别主要和次要因子、评价效果、聚类、决策等。下面通过分析某省份的科技投入与经济增长的关系来浅谈灰色关联分析方法的应用。

例 17.2 为分析某省份的科技投入与经济增长的关系,设国内生产总值(GDP)为序列 X_0,科学研究与试验发展(R&D)经费支出和从事科技活动人员数分别为序列 X_1 和序列 X_2,即

$$X_0 = (6\,680.34, 7\,199.95, 7\,697.82, 8\,582.7, 9\,511.9, 10\,636.3),$$
$$X_1 = (25.17, 32.52, 44.88, 56.7, 80.9, 107.71),$$
$$X_2 = (25.24, 23.35, 43, 38.2, 29.4, 31.9),$$

X_0, X_1, X_2 对应的折线如图 17.3 所示。

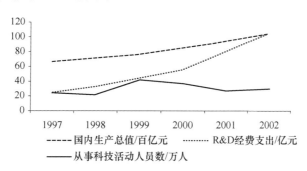

图 17.3　1997—2002 年某省份科研投入与经济增长折线图

由图 17.3 可以看出,R&D 经费支出 X_1 与国内生产总值 X_0 的几何形状更相似,在灰色关联意义下,认为 X_1 与 X_0 的关联度较大,即可推断该省份的经济增长主要受 R&D 经费支出量的影响。不过直观分析并不能算是一种方法,只能说是一种观点,因此,要进一步测算各因素之间的关系,还需要借助量化模型。

17.2.2 灰色关联分析的主要内容

灰色关联分析实质上是关联系数的分析,首先求各个方案与由最佳指标组成的理想方案的关联系数,由关联系数得到关联度,再按关联度的大小进行排序、分析,得出结论。这种方法优于经典的精确数学方法,把意图、观点和要求概念化、模型化,从而使所研究的灰色系统在结构、模型、关系上逐渐由黑变白,使不明确的因素逐渐明确。下面对各分析步骤及相关概念进

行具体讨论。

1. 灰色行为序列与无量纲化处理

为分析一个灰色系统,首先要确定待分析因素的序列数据,即最原始的目标数据。

定义 17.1 设 $X_i(i=1,2,\cdots,m)$ 为系统因素,其在序号 k 上的观测数据为 $x_i(k)(k=1,2,\cdots,n)$,则称 $X_i=(x_i(1),x_i(2),\cdots,x_i(n))$ 为因素 X_i 的行为序列。若 k 为时间序号、指标序号、观测对象序号,则 X_i 分别称为行为时间序列、行为指标序列、行为横向序列。

无论是以上哪种序列数据,都可以进行关联分析。要进行量化研究分析,需对系统中各有效因素的数据进行适当处理,即进行无量纲化处理,其方法是通过算子作用,使数据化为数量级大体相近的无量纲数据,并将负相关因素转化为正相关因素。进行无量纲化处理的关联算子主要包括以下 5 种。

① 初值化算子 D_1:设 $X_i=(x_i(1),x_i(2),\cdots,x_i(n))$ 为因素 X_i 的行为序列,D_1 为序列算子且

$$X_i D_1=(x_i(1)d_1,x_i(2)d_1,\cdots,x_i(n)d_1),$$

其中 $x_i(k)d_1=\dfrac{x_i(k)}{x_i(1)}(x_i(1)\neq 0,k=1,2,\cdots,n)$,则称 D_1 为初值化算子。

② 均值化算子 D_2:

$$x_i(k)d_2=\dfrac{x_i(k)}{\overline{X}_i}, \quad \overline{X}_i=\dfrac{1}{n}\sum_{k=1}^{n}x_i(k), \quad k=1,2,\cdots,n。$$

③ 区间值化算子 D_3:

$$x_i(k)d_3=\dfrac{x_i(k)-\min x_i(k)}{\max x_i(k)-\min x_i(k)}, \quad k=1,2,\cdots,n。$$

注意,一般地,D_1,D_2,D_3 不宜混合、重叠使用,在进行系统因素分析时,可根据实际情况选用其中一个。

另外,若系统因素 X_i 与系统主行为 X_0 呈负相关关系,则通过以下算子可使之呈正相关关系。

④ 逆化算子 D_4:

$$x_i(k)d_4=1-x_i(k), \quad k=1,2,\cdots,n。$$

⑤ 倒数化算子 D_5:

$$x_i(k)d_5=\dfrac{1}{x_i(k)}, \quad k=1,2,\cdots,n。$$

2. 灰色关联系数

灰色关联系数是指考虑系统行为序列几何形状的差别,用序列间差值的大小作为衡量关联系数的依据。例如,图 17.3 中 3 条序列曲线的形状差别(即关联程度)便可用灰色关联系数来表征。

设系统主因素行为序列和相关因素行为序列分别为

$$X_0=\{x_0(1),x_0(2),\cdots,x_0(n)\}, \quad X_i=\{x_i(1),x_i(2),\cdots,x_i(n)\}, \quad i=1,2,\cdots,m,$$

则 X_0 和 X_i 的灰色关联系数为

$$\zeta_i(k)=\dfrac{\min\limits_{i}\min\limits_{k}|x_0(k)-x_i(k)|+\rho\cdot\max\limits_{i}\max\limits_{k}|x_0(k)-x_i(k)|}{|x_0(k)-x_i(k)|+\rho\cdot\max\limits_{i}\max\limits_{k}|x_0(k)-x_i(k)|}, \quad k=1,2,\cdots,m,$$

式中 ρ 为分辨系数，在 $(0,1)$ 内取值，ρ 越小，关联系数间差异越大，区分能力越强，通常 ρ 取 0.5，数学上可以证明，ρ 的值不会影响排序结果，仅改变相对数值的大小。如果 $\{x_0(k)\}$ 为最优值数据列，$\zeta_i(k)$ 越大越好；如果 $\{x_0(k)\}$ 为最劣值数据列，$\zeta_i(k)$ 越大越不好。

3. 灰色关联度与灰色关联序

灰色关联系数只能代表一个点的数据间的灰关联情况，不能反映整个过程的关联程度，此时，将取灰色关联系数的均值作为 X_0 和 X_i 的整体关联程度，以进一步对整个数据序列进行比较，即定义 X_0 和 X_i 的灰色关联度为

$$r_{0i} = \frac{1}{m}\sum_{k=1}^{m}\zeta_i(k), \quad i=1,2,\cdots,m。$$

如果各指标在综合评价中所起的作用不同，可对关联系数求加权平均值，即

$$r'_{0i} = \frac{1}{m}\sum_{k=1}^{m}W_k \cdot \zeta_i(k), \quad k=1,2,\cdots,m, W_k \text{ 为各指标权重}。$$

设系统主因素行为序列为 X_0，相关因素行为序列有 X_i 和 X_j 等，若其相应的灰色关联度 $r_{0i} \geqslant r_{0j}$，则称因素 X_i 优于 X_j，记 $X_i > X_j$，称 ">" 为由灰色关联度导出的灰色关联序，根据关联序可得出综合评价结果。

实际上，关联度的公式定义不止以上一种，关联度从结构与机理来看，可以分为以下几种：邓氏关联度、绝对关联度、相对关联度、斜率关联度、T 型关联度、B 型关联度、C 型关联度等。为了克服个别关联度不满足整体性和规范性的缺陷，有人提出了灰色综合关联度，其适用性更为广泛，绝对关联度、相对关联度与综合关联度可归到广义关联度一类。

这几种关联度是使用不同的方法来描述数据序列曲线之间的接近或相似程度的，由于它们所使用的方法不同，因此所适用的范围、对象等也不尽一致，有些只对时间序列适合，有些对于时间序列与指标序列都是适合的。在这些关联度中，邓氏关联度即以上提到的关联系数的均值，灰色综合关联度在学术研究中较为常用。在后面的灰色聚类分析中将用到灰色绝对关联度，届时再具体给出其含义与计算过程，其他关联度的解释可参考相关的灰色系统理论书籍。

4. 灰色关联矩阵

前面只提到一个主因素与多个相关因素之间的关联，而在现实生活中，更多的是多个主因素与多个相关因素之间的问题，此时，可以通过关联矩阵来确定它们之间的关联程度，进而分析得出优势因素。

设 $Y_i(i=1,2,\cdots,s)$ 为 s 个系统主因素行为数据序列，$X_j(j=1,2,\cdots,m)$ 为 m 个相关因素行为数据序列，r_{ij} 为 Y_i 与 X_j 的灰色关联度，则称

$$\boldsymbol{R} = (r_{ij}) = \begin{bmatrix} r_{11} & r_{12} & \cdots & r_{1m} \\ r_{21} & r_{22} & \cdots & r_{2m} \\ \vdots & \vdots & & \vdots \\ r_{s1} & r_{s2} & \cdots & r_{sm} \end{bmatrix}$$

为灰色关联矩阵。

在灰色关联矩阵中，每一行元素表示不同的相关因素对同一主因素的关联程度，每一列元素表示同一相关因素对不同的主因素的关联程度。

在灰色关联矩阵中,若第 k 行元素之和比第 i 行元素之和大,则表示主因素 Y_k 准优于 Y_i;若第 l 列元素之和比第 j 列元素之和大,则表示系统相关因素 X_l 准优于 X_j。据此可以分析哪些是优势因素,这在经济决策中可作为优势分析的依据。

17.2.3 案例分析

利用灰色关联分析对 6 位教师的工作状况进行综合评价,评价指标包括:专业素质、外语水平、教学工作量、科研成果、论文、著作与出勤。

① 对原始数据进行处理后得到以下数值,如表 17.1 所示。

表 17.1 原始数据经处理表

编号	专业素质	外语水平	教学工作量	科研成果	论文	著作	出勤
1	8	9	8	7	5	2	9
2	7	8	7	5	7	3	8
3	9	7	9	6	6	4	7
4	6	8	8	8	4	3	6
5	8	6	6	9	8	3	8
6	8	9	5	7	6	4	8

确定参考数据列 $\{x_0\} = \{9,9,9,9,8,9,9\}$。

② 初步计算 $|x_0(k) - x_i(k)|$ $(i=1,2,\cdots,6; k=1,2,\cdots,7)$,如表 17.2 所示。

表 17.2 初步计算表

编号	专业素质	外语水平	教学工作量	科研成果	论文	著作	出勤
1	1	0	1	2	3	7	0
2	2	1	2	4	1	6	1
3	0	2	0	3	2	5	2
4	3	1	1	1	4	6	3
5	1	3	3	0	0	6	1
6	1	0	4	2	2	5	1

③ 求最值:

$$\min_{i=1}^{6} \min_{k=1}^{7} |x_0(k) - x_i(k)| = \min(0,1,0,1,0,0) = 0;$$

$$\max_{i=1}^{6} \max_{k=1}^{7} |x_0(k) - x_i(k)| = \max(7,6,5,6,6,5) = 7。$$

④ 计算灰关联数。根据以上两式,取 $\rho = 0.5$ 计算得

$$\zeta_1(1) = \frac{0 + 0.5 \times 7}{1 + 0.5 \times 7} = 0.778,$$

$$\zeta_1(2) = \frac{0 + 0.5 \times 7}{0 + 0.5 \times 7} = 1.000,$$

$$\zeta_1(3) = 0.778,$$

$$\zeta_1(4) = 0.636,$$

$$\zeta_1(5)=0.467,$$
$$\zeta_1(6)=0.333,$$
$$\zeta_1(7)=1.000。$$

其余类似计算,可得灰关联数表,如表 17.3 所示。

表 17.3 灰关联数表

编号	$\zeta_i(1)$	$\zeta_i(2)$	$\zeta_i(3)$	$\zeta_i(4)$	$\zeta_i(5)$	$\zeta_i(6)$	$\zeta_i(7)$
1	0.778	1.000	0.778	0.636	0.467	0.333	1.000
2	0.636	0.778	0.636	0.467	0.636	0.368	0.778
3	1.000	0.636	1.000	0.538	0.538	0.412	0.636
4	0.538	0.778	0.778	0.778	0.412	0.368	0.538
5	0.778	0.538	0.538	1.000	0.778	0.368	0.778
6	0.778	1.000	0.467	0.636	0.538	0.412	0.778

⑤ 求平均值。分别计算每个人各指标关联系数的均值(关联序):
$$r_{01}=\frac{0.778+1.000+0.778+0.636+0.467+0.333+1.000}{7}=0.713,$$
同理可得
$$r_{02}=0.614, \quad r_{03}=0.680, \quad r_{04}=0.599, \quad r_{05}=0.683, \quad r_{06}=0.658。$$

如果不考虑各指标权重(认为各指标同等重要),6 个被评价对象由好到差依次为 1 号, 5 号,3 号,6 号,2 号,4 号,即
$$r_{01}>r_{05}>r_{03}>r_{06}>r_{02}>r_{04},$$
从而,编号为 1 的教师排名第一,依次类推。

17.3 灰色系统预测建模

建立灰色系统模型是为了揭示系统内部事物的连续发展变化过程,用离散的时间序列数据建立近似连续的微分方程模型,在日常研究建模中被广泛用于处理数据。与其他方法(如插值拟合等)相比,利用灰色模型处理数据不但对数据没有很强的限制,而且精度更高,计算更简便,适用于贫信息、少数据的情形。

如今,灰色系统理论已被广泛用于建立各种模型,如灰色预测模型、灰色组合模型、灰色决策模型、灰色博弈模型等。尤其是在预测方面,灰色系统理论的应用得到了非常有用的效果。本节将着重讲解 GM(1,1)预测模型,其中 GM 为"Grey Model"的缩写,并通过此模型进一步地解释灰色系统模型建立的过程。

17.3.1 灰色系统预测建模的基本思想

灰色预测是指基于人们对系统演化不确定性特征的认识,运用序列算子对原始数据进行生成、处理,挖掘系统演化规律,建立灰色系统模型(即 GM 模型),对系统的未来状态做出科学的定量预测。

实际上，预测可以凭经验和直觉做出。例如，早上出门前可以观察天色，再根据以往的经验预测今天是否会下雨，从而决定是否带雨具。但目前很多系统的变化过程中都存在着极大的不确定性和随机性，尤其是那些数据量少，信息严重不对称、不完整的灰色系统，使得人们在系统的组织、管理中凭经验直觉做出决策并获得成功的可能性大大减小。这些系统中的现象很多是随机的、杂乱无章的，确实难以真正做到"知彼知己"。然而，这些系统毕竟是有时序的、有界的，因此系统数据中具备潜在的规律，灰色预测就是利用这种规律建立灰色模型对灰色系统进行预测。

当时间序列无明显趋势时，可采用累加的方法生成一个趋势明显的时间序列，这种累加生成是使灰色过程由灰变白的一种方法，在灰色系统中占有极其重要的地位。按照累加生成的数列的增长趋势可以建立预测模型进行预测，然后采用累减的方法进行逆运算，恢复原时间序列，得到最后的预测结果。

基于灰色建模理论的灰色预测法按照研究问题的特征可分为5种基本类型，即数列预测、灾变预测、季节灾变预测、拓扑预测和系统综合预测。

① 数列预测。灰色数列预测是指利用动态GM模型对系统的时间序列进行数量大小的预测，即对系统的主行为特征量或某项指标发展变化到未来特定时刻出现的数值进行预测，简单地说，就是对某现象随时间的顺延而发生的变化所做的预测，如对消费物价指数、某产品市场规模、未来中国人口总量的预测等。

② 灾变预测。灾变预测是指对灾害或异常突变可能发生的时间的预测，实质上是异常值预测，什么样的值算作异常值往往是人们凭经验主观确定的，灰色任务是给出下一个或几个异常值出现的时刻，以便人们提前准备，采取对策，如对地震时间的预测。

③ 季节灾变预测。季节灾变预测用于研究发生在特定时区内的异常值，如对一年内某一特定季节中的灾害的预测。

④ 拓扑预测。利用原始数据作曲线，在曲线上按定值寻找该定值发生的所有时点，并以该定值为框架构成时点数列，然后建立模型预测未来该定值发生的时点。

⑤ 系统综合预测。系统综合预测是指对系统中众多变量间相互协调关系的发展变化所进行的预测。对于含有多个相互关联的因素与多个主控制变量的复杂系统，任何单个模型都不能反映系统的发展变化，必须考虑建立系统模型才能有效地预测。系统预测模型实际上是由 m 个 $GM(1,m+s)$ 和 s 个 $GM(1,1)$ 构成的微分方程组。系统综合预测的具体应用包括进行市场中替代商品、相互关联商品销售量互相制约的预测。

17.3.2 灰色系统预测模型的主要内容

灰色系统预测的基本要求是：通过建立 GM 模型群，研究和预测系统的动态变化，掌握其发展规律，并控制与协调变化的方向与速度，使之向着人们所期望的目标发展。下面具体介绍灰色系统预测的主要部分。

1. 灰色生成序列

环境对系统的干扰使得表示系统行为特性的原始数据序列显得杂乱无章，因此很难找出数列间的规律性，而通过灰色生成能使规律性突显。灰色生成是将原始数据通过某种运算变换为新数据的过程，是使灰过程变白的一种方法，其主要作用是：一方面能够为建模提供中间信息，并弱化原始数据的随机性，另一方面能使任意非负数列、摆动的与非摆动的数列转化为具有近似的指数规律的数列。

灰色生成序列通过序列算子的作用来实现，序列算子主要包括累加生成算子、累减生成算子、缓冲算子(弱化算子、强化算子)、均值生成算子和级比生成算子等。

(1) 累加生成(AGO, Accumulated Generating Operation)

通过数列中各时刻数据的依次累加得到新的数据与数列。累加前数列为原始数列，累加后为生成数列。

设原始数列为
$$x^{(0)}=(x^{(0)}(1),x^{(0)}(2),\cdots,x^{(0)}(n)),$$
则相应的一次累加生成数列为
$$x^{(1)}(k)=\sum_{i=1}^{k}x^{(0)}(i),$$
$r(r>1)$次累加生成数列为
$$x^{(r)}(k)=\sum_{i=1}^{k}x^{(r-1)}(i)。$$

正如例17.1中所描述的，通过灰色序列生成找到一种通过数据寻找数据的现实规律的途径，这是使灰色过程由灰变白的一种方法，通过累加生成可以看出灰量积累过程的发展态势，弱化了随机性，使离乱的原始数据中蕴含的积分特性或规律得以显化。

(2) 累减生成(IAGO, Inverse Accumulated Generating Operation)

累减生成即逆累加生成，即求前后两个数据之差，是累加生成的逆运算。累减生成可将累加生成数列还原成非生成数列。

(3) 均值生成

均值生成是一种常用的构造新数据、填补老序列空穴、生成新序列的方法，适用场景如收集数据时因某些难以克服的困难而导致数据缺失或异常。对问题数据的处理方法，通常是利用原始序列中问题数据的紧邻或邻近数据进行加权均值处理，来取代问题数据。

(4) 级比生成

均值生成无法解决序列中端值缺失的问题，因此需转而考虑级比生成。级比生成是级比 $\sigma(k)$ 和光滑比 $\rho(k)$ 的总称：
$$\sigma(k)=\frac{x^{(0)}(k)}{x^{(0)}(k-1)},\quad \rho(k)=\frac{x^{(0)}(k)}{x^{(1)}(k-1)},\quad k=1,2,\cdots,n。$$

设 $X^{(0)}=(\varphi(1),x^{(0)}(2),\cdots,x^{(0)}(n-1),\varphi(n))$ 为端值缺失的序列，若用 $\varphi(1)$ 右邻的级比生成 $x^{(0)}(1)$，用 $\varphi(n)$ 左邻的级比生成 $x^{(0)}(n)$，则称 $x^{(0)}(1)$ 与 $x^{(0)}(n)$ 为级比生成。

2. 模型的精度检验方法

灰色系统理论是通过灰数不同生成方式和数据取舍以及不同级别残差 GM 模型补充、调整、修正后，提高模型精度的。换言之，GM 模型通过残差 GM 模型修正后才变成近似差分微分方程。残差就是模型计算值与实际值之差。

GM 模型主要通过残差大小(或平均值、最近数据残差值)检验、关联度检验、后验差检验3种方法检验和判断模型的精度。残差大小检验是按点检验，是算术检验；关联度检验是建立的模型和指定函数之间的近似性检验，即根据模型曲线与指定行为数据曲线的几何相似程度进行检验，是几何检验；后验差检验是对残差的概率分布特性进行检验，是统计检验。这3种检验虽然从不同角度验证了模型的科学性，特别是后验差检验既考虑了原始数据列的离散性，又考虑了数据拟合残差离散性和小概率事件的拟合优度,但由于综合时空范围不确定和有限性,后验差检验也会出现与实际情况不吻合的现象,灰色模型综合评价方法还有待进一步研究。

对于一个具体问题,究竟应该选择什么样的预测模型,应以充分的定性分析结论为依据。模型的选择不是固定不变的,一个模型要经过多种检验才能判定其是否合理。

灰色模型的精度检验一般有 3 种方法:相对误差检验法、关联度检验法和后验差检验法。

(1) 相对误差检验法

设原始序列相应的预测模型模拟序列为
$$\overline{X}^{(0)} = (\overline{x}^{(0)}(1), \overline{x}^{(0)}(2), \cdots, \overline{x}^{(0)}(n)),$$

残差序列为
$$E = (e(1), e(2), \cdots, e(n)) = X^{(0)} - \overline{X}^{(0)}$$
$$= (x^{(0)}(1) - \overline{x}^{(0)}(1), x^{(0)}(2) - \overline{x}^{(0)}(2), \cdots, x^{(0)}(n) - \overline{x}^{(0)}(n)),$$

相对误差序列为
$$\mathrm{rel}(k) = \frac{e(k)}{x^{(0)}(k)} \times 100\%, \quad k = 1, 2, \cdots, n,$$

平均相对误差为
$$\mathrm{rel} = \frac{1}{n} \sum_{k=1}^{n} |\mathrm{rel}(k)|。 \tag{17.1}$$

给定 a,当 $\mathrm{rel} < a$ 且 $\mathrm{rel}(k) < a$ 成立时,称模型为残差合格模型,且平均相对误差和模拟误差都越小越好。

(2) 关联度检验法

设 $X^{(0)}$ 为原始序列,$\overline{X}^{(0)}$ 为相应的模拟序列,ε 为 $X^{(0)}$ 与 $\overline{X}^{(0)}$ 的绝对关联度,若对于给定的 $\varepsilon_0 > 0$ 有 $\varepsilon > \varepsilon_0$,则称模型为关联度合格模型,且关联度 ε 越大越好。

(3) 后验差检验法

设 $X^{(0)}$ 为原始序列,$\overline{X}^{(0)}$ 为相应的模拟序列,E 为残差序列,则
$$\overline{x} = \frac{1}{n} \sum_{k=1}^{n} x^{(0)}(k), \quad S_1^2 = \frac{1}{n} \sum_{k=1}^{n} (x^{(0)}(k) - \overline{x})^2$$

分别为 $X^{(0)}$ 的均值和方差;
$$\overline{e} = \frac{1}{n} \sum_{k=1}^{n} e(k), \quad S_2^2 = \frac{1}{n} \sum_{k=1}^{n} (e(k) - \overline{e})^2$$

分别为残差的均值和方差。

计算后验差比值:
$$C = \frac{S_2}{S_1}, \tag{17.2}$$

对于给定的 $C_0 > 0$,当 $C < C_0$ 时,称模型为均方差比合格模型,且 C 越小越好。

计算小误差概率:
$$p = P\{|e(k) - \overline{e}| < 0.6745 S_1\}, \tag{17.3}$$

对于给定的 $p_0 > 0$,当 $p > p_0$ 时,称模型为小误差概率合格模型,且 p 越大越好。

以上 3 种精度检验方法都是通过对残差的考察来判断模型的精度。给定 $a, \varepsilon_0, C_0, p_0$ 的一组取值,就确定了检验模型模拟精度的一个等级。常用精度等级如表 17.4 所示,可供检验模型参考。一般情况下,最常用的是相对误差检验指标。

表 17.4 模型精度检验等级

模型精度等级	相对误差	关联度	后验差比值	小误差概率
1级(好)	$a \leq 0.01$	$e_0 \geq 0.90$	$C_0 \leq 0.35$	$p_0 \geq 0.95$
2级(合格)	$0.01 < a \leq 0.05$	$0.80 \leq e_0 < 0.90$	$0.35 < C_0 \leq 0.5$	$0.80 \leq p_0 < 0.95$
3级(勉强)	$0.05 < a \leq 0.10$	$0.70 \leq e_0 < 0.80$	$0.5 < C_0 \leq 0.65$	$0.70 \leq p_0 < 0.80$
4级(不合格)	$a > 0.20$	$e_0 < 0.70$	$C_0 > 0.65$	$p_0 < 0.70$

在使用灰色模型预测法进行预测时,往往会出现预测结果和定性分析结论不一致的情况。冲击扰动是造成这一现象的主要原因,系统行为数据因系统本身受到某种冲击的干扰而失真,此时系统行为数据已经不能正确地反映系统的真实变化规律,灰色模型的误差修正是解决这一问题的关键。

设 $X^{(0)}=(x^{(0)}(1),x^{(0)}(2),\cdots,x^{(0)}(M))$ 为系统真实行为序列,而观测到的系统行为数据序列(即冲击扰动序列)为

$$X=(x(1),x(2),\cdots,x(M))=(x^{(0)}(1)+\varepsilon_1,x^{(0)}(2)+\varepsilon_2,\cdots,x^{(0)}(M)+\varepsilon_m)=X^{(0)}+\varepsilon,$$

要从冲击扰动序列 X 出发实现对真实行为序列 $X^{(0)}$ 的系统变化规律的正确把握,必须首先跨越障碍 ε,否则用失真的数据直接建模和预测容易导致预测的失败。消除冲击干扰的有效方法是建立缓冲算子,其基本思想是:设

$$X=(x(1),x(2),\cdots,x(M)),$$
$$XD=(x(1)d_1,x(2)d_2,\cdots,x(M)d_m),$$

其中 $x(k)d_k=\dfrac{x(k-1)+x(k)}{2}(k=2,3,\cdots,n); x(1)d_1=\alpha x(1)(\alpha\in[0,1])$。

缓冲算子的作用是使冲击扰动系统数据序列在建模预测过程中常常出现的定量预测结果与定性分析结论不符的问题得到有效解决,具体原理可参考刘思峰、党耀国等人的关于缓冲算子研究的相关文献。

17.4 GM(1,1)预测模型

GM(1,1)是较为常用的数列预测模型,根据实际情况,也可以考虑采用其他灰色模型。在定性分析的基础上,定义适当的序列算子,对算子作用后的序列建立 GM 模型,通过精度检验后,即可用作预测。"GM(1,1)"中第 1 个"1"是指 1 阶方程,第 2 个"1"是指 1 个变量。

对于高阶系统建模,灰色理论是通过 GM(1,N)模型群来解决的,即一阶微分方程组,也可以通过多级多次残差 GM 模型的补充修正来解决。GM(1,N)模型可用于建立系统的状态模型以及各变量动态关联分析,但仅适合为高阶系统建模提供基础,不适合预测使用。GM(1,N)虽然反映的是变量 x 的变化规律,但是每个时刻的 x 值都依赖于其他变量在该时刻的值,如果其他变量的预测值未求出,x 的预测值就不可能得到。因此适用于预测的模型应该是单变量的模型,即 GM(1,1)模型,GM(1,1)是 GM(1,N)的特例,通常所说的灰色预测皆指 GM(1,1)模型预测。

17.4.1 GM(1,1)模型的建立过程

GM(1,1)模型的建立过程一般包括序列生成、建立灰微分方程、构造数据矩阵、模型求

解、模型检验。

1. 序列生成

$x^{(0)}(1), x^{(0)}(2), \cdots, x^{(0)}(M)$ 是所要预测的某项指标的原始数据,对原始数据进行一次生成处理,常用累加生成,即

$$x^{(1)}(M) = \sum_{t=1}^{M} x^{(0)}(t),$$

得到一个新的数列。

2. 建立灰微分方程

将新数列的变化趋势近似地用微分方程描述,

$$\frac{\mathrm{d}x^{(1)}}{\mathrm{d}t} + ax^{(1)} = u,$$

其中,a 和 u 为辨识参数。辨识参数可以通过最小二乘法拟合得到:

$$\begin{pmatrix} a \\ u \end{pmatrix} = (\boldsymbol{B}^{\mathrm{T}} \boldsymbol{B})^{-1} \boldsymbol{B}^{\mathrm{T}} \boldsymbol{Y}。 \tag{17.4}$$

3. 构造数据矩阵

式(17.4)中 $\boldsymbol{Y}$ 为列向量:

$$\boldsymbol{Y} = [x^{(0)}(2), x^{(0)}(3), \cdots, x^{(0)}(M)]^{\mathrm{T}}, \tag{17.5}$$

$\boldsymbol{B}$ 为构造数据矩阵:

$$\boldsymbol{B} = \begin{pmatrix} -\frac{1}{2}[x^{(1)}(1) + x^{(1)}(2)] & 1 \\ -\frac{1}{2}[x^{(1)}(2) + x^{(1)}(3)] & 1 \\ \vdots & \vdots \\ -\frac{1}{2}[x^{(1)}(M-1) + x^{(1)}(M)] & 1 \end{pmatrix}。 \tag{17.6}$$

4. GM(1,1)的求解

$$x^{(1)}(t+1) = [x^{(0)}(1) - \frac{u}{a}]\mathrm{e}^{-at} + \frac{u}{a}, \tag{17.7}$$

还原值为

$$x^{(0)}(t+1) = x^{(1)}(t+1) - x^{(1)}(t) = (1 - \mathrm{e}^{a})[x^{(0)}(1) - \frac{u}{a}]\mathrm{e}^{-at}。 \tag{17.8}$$

5. 模型检验

GM(1,1)模型检验包括事中检验与事后检验,前者通常采用相对误差检验(也叫残差检验)、关联度检验和后验差检验,具体的检验过程可参照17.3.2节;后者主要为滚动检验,即用时间存在轴上左边的数据(前面的数据)建立模型,预测下一个数据(后面一个数据),以了解其预测误差。

17.4.2 GM(1,1)模型的适用性判断

一阶灰色模型 GM(1,1) 通常要求原始数据满足所谓的灰建模三条件,即结构条件、材料条件和品质条件,但对此一一进行验证通常是十分费时费力的,因此,可以通过较为简便的级

比判断来验证建模的可行性，具体操作如下所述。

设 $X^{(0)}$ 为 n 个等间隔元素的原始序列，即
$$X^{(0)} = (x^{(0)}(1), x^{(0)}(2), \cdots, x^{(0)}(n)),$$
定义该序列的级比为
$$\lambda(k) = \frac{x^{(0)}(k-1)}{x^{(0)}(k)}, \quad k=2,3,\cdots,n。$$

如果所有的级比都落在可容覆盖($e^{-\frac{2}{n+1}}, e^{\frac{2}{n+1}}$)内，则可根据序列 $X^{(0)}$ 建立 GM(1,1)模型，否则需要对 $X^{(0)}$ 进行必要处理，使相应数据序列落在可容覆盖内，即通过平移变换
$$y^{(0)}(k) = x^{(0)}(k) + C, \quad k=1,2,\cdots,n$$
使 $Y^{(0)} = (y^{(0)}(1), y^{(0)}(2), \cdots, y^{(0)}(n))$ 的级比 $\lambda_y(k)$ 落在可容覆盖内来建立模型，除此之外还有对数变换、方根变换等处理方法。当然，最后得到的预测数据也要进行相应的调整。

例17.3 设原始序列为
$$X^{(0)} = (x^{(0)}(1), x^{(0)}(2), x^{(0)}(3), x^{(0)}(4), x^{(0)}(5)) = (2.874, 3.278, 3.337, 3.390, 3.679),$$
建立 GM(1,1)模型，并进行检验。

解 ① 对 $X^{(0)}$ 作一次累加生成，得 $X^{(1)}$：
$$X^{(1)} = (x^{(1)}(1), x^{(1)}(2), x^{(1)}(3), x^{(1)}(4), x^{(1)}(5)) = (2.874, 6.152, 9.489, 12.879, 16.558)。$$

② 对 $X^{(1)}$ 作紧邻均值生成，得 $Z^{(1)}$：
$$Z^{(1)}(k) = 0.5x^{(1)}(k) + 0.5x^{(1)}(k-1),$$
$Z^{(1)} = (z^{(1)}(1), z^{(1)}(2), z^{(1)}(3), z^{(1)}(4), z^{(1)}(5)) = (2.874, 4.513, 7.820, 11.840, 14.718)。$

于是，
$$\boldsymbol{B} = \begin{pmatrix} -z^{(1)}(2) & 1 \\ -z^{(1)}(3) & 1 \\ -z^{(1)}(4) & 1 \\ -z^{(1)}(5) & 1 \end{pmatrix} = \begin{pmatrix} -4.513 & 1 \\ -7.820 & 1 \\ -11.840 & 1 \\ -14.718 & 1 \end{pmatrix}, \quad \boldsymbol{Y} = \begin{pmatrix} x^{(0)}(2) \\ x^{(0)}(3) \\ x^{(0)}(4) \\ x^{(0)}(5) \end{pmatrix} = \begin{pmatrix} 3.278 \\ 3.337 \\ 3.390 \\ 3.679 \end{pmatrix},$$

$$\boldsymbol{B}^{\mathrm{T}}\boldsymbol{B} = \begin{pmatrix} -4.513 & -7.820 & -11.840 & -14.718 \\ 1 & 1 & 1 & 1 \end{pmatrix} \begin{pmatrix} -4.513 & 1 \\ -7.820 & 1 \\ -11.840 & 1 \\ -14.718 & 1 \end{pmatrix}$$

$$= \begin{pmatrix} 423.221 & 38.235 \\ -38.235 & 4 \end{pmatrix},$$

$$(\boldsymbol{B}^{\mathrm{T}}\boldsymbol{B})^{-1} = \begin{pmatrix} 423.221 & -38.235 \\ -38.235 & 4 \end{pmatrix}^{-1} = \frac{1}{230.969} \begin{pmatrix} 4 & 38.235 \\ 38.235 & 423.221 \end{pmatrix},$$

$$\begin{pmatrix} a \\ u \end{pmatrix} = (\boldsymbol{B}^{\mathrm{T}}\boldsymbol{B})^{-1}\boldsymbol{B}^{\mathrm{T}}\boldsymbol{Y}$$

$$= \begin{pmatrix} 0.017\,318 & 0.165\,542 \\ 0.166\,554\,2 & 1.832\,371 \end{pmatrix} \begin{pmatrix} -4.513 & -7.820 & -11.184 & -14.718 \\ 1 & 1 & 1 & 1 \end{pmatrix} \begin{pmatrix} 3.278 \\ 3.337 \\ 3.390 \\ 3.679 \end{pmatrix}$$

$$= \begin{pmatrix} -0.037\,156 \\ 3.065\,318 \end{pmatrix},$$

从而,$a=-0.037\,156$,$u=3.065\,318$。

③ 确定灰微分方程。灰微分方程为

$$\frac{\mathrm{d}x^{(1)}}{\mathrm{d}t}-0.037\,156x^{(1)}=3.065\,318,$$

其解为

$$\hat{x}^{(1)}(k+1)=[x^{(0)}(1)-\frac{u}{a}]\mathrm{e}^{-ak}+\frac{u}{a}=85.372\,8\mathrm{e}^{0.037\,156k}-82.498\,6。 \tag{17.9}$$

④ 求 $X^{(1)}$ 的模拟值:

$$\hat{X}^{(1)}=(\hat{x}^{(1)}(1),\hat{x}^{(1)}(2),\hat{x}^{(1)}(3),\hat{x}^{(1)}(4),\hat{x}^{(1)}(5))$$
$$=(2.874\,0,6.105\,8,9.459\,9,12.941\,0,16.553\,8)。$$

⑤ 还原出 $\hat{X}^{(0)}$ 的模拟值。由公式

$$\hat{x}^{(0)}(k+1)=\hat{x}^{(1)}(k+1)-\hat{x}^{(1)}(k)$$

得

$$\hat{X}^{(0)}=(\hat{x}^{(0)}(1),\hat{x}^{(0)}(2),\hat{x}^{(0)}(3),\hat{x}^{(0)}(4),\hat{x}^{(0)}(5))$$
$$=(2.874\,0,3.231\,8,3.354\,1,3.481\,1,3.612\,8)。$$

⑥ 误差检验。这一步需要耗费许多精力,分成以下 5 个步骤。

a. 计算残差和相对误差,如表 17.5 所示。

表 17.5 误差检验表

序号	实际数据 $x^{(0)}(k)$	模拟数据 $\hat{x}^{(0)}(k)$	残差 $\varepsilon(k)=x^{(0)}(k)-\hat{x}^{(0)}(k)$	相对误差 $\Delta_k=\left\|\frac{\varepsilon(k)}{x^{(0)}(k)}\right\|$
2	3.278	3.231 8	0.046 2	1.41%
3	3.337	3.354 1	−0.017 1	0.51%
4	3.390	3.481 1	−0.091 1	2.69%
5	3.679	3.612 8	0.066 2	1.80%

b. 计算残差平方和:

$$s=\boldsymbol{\varepsilon}^{\mathrm{T}}\boldsymbol{\varepsilon}=(\varepsilon(2),\varepsilon(3),\varepsilon(4),\varepsilon(5))\begin{pmatrix}\varepsilon(2)\\\varepsilon(3)\\\varepsilon(4)\\\varepsilon(5)\end{pmatrix}$$

$$=(0.046\,2,-0.017\,1,-0.091\,1,0.066\,2)\begin{pmatrix}0.046\,2\\-0.017\,1\\-0.091\,1\\0.066\,2\end{pmatrix}$$

$$=0.015\,1。$$

c. 计算平均相对误差:

$$\Delta=\frac{1}{4}\sum_{k=1}^{5}\Delta_k=\frac{1}{4}(1.41\%+0.51\%+2.69\%+1.80\%)$$
$$=1.062\,5\%。$$

d. 计算 X 与 $\hat{X}$ 的灰色关联度:

$$|S| = \left| \sum_{k=2}^{4} \left[x(k) - x(1) + \frac{1}{2}(x(5) - x(1)) \right] \right| = 1.785\,5,$$

$$|\hat{S}| = \left| \sum_{k=2}^{4} \left[\hat{x}(k) - \hat{x}(1) + \frac{1}{2}(\hat{x}(5) - \hat{x}(1)) \right] \right| = 1.814\,4,$$

$$|\hat{S} - S| = \left| \sum_{k=2}^{4} \left[(x(k) - x(1)) - (\hat{x}(k) - \hat{x}(1)) \right] + \frac{1}{2} \left[(x(5) - x(1)) - (\hat{x}(5) - \hat{x}(1)) \right] \right|$$
$$= 0.045\,35,$$

$$\varepsilon = \frac{1 + |S| + |\hat{S}|}{1 + |S| + |\hat{S}| + |\hat{S} - S|}$$
$$= \frac{1 + 1.785\,5 + 1.814\,4}{1 + 1.785\,5 + 1.814\,4 + 0.045\,35}$$
$$= 0.990\,2 > 0.90。$$

e. 确定精度级别。按照关联度检验法可知,精度为一级,可以用以下公式进行预测:

$$\hat{x}^{(1)}(k+1) = 85.372\,8\mathrm{e}^{0.037\,156k} - 82.498\,6,$$
$$\hat{x}^{(0)}(k+1) = \hat{x}^{(1)}(k+1) - \hat{x}^{(1)}(k)。$$

17.5 案例分析:股指预测

股票市场是涉及金融、经济、政治、社会以及股民心理等诸多影响因素的复杂的动力学系统,其变化过程具有非线性、混沌性、长期记忆性等特点,但目前只有一组 6 天的深圳股市综合指数(日收盘价)的数据,虽说综合指数能较为准确地反映股票价格的总体水平,具有较强的综合性和趋势性,但如此少量的数据信息能否进行股票市场预测?针对这种贫信息、少数据的情况,可以用 GM(1,1) 模型。

1. 模型的准备

图 17.4 是灰色建模的流程图,首先要进行序列生成,然后根据 GM(1,1) 模型的具体步骤进行计算得出相关数据,最后是数据检验。如果满足检验条件,则该灰色模型建立完成后可以进行更进一步的场景分析,否则返回第一步,分析 GM(1,1) 是否适用于此问题,并进行相应调整。

此外,还要进行模型的适用性检验。本问题中,原始数据为

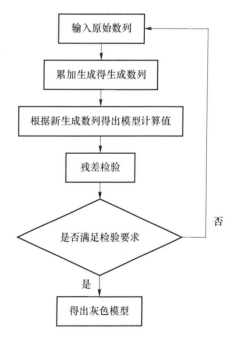

图 17.4 灰色建模流程图

$$X^{(0)} = (x^{(0)}(1), x^{(0)}(2), x^{(0)}(3), x^{(0)}(4), x^{(0)}(5), x^{(0)}(6))$$
$$= (415.58, 416.58, 417.66, 419.03, 409.51, 404.93),$$

该序列的级比为

$$\lambda(2) = \frac{x^{(0)}(1)}{x^{(0)}(2)} = \frac{415.58}{416.58} = 0.9976,$$

$$\lambda(3) = \frac{x^{(0)}(2)}{x^{(0)}(3)} = \frac{416.58}{417.66} = 0.9974,$$

$$\lambda(4) = \frac{x^{(0)}(3)}{x^{(0)}(4)} = \frac{417.66}{419.03} = 0.9967,$$

$$\lambda(5) = \frac{x^{(0)}(4)}{x^{(0)}(5)} = \frac{419.03}{409.51} = 1.0232,$$

$$\lambda(6) = \frac{x^{(0)}(5)}{x^{(0)}(6)} = \frac{409.51}{404.93} = 1.0113,$$

其中,$\lambda(i)(i=2,3,\cdots,6)$ 均落到可容覆盖 $(e^{-\frac{2}{4+1}}, e^{\frac{2}{4+1}}) = (0.6703, 1.4918)$ 内,因此建立 GM(1,1) 模型有效。

2. 模型的建立与求解

对 $X^{(0)}$ 进行一次累加生成得序列

$$X^{(1)} = (415.58, 832.16, 1249.82, 1668.85, 2078.36, 2483.39),$$

根据式(17.5)和式(17.6),得数据矩阵

$$\boldsymbol{Y} = (416.58, 417.66, 419.03, 409.51, 404.93)^\mathrm{T}, \quad \boldsymbol{B} = \begin{pmatrix} -623.87 & 1 \\ -1040.99 & 1 \\ -1459.34 & 1 \\ -1873.61 & 1 \\ -2280.83 & 1 \end{pmatrix},$$

根据式(17.4),得辨识参数

$$\begin{pmatrix} a \\ u \end{pmatrix} = (\boldsymbol{B}^\mathrm{T} \boldsymbol{B})^{-1} \boldsymbol{B}^\mathrm{T} \boldsymbol{Y},$$

$$a = -0.007564, \quad u = 424.55331,$$

则

$$\frac{u}{a} = 56127.095358,$$

代入式(17.7)得

$$\hat{x}^{(1)}(k+1) = -55711.515358 e^{-0.007564k} + 56127.095358, \quad k=1,2,\cdots,6, \quad (17.10)$$

根据式(17.8)可得还原值

$$x^{(0)}(k+1) = x^{(1)}(k+1) - x^{(1)}(k), \quad k=1,2,\cdots,6, \quad (17.11)$$

进而可以得出预测值,如表17.6所示。

表 17.6　原始指数及其预测值

日期序号	日收盘	
	原始值	预测值
1	415.58	415.58
2	416.58	419.82
3	417.66	416.66
4	419.03	413.51
5	409.51	410.40
6	404.93	407.31
7	—	404.24

3. 检验

根据式(17.1)、式(17.2)和式(17.3)，可以求出日收盘指数预测的相对误差 $a=0.63\%<1\%$，后验差比 $C=0.3464<0.35$，关联度 $e_0=0.9086>0.90$，小误差概率 $p=1>0.95$，对照表 17.4 可得该模型的预测精度均为一级，即符合检验。

4. 结论

通过以上实证分析可以看出，与其他预测方法不同，灰色预测对数据量要求不高，更不要求典型分布，对投资者尤其是短期投资者来说，为在短期内规避风险，获得投资回报，灰色预测不失为一种有效方法。另外，虽然本案例只对深圳股市综合指数进行预测分析，但是其他任何类型的股票市场均以证券价格变化曲线来反映市场行情走势，故灰色预测不仅可以用于深证指数，对于其他的股票市场也同样适用。

值得一提的是，预测方法必须根据实际情况，从预测目标、期限、精确度及预测耗费等诸多方面进行合理选择，要注意以下几点：灰色模型法较适用于近期预测；在历史数据较为缺乏的情况下，可采用定性预测方法，而在数据较为充足可靠的情况下，宜采用定量预测方法等；灰色系统预测方法并未充分考虑内外环境变化因素，因此在贫信息、少数据时也不能过分依赖于此方法，需要做充分的适用性检验与调研工作，以使各种系统方法在经济问题分析中得到有效利用。

第18章 随机服务系统分析

排队现象是生活中最常见的现象之一,例如,去车站买票需要排队,去游乐园需要排队,去银行办理业务需要排队,去超市结账时需要排队等。有时排队的主体也可以不是人,如在邮局等待被发出的信件、生产线上的原料、等待加工的半成品、在空中盘旋等待降落的飞机等。除了这些有形的排队外,还有一些无形的排队现象,如患者通过网络预约挂号、顾客打电话给出租车公司要求派车,这些都在无形中形成了一个"队伍"。上述问题虽然各不相同,但是有着内在的共同特质。首先,系统中都存在一个或者多个提供某种服务的人或者机构,一般称其为"服务台";其次,系统中都存在一些需要某种服务的人或者物,一般称其为"顾客"。不同的顾客与服务组成了各式各样的服务系统。顾客为了得到某种服务而到达系统,若不能立即获得服务而又允许排队等待,则加入等待队伍,待获得服务后离开系统。

上述问题统称为排队问题。面对拥挤现象,人们总是希望尽量设法减少排队,通常的做法是增加服务设施。但是服务设施增加的数量越多,人力、物力的支出就越大,甚至会出现空闲浪费;如果服务设施太少,顾客排队等待的时间就会很长,这样会为顾客带来不良影响。于是,顾客排队时间的长短与服务设施规模的大小就构成了设计随机服务系统中的一对矛盾。如何做到既保证一定的服务质量指标,又使服务设施费用经济合理,恰当地解决顾客排队时间与服务设施规模这对矛盾,就是随机服务系统理论,即排队论所要研究解决的问题。

排队论(Queuing Theory)又称随机服务系统理论(Random Service System Theory),是一门研究拥挤现象(排队、等待)的科学。具体地说,排队论是在研究各种排队系统概率规律性的基础上,解决相应排队系统的最优设计和最优控制问题。排队论是1909年由丹麦工程师爱尔朗(A. K. Erlang)在研究电话系统时创立的,一百余年以来,排队论的应用领域越来越广泛,理论也日渐完善,特别是20世纪60年代以来,计算机的飞速发展更为排队论的应用开拓了广阔的前景。

排队论研究的首要问题是排队系统主要数量指标的概率规律,即研究系统的整体性质,然后进一步研究系统的优化问题。与这两个问题相关的还包括排队系统的统计推断问题。

① 通过研究主要数量指标在瞬时或平稳状态下的概率分布及其数字特征,了解系统运行的基本特征。

② 统计推断问题,建立适当的排队模型是排队论研究的第一步,在建立模型的过程中经常会碰到如下问题:检验系统是否达到平稳状态;检验顾客相继到达时间间隔的相互独立性;确定服务时间的分布及有关参数等。

③ 系统优化问题,又称系统控制问题或系统运营问题,其基本目的是使系统处于最优或最合理的状态。系统优化问题包括最优设计问题和最优运营问题,其内容很多,包括最少费用问题、服务率的控制问题、服务台的开关策略、顾客(或服务)根据优先权的最优排序等方面的问题。

18.1 基本概念

一般来说,任何一个排队问题的基本排队过程都可以用图 18.1 表示。每个顾客由一定的顾客源到达系统,首先加入队列排队等待接受服务,然后服务台按一定规则从队列中选择顾客进行服务,获得服务的顾客立即离开。

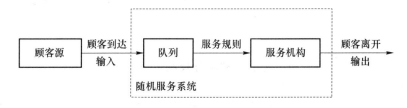

图 18.1 随机服务系统概述

通常情况下,排队系统包括输入过程、服务规则和服务台 3 个组成部分。

18.1.1 输入过程

输入过程是指要求服务的顾客是按怎样的规律到达排队系统的过程,有时也称为顾客流,一般可以从 3 个方面来描述一个输入过程。

1. 顾客源

顾客源是指顾客的来源。顾客源可以是有限的,也可以是无限的。例如,到售票处购票的顾客总数可以认为是无限的,而某个工厂因故障待修的机床是有限的。

2. 到达方式

到达方式用于描述顾客是怎样来到系统的,是单个到达,还是成批到达。病人到医院看病是顾客单个到达的示例;在库存问题中若将生产器材进货或产品入库看作顾客,则这种顾客是成批到达的。

3. 顾客流

顾客流是求解排队系统有关运行指标问题时首先需要确定的指标。顾客流也可以理解为在一定的时间间隔内到达 $K(K=1,2,\cdots)$ 个顾客的概率是多大。顾客流的概率分布一般有定长分布、二项分布、泊松流(最简单流)、爱尔朗分布等。

18.1.2 服务规则

服务规则是指服务台从队列中选取顾客进行服务的顺序,一般可以分为损失制、等待制和混合制三大类。

1. 损失制

损失制是指如果顾客到达排队系统时,所有服务台都已被先来的顾客占用,则这些顾客自动离开系统永不再来。典型示例是,电话拨号后出现忙音,顾客不愿等待而自动挂断电话,如要再打,就需重新拨号,这种服务规则即为损失制。

2. 等待制

等待制是指当顾客来到系统时,所有服务台都不空,顾客加入排队行列等待服务,如排队等待售票,故障设备等待维修等。在等待制中,服务台在选择顾客进行服务时,常有如下 4 种规则。

① 先到先服务。按顾客到达的先后顺序对顾客进行服务,这是最普遍的情形。

② 后到先服务。仓库中叠放的钢材中后叠放上去的先被领走,就属于这种情况。

③ 随机服务。当服务台空闲时,不按照排队序列而随意指定某个顾客接受服务,如电话交换台接通呼叫电话。

④ 优先权服务。例如,老人、儿童先进车站;危重病员先就诊;遇到重要数据需要处理时,计算机立即中断其他数据的处理等。

3. 混合制

混合制是等待制与损失制相结合的一种服务规则,一般是指允许排队,但又不允许队列无限长。具体来说,大致有以下 3 种。

① 队长有限。当排队等待服务的顾客人数超过规定数量时,后来的顾客就自动离去,另求服务,即系统的等待空间是有限的,如水库的库容是有限的,旅馆的床位是有限的。具体来说,设最多只能容纳 K 个顾客在系统中,当新顾客到达时,若系统中的顾客数(又称队长)小于 K,则新顾客可进入系统排队或接受服务;否则,新顾客便离开系统,并不再回来。

② 等待时间有限。即顾客在系统中的等待时间不超过某一给定的长度 T,当等待时间超过 T 时,顾客自动离去,并不再回来。例如,易损坏的电子元器件的库存问题,超过一定存储时间的元器件被自动认为失效。又如,顾客到饭店就餐,等待一定时间后不愿再等而自动离去另找饭店用餐。

③ 逗留时间(等待时间与服务时间之和)有限。例如,用高射炮射击敌机,当敌机飞越高射炮射击有效区域的时间为 t 时,若敌机在这个时间内未被击落,则不可能再被击落。

不难注意到,损失制和等待制可以看作混合制的特殊情形,若记 s 为系统中服务台的个数,则当 $K=s$ 时,混合制即成为损失制,当 $K=\infty$ 时,混合制即成为等待制。

18.1.3 服务台情况

服务台用于衡量提供服务的多少,可以从以下 3 个方面来描述。

① 服务台数量及构成形式。从数量上看,服务台有单服务台和多服务台之分。从构成形式上看,服务台包括单队-单服务台式、单队-多服务台并联式、多队-多服务台并联式、单队-多服务台串联式、单队-多服务台并串联混合式、多队-多服务台并串联混合式等,如图 18.2 至图 18.6 所示。

图 18.2 单队-单服务台式

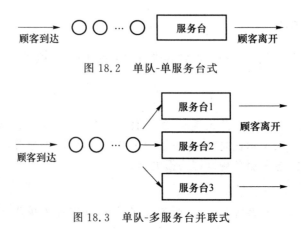

图 18.3 单队-多服务台并联式

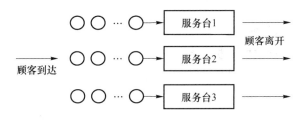

图 18.4　多队-多服务台并联式

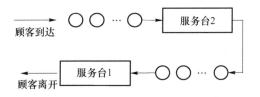

图 18.5　单队-多服务台串联式

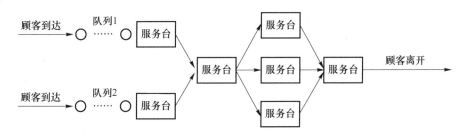

图 18.6　多队-多服务台并串联混合式

② 服务方式。服务方式是指在某一时刻接受服务的顾客数,包括单个服务和成批服务两种。例如,公共汽车一次可装载一批乘客就属于成批服务。

③ 服务时间的分布。一般来说,在多数情况下,对每一个顾客的服务时间是一个随机变量,其概率分布有定长分布、负指数分布、k 阶爱尔朗分布、一般分布(所有顾客的服务时间都是独立同分布的)等。

18.1.4　排队系统常用的术语和记号

为了区别各种排队系统,根据输入过程、排队规则和服务机制的变化对排队模型进行描述或分类,可给出很多排队模型。为了方便对众多模型的描述,肯道尔(D. G. Kendall)提出了一种目前在排队论中被广泛采用的"Kendall 记号",完整的表达方式通常用到 6 个符号并取如下固定格式:输入分布/服务分布/服务台数/系统容量/顾客源数/服务规则。其中每一项都用一些固定的符号加以描述,如下所述。

输入分布表示顾客相继到达间隔时间分布,常用下列符号:

M——表示到达过程为泊松过程或负指数分布;

D——表示定长分布;

E_k——表示 k 阶爱尔朗分布;

G——表示一般相互独立的随机分布。

服务分布表示服务时间分布,所用符号与表示顾客到达间隔时间分布的相同:

M——表示服务过程为泊松过程或负指数分布;

D——表示定长分布；

E_k——表示 k 阶爱尔朗分布；

G——表示一般相互独立的随机分布。

服务台数表示服务台（员）个数："1"表示单个服务台，"s"（$s>1$）表示多个服务台。

系统容量表示系统中顾客容量限额，或称等待空间容量。如系统有 K 个等待位置，则 $0<K<\infty$，当 $K=0$ 时，说明系统不允许等待，即为损失制，当 $K=\infty$ 时为等待制系统，此时 ∞ 一般省略不写，当 K 为有限整数时为混合制系统。

顾客源数表示顾客源限额，分有限与无限两种，∞ 表示顾客源无限，此时 ∞ 一般省略不写。

服务规则常用下列符号：

FCFS——表示先到先服务的排队规则；

LCFS——表示后到先服务的排队规则；

PR——表示优先权服务的排队规则。

例 18.1 某排队问题为 $M/M/s/\infty/\infty/\text{FCFS}$，则表示顾客到达间隔时间为负指数分布（泊松流），服务时间为负指数分布，有 $s(s>1)$ 个服务台，系统等待空间容量无限（等待制），顾客源无限，采用先到先服务规则。

某些情况下，排队问题仅用上述表达形式中的前 3 个符号。若无特别说明则均理解为系统等待空间容量无限，顾客源无限，先到先服务的等待制系统，即 $M/M/s/\infty/\infty/\text{FCFS}$ 可简记为 $M/M/s$。

$M/M/1$ 就是顾客到达间隔时间为负指数分布（泊松流），服务时间为负指数分布，有 1 个服务台，系统等待空间容量无限（等待制），顾客源无限，采用先到先服务规则的系统。

18.1.5 排队系统相关指标

研究排队系统的目的是通过了解系统运行的状况，对系统进行调整和控制，使系统处于最优运行状态，因此，首先需要清楚系统的运行状况。一般来说，描述一个排队系统运行状况的主要数量指标有以下几个。

定义 18.1 系统状态和队长（队列长）：系统状态是指系统中的顾客数（排队等待的顾客数与正在接受服务的顾客数之和），队长是指系统中正在排队等待服务的顾客数。

系统状态和队长一般都是随机变量。对这两个指标进行研究时，当然希望能确定其分布，或至少能确定其平均值（即平均队长和平均等待队长）及有关的矩（如方差等）。系统状态的分布是顾客和服务员都关心的，特别是对系统设计人员来说，如果能知道系统状态的分布，就能确定系统状态超过某个数的概率，从而确定合理的等待空间。

定义 18.2 等待时间和逗留时间：从顾客到达起到顾客开始接受服务止的这段时间称为等待时间，从顾客到达起到顾客接受服务完成止的这段时间称为逗留时间。

等待时间和逗留时间都是随机变量，一般来说是顾客非常关心的变量。对这两个指标进行研究时当然希望能确定其分布，或至少能知道顾客的平均等待时间和平均逗留时间。

定义 18.3 忙期和闲期：忙期是指从顾客到达空闲着的服务机构起，到服务机构再次空闲止的这段时间，即服务机构连续繁忙的时间。与忙期相对的是闲期，即服务机构连续保持空闲的时间。

18.1.6 一些常用记号

1. 描述排队系统的一些主要数量指标

$N(t)$:时刻 t 系统中的顾客数,即系统状态。
$N_q(t)$:时刻 t 系统中排队的顾客数,即队长。
$T(t)$:时刻 t 到达系统的顾客在系统中的逗留时间。
$T_q(t)$:时刻 t 到达系统的顾客在系统中的等待时间。

上述数量指标一般都是和系统运行的时间有关的随机变量,求这些随机变量的瞬时分布一般是很困难的。为了分析上的简便,并注意到相当一部分排队系统在运行一定时间后,都会趋于一个平衡状态(或称平稳状态),在平衡状态下,系统状态的分布、等待时间的分布和忙期的分布都与系统所处的时刻无关,而且系统的初始状态的影响也会消失,因此,在本章中将主要讨论与系统所处时刻无关的性质,即统计平衡性质。

2. 一般的统计平衡指标

L_s:平均队长,即稳态系统任一时刻的所有顾客数的期望值。
L_q:平均等待队长,即稳态系统任一时刻的等待服务的顾客数的期望值。
W_s:平均逗留时间,即(在任意时刻)进入稳态系统的顾客逗留时间的期望值。
W_q:平均等待时间,即(在任意时刻)进入稳态系统的顾客等待时间的期望值。

上述 4 项主要性能指标(又称主要工作指标)的值越小,说明系统排队越少,等待时间越少,系统性能越好。显然,这些是顾客与服务系统的管理者都很关注的。

3. 其他常用数量指标

s:系统中并联服务台的数目。
λ:平均到达率。
$1/\lambda$:平均到达间隔。
μ:平均服务率。
$1/\mu$:平均服务时间。
ρ:服务强度,即每个服务台单位时间内的平均服务时间,一般有 $\rho=\lambda/(s\mu)$。
N:稳态系统任一时刻的状态(即系统中所有顾客数)。
U:任一顾客在稳态系统中的逗留时间。
Q:任一顾客在稳态系统中的等待时间。
N,U,Q 都是随机变量。
$P_n = P\{N=n\}$:稳态系统任一时刻状态为 n 的概率;特别地,当 $n=0$ 时,P_n 即 P_0,而 P_0 即稳态系统所有服务台全部空闲(系统中顾客数为 0)的概率。

对于损失制和混合制的排队系统,顾客在到达服务系统时,若系统容量已满,则自行消失。这就是说,到达的顾客不一定全部进入系统,为此引入 λ_e。

λ_e:有效平均到达率,即期望每单位时间内进入系统的顾客数。这时,λ 就是期望每单位时间内来到系统(包括未进入系统)的顾客数。对于等待制的排队系统,有 $\lambda_e=\lambda$。

在系统达到稳态时,假定平均到达率为常数,则有以下李特尔公式:

$$L_s = \lambda_e W_s \quad \text{或} \quad W_s = L_s/\lambda_e, \tag{18.1}$$

$$L_q = \lambda_e W_q \quad \text{或} \quad W_q = L_q/\lambda_e \text{。} \tag{18.2}$$

又假定平均服务时间为常数 $1/\mu$，则有

$$W_s = W_q + 1/\mu, \tag{18.3}$$

$$L_s = W_q + \lambda_e/\mu, \tag{18.4}$$

因此，只要知道 L_s, L_q, W_s, W_q 四者之一，其余三者就可由式(18.1)求得。另外还有

$$L_s = \sum_{n=0}^{\infty} n P_n, \tag{18.5}$$

$$L_q = \sum_{n=s}^{\infty} (n-s) P_n = \sum_{n=0}^{\infty} n P_{s+n} \text{。} \tag{18.6}$$

此外，只要知道 $P_n(n=0,1,2,\cdots)$，L_s 或 L_q 就可由式(18.5)或式(18.6)求得，从而再由式(18.1)～式(18.4)就能求得 4 项主要工作指标。

18.2 排队系统常用分布

排队系统本身就是一个随机的服务系统，其输入过程和服务过程都是随机的过程，这里只能用分布的规律来描述这两个过程。本节将对常用的分布进行介绍。

18.2.1 负指数分布

负指数分布是一种最常用的分布，零件的寿命、语音通话的时间理论上都非常接近负指数分布。负指数分布的概率密度函数 $f(x)$ 和累积分布函数 $F(x)$ 为

$$f(x) = \begin{cases} \theta e^{-\theta x}, & x \geq 0, \\ 0, & x < 0, \end{cases}$$

$$F(x) = \begin{cases} 1 - e^{-\theta x}, & x \geq 0, \\ 0, & x < 0, \end{cases}$$

其中 θ 为一个参数，后面会提到其意义。

负指数分布有其特殊的性质：①数学期望等于均方差；②无记忆性。无记忆性是指不论时间过去了多久，该过程仍然服从于负指数分布，这一性质是负指数分布最重要的性质。

18.2.2 泊松分布

泊松分布又称泊松小数法则，是一种统计与概率学中常见的离散概率分布，由法国数学家泊松(Poisson)在 1838 年发表。

泊松分布适用于描述单位时间内随机事件发生的次数的概率分布，如某一服务设施在一定时间内收到的服务请求的次数、电话交换机接到呼叫的次数、汽车站台的候客人数、机器出现的故障数、自然灾害发生的次数、DNA 序列的变异数、放射性原子核的衰变数等。

泊松分布的概率函数为

$$P\{x(t) = k\} = \frac{e^{-\lambda t}(\lambda t)^k}{k!}, \quad k = 0, 1, 2, \cdots,$$

其中，$x(t)$ 为随机变量，表示在时间 $(0, t)$ 内事件发生的次数，参数 λ 表示单位时间内该事件的平均发生率。

泊松分布的特征有以下几点。

① 服从泊松分布的随机变量,其数学期望与方差相等,同为参数 λ:
$$E(x)=V(x)=\lambda。$$

② 平稳性,即输入过程是平稳的,指在长度为 t 的时段内恰好发生 k 次事件的概率仅与时段长度有关,而与时段起点无关。

③ 服从泊松分布的事件具有无后效性,即在不相交的时间区间内,事件发生的次数是相互独立的,并且服从相同的分布。

④ 单个性,又称普通性,指在充分小的时段内最多到达一个顾客。

⑤ 对于泊松流,不难证明其顾客相继到达时间间隔 $\xi_i(i=1,2,\cdots)$ 是相互独立同分布的,其分布为负指数分布。

18.2.3 k 阶爱尔朗分布

k 阶爱尔朗分布的概率密度函数为

$$f(x)=\begin{cases} \dfrac{\theta k (\theta k x)^{k-1}}{(k-1)!}\mathrm{e}^{-\theta k x}, & x\geqslant 0, \\ 0, & x<0, \end{cases}$$

其中 $k=1,2,\cdots$。

k 阶爱尔朗分布的数学期望为

$$E(x)=\frac{1}{\theta}。$$

可以看出,当 $k=1$ 时,爱尔朗分布就成了负指数分布,因此,负指数分布可以看作爱尔朗分布的一种特殊情形。

18.3 排队模型

本节将以几种常见的排队模型为例,分析排队模型中的一些基本指标。

18.3.1 单服务台模型

等待制单服务台模型可以表示为 $M/M/1/\infty$,即顾客源无限,顾客的相继到达时间服从参数为 λ 的负指数分布(顾客到达过程为泊松流),系统空间无限,允许永远排队,服务时间服从参数为 μ 的负指数分布(服务过程为泊松流)。下面给出 18.1 节和 18.2 节中出现的各项分析。

由系统属性,有下列参数:
$$s=1;\quad \rho=\lambda/\mu<1;\quad \lambda_n=\lambda;\quad \mu_n=\mu;\quad P_0=1-\rho;\quad P_n=(1-\rho)\rho^n。$$

根据在 18.1 节中给出的结论有以下结论。

平均队长:$L_s = \sum\limits_{n=1}^{\infty} n P_n = \dfrac{\lambda}{\mu-\lambda} = \dfrac{\rho}{1-\rho}$。

平均等待队长:$L_q = \sum\limits_{n=s}^{\infty}(n-1)P_n = \dfrac{\lambda^2}{\mu(\mu-\lambda)} = \dfrac{\rho^2}{1-\rho}$。

平均逗留时间：$W_s = L_s/\lambda_e = \dfrac{1}{\mu-\lambda}$。

平均等待时间：$W_q = L_q/\lambda_e = \dfrac{\lambda}{\mu(\mu-\lambda)}$。

例 18.2 某运营商营业厅网点只有一个服务台，来办理业务的顾客的到达过程为泊松流，顾客平均到达时间为每小时 6 位；业务办理时间服从负指数分布，平均服务时间为 6 min。试求：营业厅内空闲的概率；营业厅内有 5 位顾客的概率；营业厅内至少有 2 位顾客的概率；平均顾客数；每位顾客的平均逗留时间；平均等待顾客数；每位顾客的平均等待时间。

解 本例中未对顾客源以及系统容量做出限制，并且顾客到达过程为泊松流，服务时间服从负指数分布，因此可以看成一个 $M/M/1/\infty$ 系统，其中 $\lambda=6, \mu=10, \rho=\lambda/\mu=0.6$。

营业厅内空闲的概率：$P_0 = 1-\rho = 0.4$。

营业厅内有 5 位顾客的概率：$P_5 = \rho^5(1-\rho) = 0.031$。

营业厅内至少有 2 位顾客的概率：$P\{N \geqslant 2\} = 1 - P_0 - P_1 = 0.36$。

平均顾客数：$L_s = \rho/(1-\rho) = 1.5$。

平均逗留时间：$W_s = \dfrac{1}{\mu-\lambda} = 0.25 \text{ h} = 15 \text{ min}$。

平均等待顾客数：$L_q = \rho^2/(1-\rho) = 0.9$。

平均等待时间：$W_q = \rho W_s = 0.15 \text{ h} = 9 \text{ min}$。

18.3.2 多服务台模型

多服务台模型相对于单服务台模型来说要复杂很多。等待制多服务台模型可以表示为 $M/M/s/\infty$，即顾客源无限，顾客的相继到达时间服从参数为 λ 的负指数分布（顾客到达过程为泊松流），系统空间无限，允许永远排队，**只允许系统中存在一个队列**，单个服务台的服务时间服从参数为 μ 的负指数分布（服务过程为泊松流）。

对于多服务台模型有 $\lambda_n = \lambda$，记 $\rho_s = \lambda/(s\mu)$，$\rho = \lambda/\mu$，

$$\mu_n = \begin{cases} n\mu, & n < s, \\ s\mu, & n \geqslant s. \end{cases}$$

$n=0$ 时，即空闲时，

$$P_0 = \left[\sum_{n=0}^{s-1}\dfrac{\rho^n}{n!} + \dfrac{\rho^s}{s!(1-\rho_s)}\right]^{-1},$$

状态为 n 时，

$$P_n = \begin{cases} \dfrac{\rho^n}{n!}P_0, & n < s, \\ \dfrac{\rho^n}{s!s^{n-s}}P_0, & n \geqslant s. \end{cases}$$

平均等待队长：$L_q = \dfrac{P_0 \rho^s \rho_s}{s!(1-\rho_s)^2}$。

正在系统中接受服务的顾客平均数：$\bar{s} = \sum_{n=0}^{s-1} nP_n + \sum_{n=s}^{\infty} sP_n = \rho$。

平均队长：$L_s = L_q + \bar{s} = L_q + \rho$。

平均等待时间：$W_q = \dfrac{L_q}{\lambda}$。

平均逗留时间：$W_s = \dfrac{L_s}{\lambda}$。

例 18.3 某银行网点只有 2 个服务台，来办理业务的顾客的到达过程为泊松流，顾客平均到达时间为每小时 10 位；业务办理时间服从负指数分布，平均服务时间为 6 min。试求：网点内空闲的概率；平均等待顾客数；每位顾客的平均等待时间；平均顾客数；每位顾客的平均逗留时间。

解 本例中未对顾客源以及系统容量做出限制，并且顾客到达过程为泊松流，服务时间服从负指数分布，可以看成一个 $M/M/2/\infty$ 系统，其中，$\lambda=10, \mu=10, s=2$。通过计算得：

$$P_0 = \frac{1}{3};$$

$$L_q = \frac{1}{3};$$

$$W_q = \frac{1}{30}\ \text{h} = 2\ \text{min};$$

$$L_s = \frac{4}{3};$$

$$W_s = \frac{2}{15}\ \text{h} = 8\ \text{min}。$$

随机服务系统是一个非常复杂的系统，其理论十分丰富，而且系统的各种指标的计算都可以通过相关软件完成，这里不再赘述。

第 19 章 图与网络系统分析

18 世纪在东普鲁士境内有个名叫哥尼斯堡的小城,有一条小河通过小城的中心,河中心有两个河心岛。哥尼斯堡的居民在此建立了七座桥来连通河流两岸和河心小岛,如图 19.1 所示,小岛和七座桥也就成了当地居民茶余饭后散步的地方。有人发出奇想,能否从一处出发,并且不重复地走过七座桥后回到原地?

莱昂哈德·欧拉在 1735 年提出,并没有方法能圆满解决这个问题,他在第二年发表的论文《哥尼斯堡的七桥》中,证明符合条件的走法并不存在,也顺带提出和解决了一笔画问题,即判断一个图是否能够遍历所有的边而没有重复,哥尼斯堡七桥问题则是一笔画问题的一个具体情境,如图 19.2 所示。欧拉最后给出了任意一种河-桥图能否全部走一次的判定法则,从而解决了一笔画问题。对于一个给定的连通图,如果存在两个以上(不包括两个)奇顶点(边数为奇数的顶点),则满足要求的路线不存在,且有 n 个奇顶点的图至少需要 $n/2$ 笔才能画出。如果只有两个奇顶点,则可从其中任何一地出发完成一笔画。若所有点均为偶顶点(边数为偶数的顶点),则从任何一点出发,所求的路线都能实现,欧拉还说明了怎样快速找到所要求的路线。

 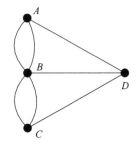

图 19.1　哥尼斯堡七桥问题　　　　图 19.2　哥尼斯堡七桥简化图

欧拉的研究开创了数学中的一个重要分支——图论。图论理论经过发展,提出的主要问题有:最小树问题、最短路径问题、最大流问题、关键路径问题等,图论被大量应用于实际的问题中。本章将对图论中的几个重要问题进行阐述。

19.1　基本概念

图论即关于图的理论,这里的图和一般意义上的几何图是不同的。几何图有长短、曲直、角度、面积等概念,图论中的图没有这些视觉上的概念,只有点和线等抽象上的关系概念,点的位置和线的长短没有任何实质性的意义。本节将给出图论中的一些基本概念。

定义 19.1 点：图中代表孤立事物的顶点，一般记为 v。

定义 19.2 边：两点之间的连线，一般记为 e。

定义 19.3 弧：有方向的边叫作弧，一般记为 a。

定义 19.4 无向图：由点集 V 和边集 E 组成的图叫作无向图，一般记为 $G=(V,E)$，其中 V 表示点集，E 表示边集。

定义 19.5 有向图：由点集 V 和弧集 A 组成的图叫作有向图，一般记为 $G=(V,A)$，其中 A 表示弧集。

定义 19.6 子图：如果一个图是另一个图的一部分，则称该图为另一个图的子图。用数学符号表示为

给定 $G=(V,E)$ 和 $G_1=(V_1,E_1)$，如果 $V\subseteq V_1$ 且 $E\subseteq E_1$，那么 $G\subseteq G_1$。

定义 19.7 生成子图：如果一个子图中的点集和原图中的点集相同，则称该子图为原图的生成子图。用数学符号表示为

给定 $G=(V,E)$ 和 $G_1=(V_1,E_1)$，如果 $V=V_1$ 且 $E\subseteq E_1$，则称 G 为 G_1 的生成子图。

定义 19.8 连通图：如果图中任意的两点之间均有边直接或者间接地相连，则称此图为连通图。

定义 19.9 树：一个无圈的无向连通图称为树。

定义 19.10 生成树：如果图的一个生成子图为树，则称该树为原图的生成树。

定义 19.11 图的图解：若用平面上的点表示图 G 的结点，用连接相应的结点而不经过其他结点的线表示图 G 的边，所画出的图形称为图 G 的平面图解，简称图解。

例 19.1 已知一个图 G 的图解如图 19.3 所示，试表述该图。

解 图 G 的点为 $V=\{v_1,v_2,v_3,v_4,v_5,v_6\}$，而边为 $E=\{e_1,e_2,e_3,e_4,e_5,e_6,e_7,e_8\}$，其中：$e_1=(v_1,v_2)$，$e_2=(v_2,v_2)$，$e_3=(v_1,v_3)$，$e_4=(v_1,v_3)$，$e_5=(v_2,v_3)$，$e_6=(v_3,v_4)$，$e_7=(v_2,v_4)$，$e_8=(v_4,v_5)$。

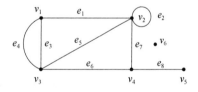

图 19.3 图 G 的图解

由此可见，给出一个图的图解，这个图也就唯一确定了。因此，以后常把一个图的图解看作这个图本身。

例 19.2 一场文艺晚会共有 8 个节目，全体演员中有 10 人须参加两个以上节目的演出，如表 19.1 所示。导演希望首、尾两个节目为 A,H 或 H,A，还希望每名演员都不连续出演两个节目，则应如何安排节目顺序？

表 19.1 节目-演员表

节目	演员									
	1	2	3	4	5	6	7	8	9	10
A	√		√		√	√	√		√	
B	√		√	√						
C		√			√					√
D					√			√		
E		√					√			
F		√						√		
G					√				√	
H	√		√		√			√	√	

解 将节目作为研究对象,用结点表示,因而有 A,B,C,D,E,F,G,H 这 8 个结点。如果两个节目没有同一名演员参加,则可以衔接排序,便在相应的两点之间连接一条边。对于 8 个节目,按枚举法两两进行如上判断、对照,可建立一个图的模型,如图 19.4 所示。

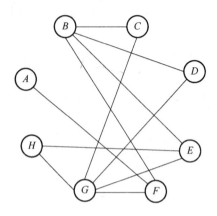

图 19.4 图的模型

现在问题归结为寻找这样一条路:从 A(或 H)点出发,沿着图中的边走遍所有的点,且每个点仅经过 1 次,最终到达 H(或 A)点。不难找出这样的路有以下 4 条:

① $AFBCGDEH$;

② $HEDGCBFA$;

③ $AFGCBDEH$;

④ $HEDBCGFA$。

19.2 最小生成树问题

19.1 节中介绍了生成树的相关概念,生成树在实际问题中的应用可以说是比较广泛的。

19.2.1 问题的提出

例 19.3 某地区需要更换新的线路设备,城市之间的线路的更换成本如图 19.5 所示。现要求线路将所有的城市连通,并且成本最低。选择怎样的线路更新才是这个问题的最优解?

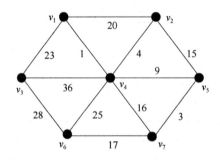

图 19.5 线路更新成本图

从例 19.3 中可以分析出最优化结果所要满足的条件。第一,最终的线路结果图是该图的一个生成子图。这是因为要求所有城市都连通,不能将其中任意一个点孤立出去。第二,最终的线路结果图是一个树图。这是因为如果最终结果中出现了"圈",则表示有的线路出现了浪费,即成本未实现最小化。综合以上两点,该问题的最优解是该图的一棵生成树。

为了量化表示图中的线路成本,这里提出两个新的概念。

定义 19.12 赋权图:对图 G 中的每一条边 e,赋予一个实数 $w(e)$,称为该条边的权,图 G 连同边上的权称为赋权图。图 19.5 就是一个赋权图。

定义 19.13 最小生成树:在赋权图中,一棵生成树上所有边权的和称为生成树的权,具有最小权的生成树称为最小生成树,简称为最小树。

结合这两个定义,上述实际问题可以抽象为一个求原图的最小生成树问题。

19.2.2 问题的求解

对于最小生成树问题的求解,一般有避圈法和破圈法两种方法。

1. 避圈法

避圈法是将图 G 的点集分成两个非空子集 S 和 S_1,在连接两个子集的所有边中选择权数最小边,由相关性质得知,最小边必包含于图 G 的最小树内。计算步骤:

① 任取一点 v_i 加粗,令 $v_i \in S$;
② 取 S 与 S_1 相连的边中一条权值最小的边 (v_i, v_j),加粗 (v_i, v_j);
③ 将最短边 (v_i, v_j) 的另一端 v_j 从点集 S_1 中移出,纳入 S 中;
④ 若 $S_1 = \varnothing$,则停止,已选出的就构成最小生成树,否则重复第二步。

例 19.4 以图 19.5 为例,用图解法求最小树。

解 以 v_1 为初始点,令 $v_1 \in S$,如图 19.6 所示。从图 19.6 中可以看出,S 与 S_1 相连的权值最小的一条边为 (v_1, v_4),加粗该条边得到图 19.7。

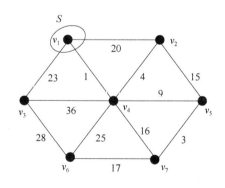

图 19.6 避圈法示意图(一)

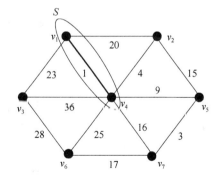

图 19.7 避圈法示意图(二)

依次重复以上步骤可以得到图 19.8。图 19.8(e) 中加粗的线条即为该实际问题的最优解,最小权为 57。

2. 破圈法

破圈法的思路是:任取一个图中的圈(回路),去掉其中权值最大的边,多次重复,直到图中没有任何圈为止。

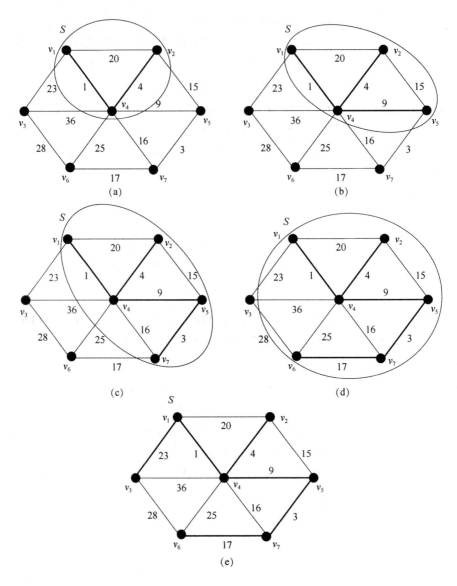

图 19.8 避圈法示意图(三)

例 19.5 仍以图 19.5 为例,用破圈法求最小权重。

解 将圈中的权值最大边都标记出来,如图 19.9 所示。剩下的边即为该图的最小生成树,也就是该问题的最优解,最小权为 57。

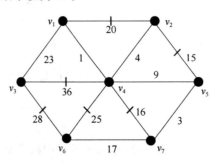

图 19.9 破圈法示意图

19.3 最短路径问题

给定一个网络,求两点间距离最短的路(即路的各边权数之和最小),即为最短路径问题。在现实生活和实际生产工作中,有很多的问题需要求解最短路径,如两地间的道路修筑、管道铺设、线路安装、运路选取等,设备更新、车间布局、农作物布局等问题也可以转化为最短路径问题。

本节介绍的最短路径问题的求解方法有两种:Dijkstra 算法和矩阵摹乘法。

19.3.1 求任意两点间最短距离的 Dijkstra 标号法

Dijkstra 标号法的主要思路为按离出发点的距离由近至远逐渐标出最短距离和最佳行进路线。计算两结点之间或一个结点与所有结点之间的最短路径,令 d_{ij} 表示 v_i 到 v_j 的直接距离(两点之间有边),若两点之间没有边,则令 $d_{ij}=\infty$,若两点之间是有向边,则 $d_{ji}=\infty,d_{ii}=0$,s 表示始点,t 表示终点。基于此,Dijkstra 标号法的主要步骤是:

① 令始点 $T_s=0$,并用框圈住,所有其他结点临时标记 $T_j=\infty$;
② 从 v_s 出发,对其相邻结点 v_{j_1} 进行临时标记,有 $T_{j_1}=d_{sj_1}$;
③ 在所有临时标记中找出最小者,并用框圈住,设其为 v_r,若此时全部结点都永久标记,则算法结束,否则到下一步;
④ 从新的永久标记结点 v_r 出发,对其相邻的临时标记结点进行再标记,设 v_{j_2} 为其相邻结点,则 $T_{j_2}=\min\{T_{j_2},T_r+d_{rj_2}\}$,返回③。

例 19.6 如图 19.10 所示,用 Dijkstra 标号法求解 v_1 到 v_7 的最短路径。

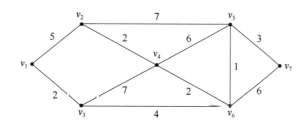

图 19.10 最短路径问题示例

解 用 Dijkstra 标号法求解的步骤如下,先完成对相邻点的临时标记,选择最小值作为永久标记,再由近及远依次得到各点的永久标记,直到所有的点都完成标记,算法结束,如图 19.11 所示。

由此得到 v_1 到 v_7 的最短路径为 $v_1 \rightarrow v_3 \rightarrow v_6 \rightarrow v_5 \rightarrow v_7$,最短距离为 $2+4+1+3=10$。

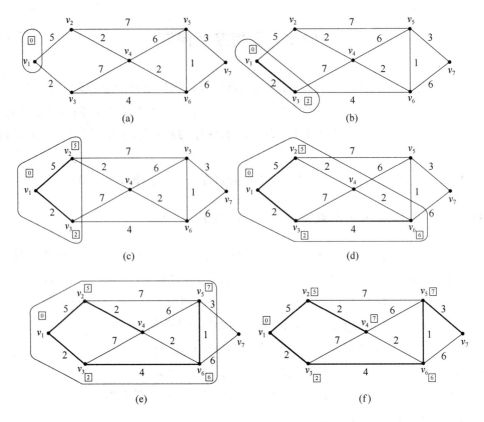

图 19.11 Dijkstra 算法示意图

19.3.2 求任意两点间最短距离的矩阵幂乘法

矩阵幂乘法的基本思路是用矩阵中的数字表示图中两点间的最短距离,模仿矩阵相乘的方法求出图中任意两点间的最短距离。

例 19.7 根据图 19.12 构造一个图的任意两点间直接到达的最短距离矩阵:$\boldsymbol{D}^{(0)} = (d_{ij}^{(0)})$。

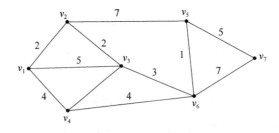

图 19.12 原始图

$$\boldsymbol{D}^{(0)} = \begin{array}{c} \\ v_1 \\ v_2 \\ v_3 \\ v_4 \\ v_5 \\ v_6 \\ v_7 \end{array} \begin{pmatrix} v_1 & v_2 & v_3 & v_4 & v_5 & v_6 & v_7 \\ 0 & 2 & 5 & 4 & \infty & \infty & \infty \\ 2 & 0 & 2 & \infty & 7 & \infty & \infty \\ 5 & 2 & 0 & 1 & 5 & 3 & \infty \\ 4 & \infty & 1 & 0 & \infty & 4 & \infty \\ \infty & 7 & 5 & \infty & 0 & 1 & 5 \\ \infty & \infty & 3 & 4 & 1 & 0 & 7 \\ \infty & \infty & \infty & \infty & 5 & 7 & 0 \end{pmatrix},$$

其中,数字表示两点间的直接连接距离,如果两点间不存在边的直接连接,则用无穷大表示。例如,v_1 与 v_2 之间有直线相连,距离为 2,故 $d_{12}^{(0)}=2$,而 v_1 与 v_5,v_6,v_7 均无直接连线,故 $d_{15}^{(0)} = d_{16}^{(0)} = d_{17}^{(0)} = \infty$。

构造任意两点间直接到达或者最多经过 1 个中间点到达的最短距离矩阵,这一步可以通过以下计算实现。

$$\boldsymbol{D}^{(1)} = \begin{pmatrix} 0 & 2 & 4 & 4 & 9 & 8 & \infty \\ 2 & 0 & 2 & 3 & 7 & 5 & 12 \\ 4 & 2 & 0 & 1 & 4 & 3 & 10 \\ 4 & 3 & 1 & 0 & 5 & 4 & 11 \\ 9 & 7 & 4 & 5 & 0 & 1 & 5 \\ 8 & 5 & 3 & 4 & 1 & 0 & 7 \\ \infty & 12 & 10 & 11 & 5 & 7 & 0 \end{pmatrix},$$

其中,$d_{ij}^{(1)} = \min_r \{d_{ir}^{(0)} + d_{rj}^{(0)}\}$。例如,$d_{15}^{(1)} = \min\{0+\infty, 2+9, 5+5, 4+\infty, \infty+0, \infty+1, \infty+5\} = \min\{\infty, 9, 10, \infty, \infty, \infty\} = 9$,其余类似。

构造两点间直接到达或者最多中转 3 次的最短距离矩阵:

$$\boldsymbol{D}^{(2)} = \begin{pmatrix} 0 & 2 & 4 & 4 & 8 & 7 & 14 \\ 2 & 0 & 2 & 3 & 6 & 5 & 11 \\ 4 & 2 & 0 & 1 & 3 & 4 & 9 \\ 4 & 3 & 1 & 0 & 5 & 4 & 10 \\ 8 & 6 & 4 & 5 & 0 & 1 & 5 \\ 7 & 5 & 3 & 4 & 1 & 0 & 5 \\ 14 & 11 & 9 & 10 & 5 & 6 & 0 \end{pmatrix},$$

其中,$d_{ij}^{(2)} = \min_r \{d_{ir}^{(1)} + d_{rj}^{(1)}\}$。

不断重复以上过程,直到达到相应的收敛条件。需要说明的是,对于矩阵 $\boldsymbol{D}^{(k)}$,$d_{ij}^{(k)}$ 最多可以经过 2^k-1 个结点。对应地,矩阵幂乘法的收敛条件如下:

① 当 $\boldsymbol{D}^{(k+1)} = \boldsymbol{D}^{(k)}$ 时(通俗地说,就是本次计算之后,矩阵内的值不再发生变化,从而达到收敛状态),计算结束;

② 计算到 $k = \dfrac{\lg(p-1)}{\lg 2} + 1$(其中 p 为网络中的结点数)时,计算结束,这是因为当网络中有 p 个结点时,最多有 $p-2$ 个中间结点,则

$$2^{k-1} - 1 < p - 2 \leqslant 2^k - 1 \quad \Rightarrow \quad k < \log_2(p-1) + 1.$$

本例中，$D^{(2)}$已满足收敛条件，从而矩阵中的任一数值都是相应两点之间的最短距离。例如，v_1到v_5的最短距离是8，而v_1到v_7的最短距离是14。

19.4 最大流问题

生活中可能会遇到这样的问题，对于一个给定的有向图，每条弧都有一定的流量上限，需要得到整个图的最大流量。例如，如图19.13所示，图表示的是某个地区的数据传输网络，有向弧表示数据传输的路径和方向，弧上的数字表示该传输路径上的最大传输速率，现在需要知道网络中从起始点到终点的最大传输速率。

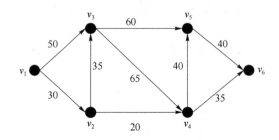

图 19.13 最大流问题

这种问题一般称作最大流问题，通常只在有向图中进行讨论。为解决这一类问题，这里需要补充几个概念。

19.4.1 相关概念

定义 19.14 前向弧和后向弧：对于图中存在的从起始点到终点的一条链，规定链的方向是从始点指向终点，与链的方向相同的弧称为前向弧，与链的方向相反的弧称为后向弧。

定义 19.15 饱和弧和非饱和弧、零流弧和非零流弧：对于一条弧(v_i, v_j)，如果对弧的实际流量f_{ij}和最大流量c_{ij}，有$f_{ij}=c_{ij}$，则称之为饱和弧；若$0 \leqslant f_{ij} < c_{ij}$，则称之为非饱和弧；若$f_{ij}=0$则称之为零流弧；若$f_{ij} > 0$则称之为非零流弧。

定义 19.16 可行流：如果网络中的当前流量满足$0 \leqslant f_{ij} \leqslant c_{ij}$且$\sum f_{ij} = \sum f_{ji}(i,j \neq s,t)$，即在满足容量限制的前提下，对于非起始点和非终点，所有的结点输入流量和输出流量相等，则称当前流为一个可行流。

定义 19.17 增流链：假定$f=\{f_{ij}\}$是某网络的一个可行流，u是从起始点s到终点t的一条链，如果链上的每条弧都满足以下条件，则称链u是关于该可行流的一条增流链，

$$\begin{cases} 0 \leqslant f_{ij} < c_{ij}, & (v_i, v_j) \in u^+, \\ 0 < f_{ij} \leqslant c_{ij}, & (v_i, v_j) \in u^-, \end{cases}$$

其中，u^+表示前向弧，u^-表示后向弧，即链上的前向弧都为非饱和弧，后向弧都为非零流弧。

19.4.2 问题求解

有了以上几个概念，就可以探讨最大流问题的解决方案。从增流链的定义中可以看出，链上的前向弧上的流量还可以增大，后向弧上的流量还可以减小。最大流问题的基本解决思路

在于:寻找图中的增流链,然后增大前向弧的流量,减小后向弧的流量。这一过程称为增流过程。重复以上过程直到图中不存在增流链为止。具体步骤可分解为以下3步。

① 确定网络中的任意一个可行流。

② 标号寻找一条增流链。具体方法如下:从起点 s 开始,沿着边从已有标号出发,对符合下列条件之一的相邻顶点进行依次标记: $f_{ij}^+ < c_{ij}$ 或者 $f_{ij}^- > 0$,即前向弧为非饱和弧或者后向弧为非零流弧。重复标记,直到终点 t 也被标号,得到一条增流链。

③ 增流过程。增流过程简单地说即为增加增流链上的流量。给定链中的任意一条弧 a_{ij},增流值 θ_{ij} 有

$$\theta_{ij} = \begin{cases} c_{ij} - f_{ij}, & a_{ij} \text{ 为前向弧}, \\ f_{ij}, & a_{ij} \text{ 为后向弧}, \end{cases}$$

即前向弧的增流值为弧上还允许提升的流量,后向弧的增流值为弧上的流量。对于整条链的增流值 θ_μ,有

$$\theta_\mu = \min(\theta_{ij}),$$

即整条链的增流值为链上所有弧的增流值中的最小值。

获得增流值后,对链上的所有弧进行增流,前向弧的流量增加增流值,后向弧的流量减少增流值,即

$$f_{ij}^1 = \begin{cases} f_{ij} + \theta_\mu, & a_{ij} \text{ 为前向弧}, \\ f_{ij} - \theta_\mu, & a_{ij} \text{ 为后向弧}。 \end{cases}$$

重复以上过程,直到无法再标记出新的增流链为止。

例 19.8 以图 19.13 所示的实际问题为例,求解最大流问题。

解 首先,如图 19.14 所示,提出一个可行流。括号中的数字分别表示弧的最大容量和流量。

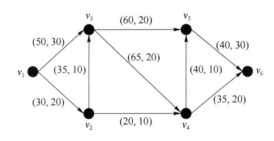

图 19.14 最大流问题求解

在图 19.14 中先找到一条增流链 $v_1 \to v_3 \to v_5 \to v_6$,由上述方法可知,该链增流值为 10,进行增流,得到新的可行流,如图 19.15 所示。

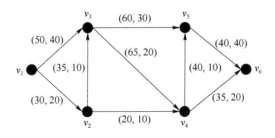

图 19.15 第一次增流

再次寻找增流链 $v_1 \to v_2 \to v_4 \to v_6$,求得其增流值为 10,进行增流,得到新的可行流,如图 19.16 所示。

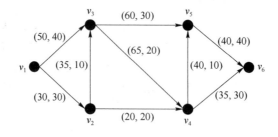

图 19.16 第二次增流

寻找新的增流链 $v_1 \to v_3 \to v_4 \to v_6$,通过计算可得,这条链的增流值为 5,进行增流,得到新的可行流,如图 19.17 所示。

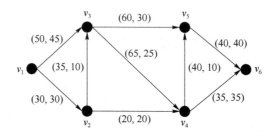

图 19.17 第三次增流

通过分析可以得出,经过第三次增流后,图中不存在增流链,即已经得到这一网络的最大流,其最大流为 75。

19.5 关键路径问题

关键路径问题是进行网络计划分析的一类问题。首先来看一个实例:华罗庚家中有客来访,需要泡茶给客人,于是要做几件事:洗茶杯、洗杯盖、烧水、泡茶、端茶,如图 19.18 所示。那么,华罗庚最少需要多久能够完成所有任务?其中哪些任务对于完成时间有着关键的作用?

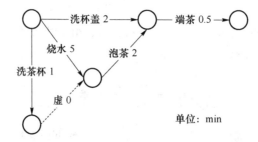

图 19.18 泡茶问题示意图

通过分析可以知道,华罗庚完成所有的步骤最少需要 7.5 min,并且需要先烧水,利用烧水的时间完成洗茶杯和洗杯盖,然后泡茶、端茶,其中烧水、泡茶和端茶 3 个步骤决定了最终所需要的时间。

这就是关键路径问题的一个典型实例,本节将给出这一类问题的一般形式和解决方法。这里需要提到一些概念,网络计划是指利用网络图编制的计划,网络图中的基本概念有:作业、事件和路线。

19.5.1 相关概念

定义 19.18 作业:消耗时间和资源的活动称为作业,也称工作或者工序。其中,延续时间为零的假定作业,称为虚作业;紧接在某作业前面的作业,称为该作业的紧前作业;紧接在某作业后面的作业,称为该作业的紧后作业。

定义 19.19 事件:紧前作业与紧后作业的交接点称为事件(结点)。

定义 19.20 路线:从最初结点到最终结点连贯的工作序列称为路线(也称线路)。关于路线还有几个附加概念,路线的长度是指路线上各工作的延续时间之和,**关键路径**是指网络中所有路径中最长的路线。关键路径有着特别重要的地位,它控制着整个计划的工期。

19.5.2 问题求解

对于关键路径问题,本节将结合一个实例来探讨其求解方法。

例 19.9 某购物中心的所有者正在计划对现有的 32 个商业购物中心进行现代化改革并扩张规模,该项目预计能为 7~10 个新的商业购物中心提供空间。通过私人投资,资金已安排到位,所有者要做的只是计划、安排和完成这个扩张项目。活动安排如表 19.2 所示,该项目中最关键的步骤是哪几个?

表 19.2 活动安排

活动	活动描述	紧前活动	活动时间/周
A	画出建筑图	无	5
B	识别潜在客户	无	6
C	为客户写计划书	A	4
D	选定承包商	A	3
E	准备建筑许可	A	1
F	获得建筑许可	E	4
G	施工	D,F	14
H	招商	B,C	12
I	客户进驻	G,H	2
合计			51

解 根据上述内容,可画出该项目的网络计划图,如图 19.19 所示。

为了简化计划评审法和关键路径法的估算,我们对项目网络图做了一些改动,如图 19.20 所示。注意,在每个结点左上方单元格中都给出了该活动的字母代码,在左下方单元格中则列出了完成活动需要的时间。

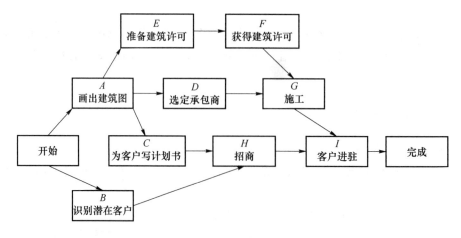

图 19.19　项目计划图

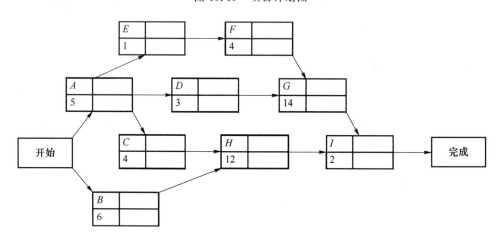

图 19.20　关键路径法简化图

首先找出网络中具有最早开始时间和最晚开始时间的活动,设 ES 表示活动的最早开始时间,EF 表示活动的最早完成时间,t 表示活动时间。对于任何活动,最早完成时间为 EF=ES+t。

因为活动 A 可与项目一同开始,所以设活动 A 的最早开始时间为 0,而完成活动 A 需要 5 周时间,所以活动 A 的最早完成时间为 EF=ES+t=0+5=5。同时可以看出,D 活动紧随在 A 活动之后,因此 D 活动的最早开始时间 ES=5,D 活动的最早完成时间 EF=ES+t=5+3=8。

将每项活动的最早开始时间和最早完成时间写到结点处的右上方单元格中。以活动 A,C,B,H 为例,其中 B 和 C 都是 H 的紧前活动,因此,活动 H 的最早开始时间为活动 B 和活动 C 的最早完成时间中较晚的一个。于是得到图 19.21,活动 H 的最早开始时间为 6 和 9 中较晚的那个,即为 9。

继续在项目网络图中向前推进线路,为图中所有的活动建立最早开始时间和最早完成时间,图 19.22 显示了整个项目中所有活动的最早开始时间和最早完成时间。

现在通过在项目网络图中向后逆推(也叫反推法)找出关键路径。由于项目的总完成时间为 26 周,因此应从具有最晚完成时间(26 周)的活动 I 开始向后逆推。一旦知道了某项活动的最晚完成时间,就可以通过下述公式计算其最晚开始时间。设 LS 表示每项活动的最晚开始时间,LF 表示每项活动的最晚完成时间,得 LS=LF−t。

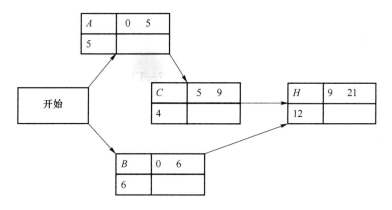

图 19.21 关键路径法演示简化图

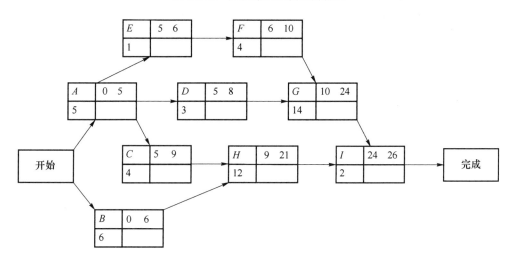

图 19.22 最早开始时间和最早完成时间

根据分析可以得出,一项活动的最晚完成时间等于其所有紧后活动最晚开始时间中的最小值,由此得到该项目每个活动的最晚开始时间和最晚完成时间,如图 19.23 所示。

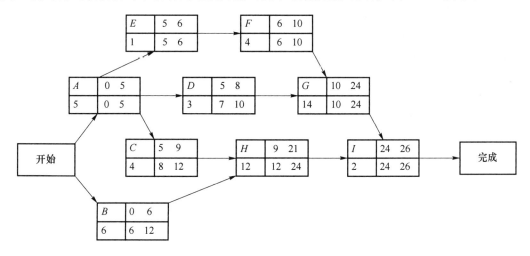

图 19.23 最晚开始时间和最晚完成时间

在向前推进和向后逆推的工作之后，就可以确定每项活动相关松弛的量。松弛是指延误某项活动的活动时间而又不会影响项目整体完工时间的时间长度。每项活动松弛的量可用如下公式计算：

$$松弛 = LS - ES = LF - EF。$$

例如，活动 C 的松弛为 $LS-ES=8-5=3$ 周，因此，活动 C 最多可延误 3 周完成，而又不会影响整个项目的计划完成时间。就这个意义来说，活动 C 对于项目能否按期完成并不重要。下面考虑活动 E，根据图 19.23 提供的信息，可以很容易得到活动 E 的松弛为 $LS-ES=5-5=0$，因此活动 E 没有松弛。为了不增加整个项目的完工时间，活动 E 是不能被延误的。换句话说，按计划完成活动 E 对于按预定计划完成整个项目是重要的。一般来说，**重要活动就是指没有松弛的活动**。

我们可以为所有活动的开始时间和完成时间制定具体的安排，将有关活动安排的所有信息以表格的形式列出，如表 19.3 所示。从松弛栏可以看出，活动 A,E,F,G,I 没有松弛，因此这些活动是项目中的重要活动，而由这些结点构成的路径 $A \to E \to F \to G \to I$ 就是该购物中心项目网络的关键路径。

表 19.3 关键路径法

活动	最早开始时间	最晚开始时间	最早完成时间	最晚完成时间	松弛	是否为关键路径
A	0	0	5	5	0	是
B	0	6	6	12	6	否
C	5	8	9	12	3	否
D	5	7	8	10	2	否
E	5	5	6	6	0	是
F	6	6	10	10	0	是
G	10	10	24	24	0	是
H	9	12	21	24	3	否
I	24	24	26	26	0	是

由此可以看出，活动 A,E,F,G,I 决定整个项目工期，如果这些活动被延误，则整个项目的工期必然被延误，这些活动是决策者在安排计划时需要重点考虑的活动。

图论有着非常丰富的内容，详细内容可参考相关文献。

参 考 文 献

[1] Anderson D R,Sweeney D J,Williams T A,等.商务与经济统计(原书第10版)[M].张建华,王健,冯燕奇,译.北京:机械工业出版社,2010.

[2] 贾俊平,何晓群,金勇进.统计学[M].4版.北京:中国人民大学出版社,2011.

[3] 卢纹岱.SPSS统计分析[M].4版.北京:电子工业出版社,2011.

[4] 谢识予.经济博弈论[M].上海:复旦大学出版社,2008.

[5] 熊伟.运筹学[M].北京:机械工业出版社,2009.

[6] Isson J P,Harriott J S.大数据分析:用互联网思维创造惊人价值[M].漆晨曦,刘斌,译.北京:人民邮电出版社,2014.

[7] 马庆国.管理统计[M].北京:科学出版社,2010.

[8] Ohlhorst F J.大数据分析:点"数"成金[M].王伟军,刘凯,杨光,译.北京:人民邮电出版社,2013.

[9] 忻展红,林齐宁.运筹学教程[M].北京:北京邮电大学出版社,2010.

[10] 王宁,单晓红,屈启兴.经济数学[M].北京:北京邮电大学出版社,2012.

[11] 韩大卫.管理运筹学[M].大连:大连理工大学出版社,2006.

[12] 陈士成.运筹学——数据模型与决策[M].兰州:兰州大学出版社,2009.

[13] 张照贵,鲁万波.管理决策模型、方法与应用[M].成都:西南财经大学出版社,2012.

[14] 郭耀煌,杨超.数据、模型与决策[M].武汉:武汉理工大学出版社,2010.

[15] 伯纳德 W.泰勒.数据、模型与决策[M].北京:机械工业出版社,2008.

[16] 陈超,赵庆.不确定型决策方法在投标中的应用[J].中国管理信息化,2008,11(13):89-91.

[17] 李加军,鲁峰.基于线性规划下的饭店管理优化分析[J].湖北财经高等专科学校学报,2012(1):36-38.

[18] 常娜娜.基于多级模糊综合评判法的供应链管理绩效评价[J].现代商贸工业,2010,22(23):58-59.

[19] 梁宝松,曹殿立.模糊数学及其应用[M].北京:科学出版社,2007.

[20] 刘林,曹艳平,王婷,等.应用模糊数学[M].西安:陕西科学技术出版社,2008.

[21] 陈水利,李敬功,王向公.模糊集理论及其应用[M].北京:科学出版社,2005.

[22] 杜栋,庞庆华.现代综合评价方法与案例精选[M].北京:清华大学出版社,2005.

[23] 彭祖赠,孙韫玉.模糊数学及其应用[M].武汉:武汉大学出版社,2004.

[24] 邓聚龙.灰预测与灰决策[M].武汉:华中科技大学出版社,2005.

[25] 刘思峰,谢乃明,等.灰色系统理论及其应用[M].北京:科学出版社,2013.

[26] Anderson D R,Sweeney D J,Williams T A.数据模型与决策(管理科学篇)(原书第11版)[M].侯文华,等译.北京:机械工业出版社,2006.

[27] 《运筹学》教材编写组.运筹学[M].3版.北京:清华大学出版社,2005.

[28] 肖会敏,臧振春,崔春生.运筹学及其应用[M].北京:清华大学出版社,2013.